Die Nachbefolgung
des westalliierten Besatzungsrechts
im Lichte des Staats- und Völkerrechts

Europäische Hochschulschriften
Publications Universitaires Européennes
European University Studies

Reihe II
Rechtswissenschaft

Série II Series II
Droit
Law

Bd./Vol. 3003

PETER LANG
Frankfurt am Main · Berlin · Bern · Bruxelles · New York · Oxford · Wien

Christine Bötsch

Die Nachbefolgung des westalliierten Besatzungsrechts im Lichte des Staats- und Völkerrechts

PETER LANG
Europäischer Verlag der Wissenschaften

Die Deutsche Bibliothek - CIP-Einheitsaufnahme

Bötsch, Christine:

Die Nachbefolgung des westalliierten Besatzungsrechts im Lichte des Staats- und Völkerrechts / Christine Bötsch. - Frankfurt am Main ; Berlin ; Bern ; Bruxelles ; New York ; Oxford ; Wien : Lang, 2000
(Europäische Hochschulschriften : Reihe 2, Rechtswissenschaft ; Bd. 3003)
Zugl: Würzburg, Univ., Diss., 2000
ISBN 3-631-37095-4

Gedruckt auf alterungsbeständigem, säurefreiem Papier.

D 20
ISSN 0531-7312
ISBN 3-631-37095-4

Printed in Germany 1 2 3 4 5 7

Meinen Eltern

Vorwort

Die vorliegende Arbeit wurde im Wintersemester 1999 von der Juristischen Fakultät der Bayerischen Julius-Maximilians-Universität Würzburg als Dissertation angenommen.

Mein außerordentlicher Dank gilt meinem Doktorvater, Herrn Prof. Dr. Dieter Blumenwitz für seine stets hilfreiche Unterstützung bei der Anfertigung dieser Arbeit.

Zudem danke ich Herrn Prof. Dr. Hugo Hahn LL.M. (Harvard) für die rasche Erstellung des Zweitgutachtens.

Dank schulde ich aber auch zahlreichen Gesprächspartnern, die durch Hintergrundgespräche zum Gelingen dieser Arbeit beigetragen haben.

Daneben bedanke ich mich bei Frau Nora Vincke für das Korrekturlesen dieser Arbeit.

Schließlich gilt mein besonderer Dank meinen Eltern, die mich sowohl während meines Studiums als auch während der Promotion in jeglicher Hinsicht unterstützt haben.

Würzburg, im Juli 2000 *Christine Bötsch*

Inhaltsverzeichnis

Einleitung

Mit der Wiedervereinigung am 3. Oktober 1990 sollte Deutschland seine volle Souveränität zurückerlangen und die Besetzung endgültig abgeschlossen werden. Trotzdem bestehen aber auch neun Jahre nach der Wiedervereinigung immer noch Normen aus der Zeit der Besetzung fort. Ursprünglich hatten die westalliierten Besatzungsmächte mit diesen Normen die Souveränität der Bundesrepublik Deutschland in der Besatzungszeit beschränkt. Aufgrund eines Notenwechsels vom 27./28. September 1990[1] finden einige dieser Normen des Vertrages zur Regelung der aus Krieg und Besatzung entstandener Fragen[2] aber auch heute noch Anwendung. Insbesondere besteht noch ein Einwendungsverzicht und ein Klagestopp vor deutschen Gerichten bezüglich kriegsfolgenbedingter Maßnahmen gegen deutsches Auslandsvermögen nach Art. 3 des 6.Teils des Überleitungsvertrages fort.

Während die Restitution der Besatzungsmaßnahmen in der ehemaligen sowjetischen Besatzungszone in vielen Beiträgen diskutiert wurde, ist die Problematik der einschränkenden „westlichen" Besatzungsrechte kaum gegenwärtig. Deshalb soll in dieser Arbeit die Nachbefolgung des westalliierten Besatzungsrechts unter besonderer Berücksichtigung des Verfassungsrechts als auch des Völkerrechts dargestellt werden.

Die Aktualität der Problematik wird anhand des Beschlusses über die Nichtannahme der Verfassungsbeschwerde des Fürsten von und zu Liechtenstein vom 28. Januar 1998 deutlich.[3] Da in diesem Fall die prinzipiellen Fragen der Nachbefolgung des westalliierten Besatzungsrechts behandelt wurden, geht der Beschluß über die Bedeutung einer Individualentscheidung hinaus:

Die Tschechoslowakei hatte 1945 mit Erlaß des Beneš-Dekrets Nr.12[4] Vermögenswerte des Fürsten von und zu Liechtenstein beschlagnahmen lassen. Es wurde als „volksdeutsches" Vermögen deklariert und konnte deshalb nach der tschechoslowakischen Feindvermögensgesetzgebung ohne Entschädigung enteignet werden. Unbegreiflich sind diese Konfiskationen, da der Fürst von und zu Liechtenstein niemals „Deutscher" gewesen war und sowohl im Ersten als auch im

---

[1] BGBl 1990 II, S.1386 ff.

[2] Sogenannter Überleitungsvertrag; BGBl 1955 II, S.455 ff.

[3] BVerfG 2 BvR 1981/97 = VIZ 1998, S.202 = AöR 1998, S.198; in vorheriger Instanz: LG Köln, 5 O 182/92 = IPRax 1996, S.419; OLG Köln, 22 U 215/95 = VIZ 1998, S.215 = ROW 1998, S.242 ff.; BGH II ZR 213/96

[4] Dekret des Präsidenten der Republik vom 21. Juni 1945 über die Konfiskation und beschleunigte Aufteilung des landwirtschaftlichen Vermögens der Deutschen, Madjaren, wie auch der Verräter und Feinde des tschechischen und des slowakischen Volkes; Text: Bundesministerium für Vertriebene, Flüchtlinge und Kriegsgeschädigte, Dokumentation der Vertreibung der deutschen Bevölkerung aus der Tschechoslowakei, 1957, S.225

Zweiten Weltkrieg seine Neutralität bewahren konnte. Über beide Tatsachen sieht die Tschechische Republik aber bis heute hinweg.
Als aus dem Bestand der konfiszierten Gegenstände das Bild „Szenen um einen römischen Kalkofen“ von Pieter van Laers (Versicherungswert 500.000 DM) Anfang der 90er Jahre als Leihgabe der Denkmalanstalt Brno (Brünn, Tschechische Republik) zu einer Ausstellung nach Köln kam, erwirkte der Fürst die Sequestration des Bildes und verlangte von der Bundesrepublik die Herausgabe. Der Rechtsweg wurde dem Fürsten jedoch aufgrund des Art. 3 des 6.Teils des Überleitungsvertrages von den ordentlichen Gerichten verweigert.
Bevor das sequestrierte Bild aber freigegeben wurde, stellte der Fürst einen Antrag auf Erlaß einer entsprechenden einstweiligen Anordnung und reichte eine Verfassungsbeschwerde ein. Das BVerfG erließ zwar eine einstweilige Anordnung, nahm die Verfassungsbeschwerde aber nicht zur Entscheidung an. Zur Begründung der Entscheidung trug das BVerfG u.a. vor, daß das bis 1990 von den westlichen Alliierten mit der Bundesrepublik Deutschland geschaffene westalliierte Besatzungsrecht[5] unabhängig von dem durch den „2+4“-Vertrag[6] beendeten Viermächterecht sei. Der zum westalliierten Besatzungsrecht gehörende Art. 3 des 6.Teils des Überleitungsvertrages bestünde deshalb gemäß des Notenwechsels vom 27./28. September 1990 fort und würde den Rechtsweg für den Fürsten versperren.
Obwohl die Bundesrepublik Deutschland die Enteignung des Fürsten von und zu Liechtenstein durch die Beneš-Dekrete für völkerrechtswidrig hält, war die Bundesrepublik Deutschland somit aufgrund des fortbestehenden westalliierten Besatzungsrechts außerstande, das erfolgte Unrecht zu beseitigen.

Zum besseren Verständnis der aktuellen Problematik soll in der folgenden Arbeit zunächst die Besatzungszeit von 1945 bis 1955 dargestellt werden. Dabei soll insbesondere auf die Rechtsgrundlage der Besetzung eingegangen werden. Schließlich betreffen die noch fortbestehenden Normen des Besatzungsrechts Maßnahmen aus dieser Zeit.
Anschließend soll die Nachbefolgung des Besatzungsrechts nach Auflösung des Besatzungsregimes in den westlichen Besatzungszonen durch die Bundesrepublik Deutschland dargestellt werden. Aufgrund der faktischen Teilung Deutschlands übten die westlichen Alliierten die Besatzungshoheit für die Bundesrepublik Deutschland aus. Sie schlossen mit der Bundesrepublik Deutschland eigene Verträge ab, die die Nachbefolgung des Besatzungsregimes regelten. Einer dieser Verträge war der Überleitungsvertrag, dessen Entstehung und inhaltliche Regelung aufgrund seiner außerordentlichen Bedeutung untersucht werden soll.

---

[5] sogenanntes Dreimächterecht

[6] Vertrag über die abschließende Regelung in bezug auf Deutschland vom 12. September 1990, BGBl 1991 II, S.587

Näher zu betrachten ist insbesondere die im Fall Liechtenstein maßgebliche Norm, Art. 3 des 6.Teils des Überleitungsvertrages. Anhand dieser Norm kann die Problematik der Nachbefolgung des Besatzungsrechts ausführlich dargestellt werden. Als Gegensatz hierzu soll danach die extensive Auslegung dieser Norm durch deutsche Gerichte aufgezeigt werden.
Der Schwerpunkt der Arbeit liegt bei der Nachbefolgung der noch verbliebenen Besatzungsrechte durch das wiedervereinigte Deutschland. Nach der Wiedervereinigung mußte nicht nur das Schicksal des Viermächterechts, sondern auch das Schicksal des Dreimächterechts geklärt werden. Die Nachbefolgung des westalliierten Besatzungsrechts war aber nur ein Nebenaspekt der Wiedervereinigung Deutschlands, weshalb die Problematik kaum Beachtung fand. Mit Hilfe persönlicher Hintergrundgespräche mit verschiedenen politischen Entscheidungsträgern, soll die Abhandlung der Problematik des westalliierten Besatzungsrechts aufgezeigt werden. Insbesondere seien hier Bundeskanzler a.D. Dr. Kohl und Robert Zoellick, Leiter der amerikanischen Delegation bei den „2+4"-Gesprächen, zu nennen, die in ausführlichen Gesprächen die politischen Hintergründe aufgezeigt haben. Aufgrund dieser Gespräche konnten die Intentionen und der politische Stellenwert der Problematik in die Erörterung einfließen.
Zunächst sollen die wichtigen „2+4"-Verhandlungen dargestellt werden, welche die äußeren Aspekte der Wiedervereinigung regelten. Anschließend soll eine Verknüpfung zu den Verhandlungen über das westalliierte Besatzungsrecht hergestellt werden. Im Rahmen dessen ist das Verhältnis vom Viermächterecht zum Dreimächterecht genau zu untersuchen.
Ebenso ist die Note vom 27./28. September 1990, durch die die Fortgeltung bestimmter Normen des Überleitungsvertrages festgeschrieben wurde, auf ihre Rechtmäßigkeit zu überprüfen. Fraglich ist nämlich, ob diese Note verfassungsrechts- und völkerrechtskonform ist.
Darüber hinaus soll auch Art. 3 des 6.Teils des Überleitungsvertrages genau betrachtet werden. Da selbst Besatzungsrecht nach der Wiedervereinigung das Verfassungsrecht nicht mehr überlagern kann, muß diese Norm anhand der Verfassung überprüft werden, auch wenn die Gerichte diese Prüfung bis jetzt nicht vorgenommen haben. Problematischer ist jedoch die Vereinbarkeit mit Völkerrecht, so daß hier eine umfassende Untersuchung erfolgen muß.
Abschließend wird die Entscheidung im Fall Liechtenstein anhand der gefundenen Ergebnisse überprüft.

A. Das Besatzungsrecht in Deutschland

Nachdem Deutschland den Zweiten Weltkrieg verloren und sich bedingungslos unterworfen hatte, wurde die oberste Regierungsgewalt in Deutschland durch das Militär der Alliierten übernommen. Nach und nach wurde die Besatzungsherrschaft aufgebaut und als mittelbare Folge der unüberbrückbaren Differenzen mit der Sowjetunion die Bundesrepublik Deutschland gegründet. Nach Etablierung des neuen demokratischen Staates wurde schließlich das Besatzungsregime beendet. Diese Zeit der Besatzungsherrschaft bis zum Ende des Besatzungsregime im westlichen Teil Deutschlands läßt sich in vier Phasen aufteilen.

I. Vier Phasen der Besetzung Deutschlands

1. Erste Phase bis 1945

Die Vorbereitungen für eine alliierte Nachkriegspolitik begannen sehr früh. Die Angriffskriege Deutschlands, Italiens und Japans erzwangen eine Allianz der drei Weltmächte USA, Großbritannien und der Sowjetunion.[7] Bereits 1941 gab es eine erste Absichtserklärung einer gemeinsamen Nachkriegspolitik durch die USA und Großbritannien.[8] Ziel dieser alliierten Nachkriegspolitik war die Teilung Deutschlands. Churchill hatte nämlich die Idee, Süddeutschland von Preußen abzutrennen und zusammen mit Österreich einen Donaustaat zu gründen.[9] Später wurde diese Idee aber verworfen.

1943 nahm schließlich eine alliierte Kommission[10] ihre Tätigkeit in London auf. Die ersten Zusammentreffen der Alliierten fanden danach in Moskau, Teheran, Quebec und Jalta statt. Bei diesen Begegnungen wurde die Besetzung Deutschlands beschlossen und in Grundzügen festgelegt, wobei die Interessen der Sowjetunion und der Westmächte noch ähnlich waren. Sie waren sich nämlich einig, daß gegen die Aggressivität Deutschlands außergewöhnliche Vorkehrungen getroffen werden müssen.[11] Deshalb hatte der damalige Finanzminister der USA, Morgenthau, für die Besetzung Deutschlands einen Plan ausgearbeitet.[12] Dieser Plan sah die politische Zerstückelung Deutschlands, die Demontage der wichtigen Industrieanlagen und die Umbildung Deutschlands zum Agrarstaat vor. Letztendlich

---

[7] Graml, Besatzungspolitik, S.25

[8] Die gemeinsame Erklärung wurde unter dem Namen „Atlantik-Charta“ bekannt; Text: v. Münch, Dokumente des geteilten Deutschlands, S.3

[9] Weidenfeld/Korte, Handbuch, S.204 ff.

[10] = European Advisory Commission

[11] Graml, Besatzungspolitik, S.25

[12] sogenannter Morgenthau-Plan

trat der Morgenthau-Plan aber nicht in Kraft, da er für anmaßend, brutal und unrealistisch gehalten wurde. Dennoch prägte er aber zumindest die ersten beiden Jahre der Besetzung,[13] da sich die Siegermächte auf seiner Grundlage noch vor Kriegsende auf eine Aufteilung Deutschlands in Besatzungszonen verständigten.

Am 13. September 1944 begann die Besetzung Deutschlands Schritt für Schritt.[14] Es wurden Besatzungsbehörden gemäß dem Londoner Abkommen über Kontrolleinrichtungen vom 14. November 1944[15] errichtet. Deutschland sollte „innerhalb seiner Grenzen", wie sie am 31. Dezember 1937 bestanden, „zum Zwecke der Besetzung in Zonen" eingeteilt werden. Zudem erließen die Behörden Besatzungsgesetze, die die nationalsozialistische Verfassungsordnung beseitigten.
Trotz dieser Besatzungsmaßnahmen hatte sich die nationalsozialistische Regierung nicht sofort zur Kapitulation bereit erklärt. Nach Hitlers Selbstmord am 30. April 1945 wurde gemäß seines politischen Testaments Karl Dönitz, Oberbefehlshaber der Kriegsmarine, Reichspräsident. Dieser versuchte zunächst die drohende Kapitulation hinauszuzögern, nachdem Präsident Eisenhower ihm jedoch ein Ultimatum gesetzt hatte, erklärte sich Dönitz zur endgültigen Kapitulation bereit.[16]

2. Zweite Phase bis 1949

Am 7./8. Mai 1945 wurden die Kapitulationsurkunden[17] unterzeichnet, wodurch die Besetzung vollendet und die Grundlage für die Rechte und Verantwortlichkeiten der Vier Mächte geschaffen war. Die Reichsregierung unter Dönitz wurde am 23. Mai 1945 verhaftet und nach Luxemburg verbracht.
Mit der sogenannten Berliner Erklärung vom 5. Juni 1945[18] übernahmen die Alliierten schließlich „die oberste Regierungsgewalt in Deutschland, einschließlich aller Befugnisse der deutschen Regierung, des Oberkommandos der Wehrmacht und der Regierungen, Verwaltungen oder Behörden der Länder, Städte und Gemeinden".[19] Während die Regierungsgewalt in den Besatzungszonen von den jeweiligen Oberbefehlshabern ausgeübt wurde, war für Deutschland als Ganzes der

---

[13] Maier in Strupp/Schlochauer, Besatzungsregime, S.190; vgl. Schöbener, Amerikanische Besatzungspolitik, S.89 ff.
[14] Schröder, Reste des Besatzungsrechts, S.20
[15] Text: v. Münch, Dokumente des geteilten Deutschlands, S.29
[16] Dönitz verzögerte die Kapitulation so lange, da er viele deutschen Soldaten vor der Roten Armee schützen und ihnen noch eine Flucht hinter die Linien der Westalliierten ermöglichen wollte; ausführlicher hierzu Raap, Souveränität, S.33
[17] Text: v. Münch, Dokumente des geteilten Deutschlands, S.17 f.; dazu auch Stern, Staatsrecht III, Band 1, S.129 Fn 4: Es sind zwei Kapitulationsurkunden unterzeichnet worden. Eine am 7. Mai in Reims, Frankreich und eine am 8. Mai in Berlin. Auf diese zweite Unterzeichnung in Berlin hatte die Sowjetunion bestanden. Beide Urkunden sind jedoch weitgehend gleichlautend.
[18] Text: ABl. AHK, Ergänzungsblatt Nr.1, S.7 ff.
[19] Präambel der Berliner Erklärung; Text: ABl. AHK, Ergänzungsblatt Nr.1, S.7 ff.

Kontrollrat[20] zuständig.[21] Der oberste Befehlshaber der Alliierten Streitkräfte[22] nahm für sich die höchste gesetzgebende, rechtsprechende und vollziehende Gewalt in dem Gebiet in Anspruch.[23] Trotz dieser gemeinsamen Einrichtungen gab es aber keine gemeinsamen Richtlinien für die Besatzungsmächte.
Um schließlich eine gemeinschaftlich einzuhaltende Besatzungspolitik festzulegen, trafen sich die Drei Alliierten[24] vom 17. Juli bis zum 2. August 1945 auf Schloß Cäcilienhof bei Potsdam, wo das Potsdamer Abkommen[25] unterzeichnet wurde. Wichtigste Ziele des Abkommens waren dabei die Entmilitarisierung, die Entnazifizierung und die Demokratisierung.[26] Zudem diente die Konferenz der Festlegung einer gemeinsamen Politik auf der Grundlage früherer Vereinbarungen und der Niederwerfung Deutschlands.[27] Wirkung konnte das Potsdamer Abkommen aber nur für die Alliierten entfalten, denn die deutsche Bundesregierung hat die Beschlüsse in Potsdam nie als rechtsverbindlich angesehen.
Bereits auf einer Außenministerkonferenz 1947 in Moskau zeigte sich trotz der gemeinsamen Politik die unaufhaltbare Teilung Deutschlands. Es wurde deutlich, daß im Kalten Krieg eine gemeinsame Besatzungspolitik unmöglich werde. Deshalb wurde die regionalisierte Besatzungspolitik von einer Integrationspolitik abgelöst und es trat eine Bizone zwischen den amerikanischen und britischen Besatzungsmächten in Kraft.[28] Dadurch sollte begonnen werden, Deutschland zu sanieren.
Die Vereinigten Staaten schlugen vor, das besetzte Deutschland mittels des Marshall-Plans[29], bei dem es sich um ein wirtschaftliches Wiederaufbauprogramm für Europa handelte[30], wieder aufzubauen. Da Stalin den Marshall-Plan ablehnte, wurden aber nur die Westzonen eingebunden. Demzufolge war die sich bereits abzeichnende deutsche Spaltung von diesem Zeitpunkt an nicht mehr aufzuhalten.
Anfang 1948 trafen die Sechs Mächte, Belgien, Niederlande, Luxemburg, Großbritannien, Frankreich und die USA zu Beratungen in London zusammen. Eine der dort aufgestellten Forderungen war, daß Deutschland eine verfassunggebende

---

[20] Kollektiv der vier Militärgouverneure
[21] Beachtlich ist dabei, daß nach dem allgemeinen Völkerrecht der Besatzungsmacht überhaupt keine oberste Regierungsgewalt zusteht. Vielmehr erklärten die Besatzungsmächte diese eigenhändig, weil es in Deutschland keine handlungsfähige Regierungsgewalt mehr gab; vgl. hierzu Grewe in Kutscher, Bonner Vertrag, S.7
[22] = SHAEF
[23] Picht-Hemken, Besatzungsrecht, S.2
[24] Deren Vertreter waren Churchill, Stalin und Truman. Frankreich ist dem Abkommen erst später beigetreten.
[25] Text: Rauschning, Rechtsstellung Deutschlands, Nr.6
[26] Raap, Souveränität, S.35
[27] Steinberger, Völkerrechtliche Aspekte, S.124
[28] Graml, Besatzungspolitik, S.33
[29] benannt nach dem amerikanischen Außenminister George C. Marshall
[30] = European Recovery Program

Versammlung einberuft. Neben dem Unmut über den vom amerikanischen Senat ratifizierten Marshall-Plan, war die sowjetische Regierung nun auch über die Londoner Sechsmächte-Konferenz verärgert. Sie sahen in diesen Verhandlungen einen Bruch der Vereinbarung Potsdams über die gemeinsame Verwaltung Deutschlands. Darüber hinaus hatte sich der amerikanische General geweigert, die Sowjets über den Verlauf der Konferenz zu berichten. Aufgrund der dadurch zwischen den Westalliierten und der Sowjetunion entstandenen unüberbrückbaren Differenzen, verließ die Sowjetunion am 20. März 1948 den Alliierten Kontrollrat mit den Worten „Der Kontrollrat existiert nicht mehr als Regierungsorgan".[31] Somit waren aus den Vier Mächten Drei plus Eins geworden.[32] Die drei Westmächte vereinten sich und „veranlaßten" schließlich die Gründung der „Bundesrepublik Deutschland".[33]

3. Dritte Phase bis 1951

Am 23. Mai 1949 wurde mit der Verkündigung des Grundgesetzes die Bundesrepublik Deutschland formal gegründet. Mit der Errichtung der Bundesrepublik Deutschland sollte sich jedoch zunächst an der Besetzung selbst nichts ändern,[34] die autoritäre Handhabung der Besatzungsmacht wurde aber gelockert. Da die Alliierten in den ersten vier Jahren der Besetzung die Besatzungsmacht ohne Anerkennung von Rechtsschranken autoritär gehandhabt hatten,[35] verlangte Deutschland schon seit langem eine Normierung der Rechte. Am 21. September 1949 trat in der Bundesrepublik deshalb das Besatzungsstatut[36] in Kraft, welches Einzelheiten über die Rechte der Besatzungsmächte festlegte. Es erfolgte darin eine jederzeit einseitig widerrufliche Selbstbeschränkung der Ausübung von Besatzungsrechten.

Zudem wollte die „junge" Bundesrepublik aber auch mehr Rechte erhalten. Daher sollte dem deutschen Volk gemäß des Besatzungsstatuts die größtmögliche Selbstregierung ermöglicht und die Militärregierung in der Bundesrepublik beendet werden. Zumindest von den Briten und den Amerikanern wurde Deutschland nämlich als Bündnispartner von Morgen gesehen.[37]

---

[31] Schraut, Besatzer, S.41: Obwohl der Kontrollrat danach nicht mehr tagte, wurde er erst 1952 offiziell beendet.

[32] Lambach, Vier-Mächte-Verantwortung, S.37

[33] Pell, Report on treaty before the Committee on Foreign Relations, Senate, 101st Congress, 2nd Session, Exec.Rept.101-33, October, 5th 1990, S.2

[34] Vgl. hierzu das Genehmigungsschreiben der Militärgouverneure zum Grundgesetz vom 12. Mai 1949; Text: v. Münch, Dokumente des geteilten Deutschlands, S.130 und Erklärung des Vorsitzenden der sowjetischen Kontrollkommission zur Übergabe von Verwaltungsfunktionen an deutsche Behörden; Text: v. Münch, Dokumente des geteilten Deutschlands, S.325

[35] Grewe, Übergang vom Besatzungsregime, S.11

[36] Text: ABl. AHK 1949, S.13

[37] Weber, Bundesrepublik wird souverän, S.21

Trotz einer westdeutschen Verfassungsordnung blieb somit die Besatzungsherrschaft weiterhin bestehen. Demnach konnte kein Gesetz ohne alliierte Zustimmung in Kraft treten. Darüber hinaus behielten sich die Besatzungsmächte die auswärtigen Angelegenheiten einschließlich der von Deutschland oder in seinem Namen getroffenen internationalen Abkommen vor. Nur auf eingegrenzten Gebieten durfte die deutsche Regierung tätig werden,[38] daher wurde der deutschen Regierung von den drei Westmächten zunächst verboten, einen Außenminister oder Verteidigungsminister zu berufen.[39] Folglich war die Bundesrepublik 1949 auch noch kein souveräner Staat im Sinne des Staats- und Völkerrechts.[40]

Aufgrund der aggressiven Politik der Sowjetunion wurde der Regierung der Bundesrepublik gleichwohl immer mehr Freiheit im politischen Kurs gewährt, um zur wirtschaftlichen und politischen Stärke des Westens beizutragen. So untersuchten die Vereinigten Staaten bereits 1950 die Möglichkeit der Etablierung einer bundesdeutschen Armee. Zudem wurde sowohl die wirtschaftliche als auch die politische Zusammenarbeit zwischen den NATO-Partnern und der Bundesrepublik in dieser Zeit verbessert.[41]

Diese kontinuierliche Lockerung der Besatzungsmacht führte im März 1951 schließlich zu einer kleinen Revision des Besatzungsstatuts.[42] Dadurch wurde für deutsche Stellen die Möglichkeit geschaffen, nach Zustimmung der Besatzungsbehörden, Besatzungsrecht aufzuheben.[43]
Darüber hinaus erklärten die drei Westmächte im Juli 1951 den Kriegszustand mit Deutschland für beendet.[44] Faktisch hatten die Parteien die friedlichen Beziehungen schon aufgenommen, so daß es sich hier nur um eine deklaratorische Beendigungserklärung handelte. Die eigentliche Kriegsbeendigung hatte bereits im Zeitraum zwischen 1945 und 1951 stattgefunden, da der Krieg bereits durch Einstellung der Feindseligkeiten und Bezeugung des Willens, den Krieg zu beenden und friedlichen Verkehr wiederaufzunehmen, beendet wurde.[45]

---

[38] Bernhardt, Deutsche Teilung, Rd.9

[39] Gallis, Unification, S.16: Erst 1950 wurde der deutschen Regierung erlaubt einen Außenminister zu berufen.

[40] Ress, Grundlagen und Entwicklung, Rd.6

[41] Gallis, Unification, S.17

[42] Änderungen abgedruckt in v. Münch, Dokumente des geteilten Deutschlands, S.73

[43] Picht-Hemken, Besatzungsrecht, S.2

[44] Gemeinsame Erklärung des Präsidenten und des Kongresses am 24.10.1951. Die Sowjetunion gab diese Erklärung erst 1955 ab; vgl. Dekret der Französischen Republik vom 9.7.1951, Note Großbritanniens vom 9.7.1951, Gemeinsame Resolution des Senats und des Kongresses der USA vom 19.10.1951, Erlaß des Präsidiums des Obersten Sowjets der UdSSR vom 25.1.1955; Texte: v. Münch, Dokumente des geteilten Deutschlands, S.57 und S.84 ff.

[45] Blumenwitz, Überwindung, S.118; Berber, Band II, S.101 f.: Der fehlende Friedensvertrag ist nicht störend, denn durch Aufnahme der friedlichen Beziehungen wird nur der Krieg beendet,

Mit dieser Beendigungserklärung fehlten jedoch die kriegsvölkerrechtlichen Voraussetzungen für eine Besetzung, so daß das Besatzungsstatut eigentlich einer Grundlage entbehrt hätte. Jedoch ließen die Westmächte in ihrer Kriegsbeendigungserklärung gerade kein Zweifel, daß das Besatzungsstatut nicht berührt wurde.[46] Die Alliierten wollten lediglich die volle Geltung des Friedensvölkerrechts erreichen.[47] Folglich sollte die Erklärung über die Beendigung des Kriegszustandes nicht die Besetzung aufheben, sondern es sollte nur offiziell Frieden erklärt werden.

4. Vierte Phase bis 1955

In der vierten Phase der Besetzung sollte das Besatzungsregime endlich beendet werden. 1951 begannen deshalb in Bonn die deutsch-alliierten Besprechungen über die Beendigung des Besatzungsregimes.[48]
Unterbrochen wurden diese Besprechungen durch eine Note Stalins vom 10. März 1952[49]. Zwar hatte Stalin in dieser Note seine Absicht bekundet, die deutsche Einheit voranzutreiben, die westlichen Alliierten werteten diesen Vorstoß aber als Versuch, die Integration der Bundesrepublik in den Westen zu bremsen.[50] Zudem hatte Stalin auch die Intention, die Wiederbewaffnung Westdeutschlands zu verhindern.[51]
Unbeirrt von der Stalin-Note wurden somit am Ende der Bonner Gespräche am 26. Mai 1952 die Verträge über die Ablösung des Besatzungsstatuts unterzeichnet[52], die auch einen Rahmen für die gegenseitigen Beziehungen boten.[53] Außer

---

die Bereinigung der aus dem Krieg und dem Nachkrieg geschaffenen Probleme kann/muß noch durch einen Friedensvertrag gelöst werden.

[46] Vgl. Blumenwitz, Überwindung, S.118 Fn 312; Text: v. Münch, Dokumente des geteilten Deutschlands, S.57 ff.

[47] Doehring, Staatsrecht, S.58 ff

[48] Bernhardt, Deutsche Teilung, Rd.9: Im Petersberger Abkommen wurden der Bundesrepublik schrittweise konsularische und Handelsbeziehungen zugestanden; zu den Verhandlungen Grewe, Rückblenden, S.134

[49] Czaplinski, Regelung, S.132 f: Der Abschluß eines Friedensvertrages wäre erst nach der Bildung einer gesamtdeutschen Regierung möglich gewesen. Die Sowjetunion wollte jedoch die freien Wahlen als Voraussetzung nicht billigen.

[50] Weidenfeld/Korte, Handbuch, S.204 ff.

[51] Menges, Future of Germany, S.2; Stalin hatte nämlich verlangt, daß Deutschland nicht einer Militärorganisation beitritt, gegen die sie zwischen 1939 und 1945 gekämpft hatten, Zudem hätten alle Stützpunkte ausländischen Militärs innerhalb von 12 Monaten abgezogen werden müssen.

[52] Sogenannte Bonner Verträge; im übrigen wurde ein formeller Friedensvertrag nicht angestrebt, denn die drei Westmächte glaubten, daß man nur mit einem wiedervereinigten Deutschland tun könne. Zudem hätte ein Friedensvertrag auch nicht ohne die Sowjetunion abgeschlossen werden können; vgl. Celada: Reunification, S.2

Kraft trat das Besatzungsstatut aber erst durch die Pariser Verträge[54] vom 5. Mai 1955.[55]

II. Die Fortexistenz Gesamtdeutschlands

Die Frage der Nachbefolgung des Besatzungsrechts ist eng mit der Frage der Fortexistenz Gesamtdeutschlands verknüpft. Die „alte" Bundesrepublik Deutschland, respektive das wiedervereinigte Deutschland, können das Besatzungsrecht nämlich nur dann nachbefolgt haben, wenn das deutsche Reich nicht untergegangen ist und von einer Kontinuität ausgegangen werden kann.

1. Debellationstheorie

Als Debellationstheorie bezeichnet man die Lehre zur Rechtslage Deutschlands, die vom staatlichen Untergang des Deutschen Reiches ausgeht.[56] Der militärische Sieg allein gibt dem Sieger noch nicht das Recht, das besiegte Volk, das seine gemeinsame Staatlichkeit aufrechterhalten will, seiner Staatlichkeit zu berauben.[57] Die Debellation ist deshalb nicht schon dann gegeben, wenn der Kriegsgegner völlig besiegt ist, sich die Streitkräfte bedingungslos ergeben haben, und das Staatsgebiet besetzt und verwaltet wird. Vielmehr ist erforderlich, daß der besiegte Staat auch untergeht.[58] Es wird demzufolge vorausgesetzt, daß die ursprüngliche Staatsgewalt beseitigt wird und eines der für die Staatlichkeit konstitutiven Elemente Staatsvolk, Staatsgebiet und Staatsgewalt verloren geht.[59] So-

---

53 Wesentlich war der Generalvertrag. Der Generalvertrag wurde nach der Unterzeichnung der Pariser Verträge Deutschlandvertrag genannt, der zwar weitestgehend nur eine Kopie des Generalvertrages war, aber eben auch einige Änderungen im Bezug auf die Wiedervereinigung und die Souveränität hatte; vgl. Bark/Gress, History of Germany, S.332

54 Die Pariser Verträge setzten sich aus einer Anzahl von Verträgen, z.B. dem Deutschlandvertrag, dem Truppenvertrag, Steuerabkommen und dem Überleitungsvertrag zusammen; Text: BGBl 1955, Band II, S.215 ff.

55 Vgl. hierzu ausführlich Teil B; Stern, Staatsrecht III, Band 1, S.1248: Am selben Tag wurde die Bundesrepublik auch formell Mitglied der NATO, woraufhin die Sowjetunion kurz danach den Warschauer Pakt gründete. Im Gegensatz zu den Ländern der Bundesrepublik war Berlin immer noch Subjekt des Besatzungsrechts.

56 Bekanntester Vertreter der Debellationstheorie war Hans Kelsen, vgl. hierzu Schöbener, Amerikanische Besatzungspolitik, S.383

57 BGHZ 13, 265 (293); ebenso Münch, Deutsche Ostfragen, S.223: Ein erobertes Gebiet darf auch nicht annektiert werden, sondern nur kraft eines Friedensvertrages übergehen.

58 Berber, Band II, S.99 f.; Grewe, Besatzungsstatut, S.48; Brand, Souveränität, S.43: Auch die treuhänderische Wahrnehmung der Staatsgewalt führte noch nicht zu einem Untergang.

59 Dünisch, Mundatwald, S.48, Fn. 68: Frankreich ging zunächst vom Untergang des deutschen Reiches aus, schloß sich dann allerdings den Drei Mächten an und vertrat die Kontinuität

wohl das Staatsvolk als auch das Staatsgebiet existierte in den Grenzen vom 31. Dezember 1937 fort. Darüber hinaus verlor Deutschland mit der Auflösung der Regierung Dönitz nur die völkerrechtliche Handlungsfähigkeit.[60] Folglich bestanden auch nach der Kapitulation die drei Elemente des Staates fort.
Die Tatsache, daß der deutsche Staat nicht unterging, beruht dabei auf der Tatsache, daß die Sieger angesichts ihrer Gegensätze mit den Folgen einer Debellation wahrscheinlich nicht zurechtgekommen wären.[61] Deutschland hätte bei einer Annexion[62] nämlich zwischen den Siegermächten aufgeteilt und neue Staaten gegründet werden müssen. Dies erschien jedoch sehr schwierig, so daß eine Annexion nicht in Betracht kam.
Somit ist festzustellen, daß die bedingungslose Kapitulation nicht den Untergang des deutschen Staates beinhaltete, sondern nur auf dem militärischen Gebiet Bedeutung hatte.[63]

2. Kontinuitätstheorie

Nach der Kontinuitätstheorie wird an der Fortexistenz Deutschlands als Völkerrechtssubjekt festgehalten.[64] Bereits der Parlamentarische Rat ist bei der Schaffung des Grundgesetzes der Meinung gefolgt, daß der deutsche Staat fortbesteht.[65] Auch in der Präambel zum Grundgesetz kommt klar zum Ausdruck, daß lediglich eine „neue Ordnung" für eine Übergangszeit geschaffen werden muß. Darüber hinaus erklärten sogar die Drei Mächte, daß sie die Bundesrepublik Deutschland

---

Deutschlands; Kimminich, Souveränität, S.33; Verdross in Strupp/Schlochauer, Untergang von Staaten, S.479; Krülle, Oder-Neiße, S.75 ff.

[60] Hierzu ausführlich Dünisch, Mundatwald, S.49 ff.; Schöbener, Amerikanische Besatzungspolitik, S.387

[61] Berber, II. Band, S.99 f.; Münch, Deutsche Ostfragen, S.222: auch Münch vertritt, daß eine Annexion aus politischen Gründen abgelehnt wurde.

[62] Eine Annexion würde aber den gewaltsamen Erwerb der territorialen Souveränität voraussetzen. Zudem wurde die Annexion später ausdrücklich abgelehnt; vgl. Abs. 5 der Präambel der Berliner Erklärung, in der festgestellt wird, daß Deutschland nicht annektiert wird; Text: ABl. AHK, Ergänzungsblatt Nr.1, S.7 ff. Ebenso auch Michael Young: Legal issues relating to future status of Germany, Hearing before the Committee of Foreign Relations, United States Senate, 101st Congress, 2nd Session, 12.Juli 1990, S.Hrg.101-899, S.3; ebenso ablehnend Baker in einem Brief an Präsident Bush, Sept. 24th 1990; Text: Committee on Foreign Relations, Senate, 101st Congress, 2nd Session, Exec.Rept. 101-33, S.26 f.

[63] Gornig, Zwei-plus-Vier-Vertrag, S.97; Schöbener, Amerikanische Besatzungspolitik, S.258: Die Briten verstanden unter der bedingungslosen Kapitulation nichts anderes als einen Waffenstillstand, die USA wollten mehr als dies; BGHZ 13, 265 (293); a.A. Kelsen, International Legal Status, S.689 ff.; Lewald, Deutschlands Rechtslage, S.855

[64] Dünisch, Mundatwald, S.48 mit weiteren Quellenangaben; Guggenheim, Völkerrecht II, S.406

[65] Dolzer, Verhältnis zur DDR, Rd.20

als Repräsentantin des deutschen Volkes anerkennen und die fortdauernden Existenz des deutschen Staates annehmen.[66]
Gleichermaßen ist das BVerfG[67] der Kontinuitätstheorie gefolgt. Im Urteil vom 26. März 1957 wies das BVerfG darauf hin, daß zwar das deutsche Reich nicht untergegangen sei, aber seine staatliche Organisation mit der bedingungslosen Kapitulation eingebüßt habe.[68] Später wurde im Urteil zum Grundlagenvertrag nochmals die Kontinuität Deutschlands bestätigt:

> „Das Grundgesetz – nicht nur die These der Völkerrechtslehre und der Staatsrechtslehre – geht davon aus, daß das Deutsche Reich den Zusammenbruch 1945 überdauert hat und weder mit der Kapitulation noch durch Ausübung fremder Staatsgewalt in Deutschland durch die alliierten Okkupationsmächte noch später untergegangen ist."[69]

Folglich konnte sich die Bundesrepublik Deutschland von 1945 bis 1990 als eine mit dem Deutschen Reich identische Körperschaft betrachten, aber eben auf ihr Territorium begrenzt.[70]

III. Rechtsnatur der Besetzung Deutschlands

Die Prüfung der Nachbefolgung des Besatzungsrechts setzt auch voraus, daß die völkerrechtliche Rechtsnatur der Besetzung geklärt wird. Zum einen ist die Feststellung der Rechtsnatur und der Haltung der verschiedenen Besatzungsmächte unerläßlich für die zentrale Frage des Verhältnisses zwischen dem Dreimächterecht und Viermächterecht. Zum anderen erleichtert die Feststellung der Rechtsgrundlage eine völkerrechtliche Stellungnahme zu den noch folgenden Themenkomplexen.

---

[66] Frowein, Entwicklung der Rechtslage, S.25 f.; Schöbener, Amerikanische Besatzungspolitik, S.387: Beispielsweise wurden Beamte als deutsche Amtsträger in Ausübung deutscher Staatsgewalt ernannt.
[67] Insbesondere BVerfGE 2, 266 (277); BVerfGE 3, 288 (319 f.); BVerfGE 5, 85 (126); BVerfGE 6, 309 (336, 363 f.)
[68] BVerfGE 6, 309 (363)
[69] BVerfGE 36, 1 (15 ff.)
[70] Vgl. Frowein, Entwicklung der Rechtslage, S.27: Die DDR hat die bedingungslose Kapitulation als Zeitpunkt für den Untergang des Rechtssubjektes Deutsches Reich gesehen. Diese Ansicht wurde auch von der Sowjetunion geteilt.

1. Alternative Anwendung von Rechtsinstituten

a. Occupatio bellica

Eine der wichtigen Theorien für die Erklärung der Rechtsgrundlage ist die occupatio bellica im Sinne des 3. Abschnitts der Haager Landkriegsordnung vom 18. Oktober 1907[71].
Maßgeblich für die Annahme der occupatio bellica ist zum einen, ob die HLKO überhaupt anwendbar ist, zum anderen, ob die Voraussetzungen der occupatio bellica erfüllt sind.

aa. Anwendbarkeit der HLKO

Der Anwendbarkeit der Normen der HLKO könnte entgegenstehen, daß nicht alle Kriegsparteien Vertragsparteien der HLKO waren. Da die Art. 42 – 56 HLKO während beider Weltkriege jedoch als Völkergewohnheitsrecht angesehen wurden, kann die HLKO auf alle Kriegsparteien des Zweiten Weltkrieges Anwendung findet.[72]

bb. Tatbestandliche Voraussetzungen

Zudem müssen auch die tatbestandsmäßigen Voraussetzungen einer occupatio bellica vorliegen. Gemäß Art. 42 HLKO gilt ein Gebiet als besetzt, „wenn es sich tatsächlich in der Gewalt des feindlichen Heeres befindet". Dabei ist die occupatio bellica eine vorübergehende kriegerische Besetzung, die nicht auf einem Rechtstitel, sondern auf einem Akt der kriegerischen Gewalt beruht. Die Ausübung kriegerischer Gewalt ist aber durch Normen des Kriegsvölkerrechts auf das Gebiet des feindlichen Staatsraums beschränkt.[73] Der Besetzende ist zudem weder Gebietsnachfolger des Verdrängten, noch wird die Herrschaftsgewalt des Nachfolgers auf das besetzte Gebiet übertragen. Ansonsten würde nämlich eine Eroberung oder Annexion vorliegen.[74]
Von Teilen der Literatur wird im Rahmen der occupatio bellica darüber hinaus eine feindselige Besetzung gefordert.[75] Dieses Kriterium ist aber nicht zu berück-

---

[71] Im folgenden HLKO; Text: RGBl. 1910, S.132
[72] Berber, Band II, S.124; Seidl-Hohenveldern, Völkerrecht, Rd.531
[73] Uhler in Strupp/Schlochauer, Kriegerische Besetzung, S.195; Berber, Band II, S.129
[74] Berber, Band II, S.129
[75] Antoni, Potsdamer Abkommen, S.82; Maier, in Strupp/Schlochauer, Besatzungsregime, S.190; Grewe, Besatzungsstatut, S.117; a.A. Berber, Band II, S.99; Verdross, Völkerrecht, S.69: Soweit ein Waffenstillstandsvertrag nichts Abweichendes bestimmt, gelten die Normen der HLKO auch nach Einstellung der Feindseligkeiten, entweder bis das besetzte Gebiet geräumt ist, das Regime vertraglichen Regelungen unterstellt ist, oder in einer dem Völkerrecht entsprechenden Weise dem Siegerstaat einverleibt wird.

sichtigen, da die occupatio bellica gemäß Art. 42 HLKO darauf basiert, daß das Gebiet „tatsächlich in der Gewalt" ist. Folglich kommt es nur auf die Effektivität und Faktizität der Herrschaftsausübung an, die von der Feindseligkeit unabhängig ist.[76] Außerdem wäre es auch nicht verständlich, warum ein besiegter und schutzbedürftiger Staat nicht unter den Schutz der HLKO gestellt wird.[77]

Im September 1944 begann die eigentliche Besetzung, Ende Mai 1945 war das ganze Staatsgebiet durch die Truppen der Alliierten besetzt. Da eine faktische und effektive Herrschaftsausübung durch die Alliierten vorlag, kann die Besetzung somit als occupatio bellica bezeichnet werden.

Problematisch ist jedoch, ob die occupatio bellica bis zum Ende des Besatzungsregimes fortdauerte. Vertritt man die Ansicht, daß die occupatio bellica eine feindselige Haltung erfordert, so läge mit der Wiederaufnahme der friedlichen Beziehungen eine zeitliche Grenze für die occupatio bellica vor.[78]
Aber auch sonst könnte es eine Beschränkung der occupatio bellica geben. Gemäß Art. 43 HLKO begründet die occupatio bellica nämlich nur eine vorläufige Herrschaft. Dabei hat der Okkupant die völkerrechtliche Pflicht[79], alle Maßnahmen einzuleiten, um „nach Möglichkeit die öffentliche Ordnung und das öffentliche Leben wiederherzustellen und aufrechtzuerhalten, und zwar, soweit kein zwingendes Hindernis besteht, unter Beachtung der Landesgesetze". Nach dem klassischen Völkerrecht waren zwingende Hindernisse nur militärisch erforderliche Maßnahmen, jedoch wurde der Begriff im Laufe der Zeit ausgedehnt, so daß auch Maßnahmen „politischer Natur" darunter verstanden werden konnten.[80] Um aber einen Mißbrauch zu verhindern, kann nur eine restriktive Auslegung dem Sinn und Zweck der Vorschrift gerecht werden. Nach dem Sinn und Zweck der Norm ist keine Intervention gewollt, so daß sich aus der occupatio bellica nicht das Recht ergibt, den Staat grundlegend umzugestalten.[81] Folglich sind selbst nach einer sehr weiten Auslegung von der occupatio bellica nur die Maßnahmen gedeckt, die zur Wiederherstellung der öffentlichen Ordnung und zur Aufrechterhaltung der militärischen Besetzung erforderlich sind.[82] Die später noch zu untersuchenden Enteignungen[83] wären somit nach einer occupatio bellica nicht gerechtfertigt.

---

[76] Verdross, Völkerrecht, S.463
[77] von der Beck, SBZ, S.154
[78] Schöbener, Amerikanische Besatzungspolitik, S.416
[79] Die genauen Pflichten sind dargestellt in Verdross, Völkerrecht, S.464 ff.
[80] von der Beck, SBZ, S:156: Demnach sind alle Maßnahmen gedeckt, die nach dem politischen Interesse für erforderlich gehalten werden.
[81] von der Beck, SBZ, S.157
[82] Blumenwitz, Überwindung, S.91 mit weiterer Quellenhinweisen
[83] Vgl. hierzu Teil C, Punkt VIII und IX

Dieser eng umgrenzte Rahmen wurde aber schon mit der Berliner Erklärung vom 5. Juni 1945[84] nicht mehr eingehalten, da es nun um viel mehr als um die Herstellung der öffentlichen Sicherheit und Ordnung ging. Es handelte sich nicht nur um den erforderlichen provisorischen Charakter, sondern die Alliierten wollten endgültig eine Änderung des politischen Systems und eine grundlegende Reform des Staates. An die Stelle von Nationalismus und Militarismus sollte eine starke Demokratie gesetzt werden.[85] Folglich haben die Vier Mächte das Gebot des geringstmöglichen Eingriffes verletzt.[86]
Somit kann eine occupatio bellica nur bis zum Zeitpunkt der Berliner Erklärung[87] angenommen werden.

cc. Hinnahme einer occupatio bellica aus Sicht der Alliierten und der Deutschen

Fraglich ist aber auch, welche Einstellung und Intention die Alliierten hatten. Die Alliierten wollten ihre Rechte aus dem Sieg sichern, deshalb war bei Kriegsende zu befürchten, daß sich die Siegermächte nicht an das Völkerrecht halten würden. Selbst das amtliche Gutachten der amerikanischen Kriegsministeriums hatte später festgestellt, daß die bekanntgegebenen Kriegsziele nicht dem Völkerrecht entsprachen.[88] Andererseits wäre es wahrscheinlich auch nicht den Zielen der Besetzung gerecht geworden, wenn sich die Alliierten an diesen eng abgesteckten Rahmen gehalten hätten. Die Alliierten verstanden sich nämlich zum einen als Schutzmacht und zum anderen wollten sie Deutschland eine demokratische Ordnung geben. Lediglich die öffentliche Ordnung wiederherzustellen, wie dies die HLKO vorsieht, war angesichts der politischen und wirtschaftlichen Lage Deutschlands nach dem Ende des Naziregimes jedoch nicht ausreichend.[89] Außerdem meinten die Alliierten, daß der Eroberer nach der endgültigen Niederlage des Feindes nicht an die HLKO gebunden sei, denn wenn der Eroberer die Existenz des eroberten Staates vernichten könne, so könne er nicht durch die HLKO eingeschränkt werden.[90]
Außerdem hatten die Alliierten auch ein Interesse daran, daß Deutschland seine Kriegsschulden beglich. Wie später noch aufgezeigt wird, wurde deshalb auch das Vermögen Privater konfisziert und somit gegen die HLKO verstoßen. Hierzu sahen sich die Alliierten aufgrund ihres Sieges befugt.

---

[84] Text: ABl. AHK, Ergänzungsblatt Nr.1, S.7 ff.
[85] Schenk, Viermächteverantwortung, S.10; Waitz von Eschen, Völkerrechtliche Kompetenz, S.23
[86] Teyssen, Deutschlandtheorien, S.125 mit weiteren Quellennachweisen in Fn 410
[87] Text: ABl. AHK, Ergänzungsblatt Nr.1, S.7 ff.
[88] Münch, Deutsche Ostfragen, S.222
[89] Vgl. hierzu Schöbener, Amerikanische Besatzungspolitik, S.434 ff.: Schöbener zeigt einige Maßnahmen auf, die direkt oder indirekt gegen die Zivilbevölkerung vorgenommen wurden und deshalb nicht von der HLKO gerechtfertigt sind.
[90] Schöbener, Amerikanische Besatzungspolitik, S.261

Im Gegensatz hierzu hatten die Deutschen jedoch ein Interesse daran, daß die Normen der HLKO eingehalten wurden. Deutschland hatte den Krieg verloren und mußte sich deshalb den alliierten Siegermächten unterwerfen. Der Deutsche Kaiser hatte 1907 die HLKO extra mitunterzeichnet, um „die Leiden des Krieges zu mildern" und um den Interessen der „Menschlichkeit und den sich immer steigernden Forderungen der Zivilisation zu dienen"[91]. Folglich hatte Deutschland ein großes Interesse daran, daß das Kriegsvölkerrecht eingehalten wurde.

b. Treuhandbesetzung

Auch die Lehre von der Treuhandbesetzung wird als Erklärung für die Besetzung herangezogen. Dieser aus dem Zivilrecht stammende Rechtsgedanke ist auch im Völkerrecht etabliert, z.B. im 12. Kapitel der Charta der Vereinten Nationen vom 26. Mai 1945[92]. Demnach muß ein Völkerrechtssubjekt die „Verwaltung" eines anderen Völkerrechtssubjekts, das hierzu nicht in der Lage ist, übernehmen.[93] Die Treuhandschaft soll dazu dienen, ein handlungsunfähiges Völkerrechtssubjekt in die Völkergemeinschaft einzugliedern,[94] für ein anderes handlungsunfähiges Völkerrechtssubjekt Rechtsakte im Völkerrechtsverkehr zu setzen und die Hoheitsgewalt im innerstaatlichen Bereich auszuüben.[95]

aa. Tatbestandliche Voraussetzungen

Da der deutsche Staat als Völkerrechtssubjekt nicht unterging,[96] ist er mögliches Objekt einer Treuhandschaft.[97] Fraglich ist aber, wer der Treugeber ist. Üblicherweise wird eine Treuhandschaft durch Vertrag begründet, so daß die Parteien unstreitig sind. In bezug auf Deutschland liegt aber kein Vertrag vor, deshalb müßte die Treuhandschaft originär erworben worden sein.[98] Weder die Vier Mächte noch das Deutsche Reich oder die UNO kommen als Treugeber in Betracht.[99] Vielmehr

---

[91] Präambel zur HLKO; Text: RGBl. 1910, S.132

[92] = SVN; UNTS Bd.557, S.143; BGBl 1973 II, S.431 ff.

[93] Wengler, Völkerrecht I, S.1164

[94] Blumenwitz, Überwindung, S.93; aA: Schenk, Viermächteverantwortung, S.14; Teyssen, Deutschlandtheorien, S.137: Alliierten hätten sich die Treuhandschaft nicht selbst einräumen dürfen und auch die Völkergemeinschaft wäre hierzu nicht berechtigt gewesen; Schmoller, Handbuch, §6, S.3 f.: Völkerrechtsgemeinschaft sei zu wenig konkretisiert und ein gewisser treuhänderischer Charakter sei jeder Besetzung eigentümlich.

[95] Raap, Souveränität, S.70

[96] Vgl. oben, Punkt II

[97] Raap, Souveränität, S.70

[98] Wengler, Völkerrecht I, S.1164

[99] Schenk, Viermächteverantwortung, S.14; Blumenwitz, Überwindung, S.93; Raap, Souveränität, S.70; Schmoller, Handbuch, §6, S.4; Teyssen, Deutschlandtheorien, S.136; von der Beck, SBZ, S.159

ist in den Fällen einer originären Treuhandschaft die Völkergemeinschaft der Treugeber.[100]

Auch für die Besetzung Deutschlands kommt die Völkerrechtsgemeinschaft aus folgender Überlegung als Treugeber in Betracht: Die Alliierten haben mit der Übernahme der obersten Regierungsgewalt durch die Berliner Erklärung[101] treuhänderisch die deutsche Staatsgewalt für die „Vereinten Nationen"[102] übernommen. Da die Vereinten Nationen zu diesem Zeitpunkt aber noch nicht bestanden, konnte nur die Völkerrechtsgemeinschaft gemeint sein.[103]

Die Treuhandbesetzung erfordert gleichwohl, daß der Treuhänder nicht nur eigennützig handelt. Vielmehr muß er auch die Belange des unterworfenen Objektes und des Treugebers beachten. Eine Grenze ist daher zu ziehen, wenn die Eigennützigkeit so gravierend ist, daß sie mit dem Treuhandgedanken nicht mehr vereinbar ist.[104] Ein gewisse Eigennützigkeit ist hingegen nicht hinderlich, da es gerade der öffentlichen Treuhand nicht fremd ist, wenn Interessen des Treuhänders mit dem Interesse des Treugebers vermischt werden.[105]

Von einigen Stimmen in der Literatur wird vertreten, die Alliierten hätten offensichtlich ihre eigenen Interessen vertreten und keine höherrangige Bindung anerkannt[106]. Zudem wird die Treuhandschaft schon kraft Natur der Sache abgelehnt. Eine Besatzungsmacht würde immer eigennützig und nicht fremdnützig tätig werden, so daß die Treuhandschaft nicht in Betracht käme.[107]

Diese Ansicht verkennt jedoch, daß es festgestecktes Ziel der Alliierten war, Deutschland als einen im Frieden verankerten und demokratischen Staat einen fe-

---

[100] Teyssen, Deutschlandtheorien, S.137: Er sieht darin einen Verstoß gegen das Selbstbestimmungsrecht der Völker, welches Eingriffe in die inneren und äußeren Angelegenheiten des betroffenen Staates untersagt; von der Beck, SBZ, S.160: es werden Bedenken gegen die Völkerrechtsgemeinschaft geäußert, da zum einen die Völkerrechtsgemeinschaft kein konkretes Subjekt sei und eine internationale Kontrolle nicht eingeführt worden sei.

[101] Text: ABl. AHK, Ergänzungsblatt Nr.1, S.7 ff.

[102] Präambel, Absatz IV der Berliner Erklärung

[103] Oppermann, Deutschland als Ganzes, S.381; Raap, Souveränität, S.71

[104] von der Beck, SBZ, S.159 mit weiteren Anmerkungen

[105] Schmoller, Handbuch, §6, S.3

[106] Schenk, Viermächteverantwortung, S.14, Fn 75 mit weiteren Quellenangaben; Teyssen, Deutschlandtheorien, S.135 ff: Er geht vielmehr davon aus, daß die Alliierten vorwiegend eigennützig handeln wollten und lediglich die Besatzungsbefugnisse exzessiv auslegten. Zudem hätten sie sich die Treuhandschaft nicht selbst einräumen dürfen und auch die Völkergemeinschaft wäre zur Einräumung nicht berechtigt gewesen; von der Beck, SBZ, S.161: er argumentiert, daß die Interessen eines möglichen Treugebers Völkerrechtsgemeinschaft unbestimmt seien und somit dem Mißbrauch für eigennützige Motive begünstigen würden.

[107] Teyssen, Deutschlandtheorien, Fn453

sten Platz in der Völkerrechtsgemeinschaft einnehmen zu lassen.[108] Folglich waren die Intentionen der Alliierten zum größten Teil fremdnützig und der Zweck einer Treuhandschaft beachtet.

Aber auch eine Treuhandschaft vermag nicht alle Maßnahmen der Besatzungsmacht zu rechtfertigen. Die Treuhandschaft hat z.B. nur den Charakter einer Übergangsherrschaft. Zwar wollten die Alliierten auch nur vorübergehend ihre Rechte in vollem Umfang wahrnehmen,[109] aber es gab auch viele endgültige Maßnahmen, die nicht durch ein Treuhandverhältnis gerechtfertigt werden können.[110]
Das BVerfG hat eine treuhänderische Besetzung deshalb auch nur für die „normale" Ausübung staatlicher Gewalt durch die Besatzungsmächte angenommen. Hierzu gehören nur die Maßnahmen, die im ausschließlichen Interesse des deutschen Staates erfolgt sind. Die Demontage der deutschen Industrie und die Senkung des Lebensstandards z.B. „widersprach offensichtlich dem deutschen Interesse".[111]
Daher ist die Treuhandbesetzung nur bedingt geeignet, die Rechtsnatur der Besetzung Deutschlands zu erklären.

bb. Hinnahme einer Treuhandbesetzung aus Sicht der Alliierten und der Deutschen

Es stellt sich die Frage, ob die Alliierten oder Deutschland eine Treuhandschaft wollten. Die Treuhandschaft hatte für die Alliierten den Nachteil, daß die Besetzung nur nach einem engen Maßstab ausgeführt werden durfte und keine Gestaltungsmöglichkeiten eröffnete. Die Alliierten hatten aber das Ziel, Deutschland nicht nur zu verwalten, sondern es zu einem demokratischen, gefestigten Partner zu entwickeln. Diese Aufgabe konnten sie aber mit dem engen Maßstab nicht verbinden.
Demgegenüber war die Treuhandschaft auch für die Deutschen nicht nur von Vorteil. Es gab z.B. kein übergeordnetes Organ, das die Alliierten hätte überwachen können, so daß die Alliierten als Richter in eigener Angelegenheit tätig waren. Es gab also kaum Einflußmöglichkeiten auf die Siegermächte. Andererseits brauchte der deutsche Staat aber eine treuhänderische Verwaltung, um wieder eine Handlungsfähigkeit zu erlangen.

---

[108] Diese Absichten werden schon im Potsdamer Protokoll Abs.3 der Präambel des Abschnittes III festgehalten (Text: Rauschning, Rechtsstellung Deutschlands, Nr.6), und zeigt sich auch später bei den Bonner bzw. Pariser Verträgen; vgl. auch von der Beck, SBZ, S.162

[109] Raap, Souveränität, S.71 f.

[110] von der Beck, SBZ, S.160 f.: z.B. lassen sich die Konfiskationen nicht durch das Treuhandverhältnis rechtfertigen.

[111] BVerfGE 41, 126 (159)

c. Feindstaatenartikel der SVN[112]

Auch die sogenannten Feindstaatenklauseln Art. 107, Art. 53 der SVN werden als Rechtsgrundlage für die Besetzung in Betracht herangezogen. Gemäß Art. 107 werden Maßnahmen, die von Regierungen als Folge des Zweiten Weltkrieges gegen Feindstaaten der Unterzeichnerstaaten unternommen wurden, von der SVN weder außer Kraft gesetzt noch untersagt. Deshalb findet für solche Maßnahmen das Gewaltverbot gemäß Art. 2 Nr.4 der SVN und das Eingriffsverbot in innere Angelegenheiten gemäß Art. 2 Nr.7 der SVN keine Anwendung.
Objekt der Feindstaatenartikel sind die Feindstaaten des 2. Weltkrieges. Feindstaat ist ein Staat, der sich mit einem Mitglied der Vereinten Nationen im 2. Weltkrieg im Kriegszustand befand. Da das deutsche Reich nicht untergegangen ist,[113] und die Bundesrepublik und die DDR somit keine „Neustaaten" sein sollten, hat das deutsche Reich den Krieg überdauert.[114] Feindstaat war somit das deutsche Reich. Berechtigte Regierungen im Sinne der SVN waren auch die Vier Mächte. Somit sind die Feindstaatenklauseln zumindest anwendbar.
Trotzdem eignen sich die Feindstaatenklauseln nicht als Rechtsgrundlage. Zunächst müssen sich diese Maßnahmen trotz Art. 107 der SVN an den allgemeinen Verboten des Völkerrechts messen lassen. Zu diesen allgemeinen Verboten des Völkerrechts zählen auch das Gewalt- und das Interventionsverbot, da sie schon vor Entstehung des SVN Bestandteil des allgemeinen Völkerrechts waren.[115] Auf diese Verbote konnte sich Deutschland auch trotz Geltung der SVN berufen, da die 51 Gründerstaaten nicht das geltende Recht verändern konnten.[116]
Unabhängig davon eignen sich die Feindstaatenklauseln generell nicht als Rechtsgrundlage, da sie keine Ermächtigungsnormen sind, sondern nur die Befreiung von Verbotsnormen ermöglichen. Eine Befugnis aus den Feindstaatenartikeln wäre nämlich ein Vertrag zu Lasten Dritter, d.h. zu Lasten der Feindstaaten, gewesen.[117] Somit konnte das Siegerrecht also nur eine völkerrechtliche Bindung der Mitglieder der Vereinten Nationen bewirken, für das Nichtmitglied waren sie „res inter alios acta", die für sie keine Rechte und Duldungspflichten begründen konnten.[118]
Darüber hinaus ist auch fraglich, ob die Feindstaatenklauseln heute noch als Rechtsgrundlage herangezogen werden könnten, denn Art. 107 der SVN ist nur als Übergangsbestimmung konzipiert gewesen. Eine ausdrückliche Aufhebung ist

---

[112] UNTS Bd.557, S.143; BGBl 1973 II S.431
[113] Vgl. oben, Punkt II
[114] Wilke, Bundesrepublik und DDR, S.74; Schenk, Viermächteverantwortung, S.9; Pfeiffer, Vorbehaltsrechte, S.58
[115] Blumenwitz, Überwindung, S.97; Raap, Souveränität, S.76; von der Beck, SBZ, S.171
[116] von der Beck, SBZ, S.171
[117] Blumenwitz, Überwindung, S.98
[118] Blumenwitz, Überwindung, S.97; Raap, Souveränität, S.76; von der Beck, SBZ, S.171

jedoch noch nicht erfolgt. Dies ist aber auch nicht von großer Bedeutung, da sowohl die Drei Westmächte in der Londoner Schlußakte vom 3. Oktober 1954[119] als auch die Sowjetunion im Moskauer Vertrag vom 12. August 1970[120] auf die Geltendmachung der Feindstaatenklauseln verzichtet haben. Seit der Wiedervereinigung sind die Art. 53 und 107 der SVN schließlich obsolet.[121] Gemäß Art. 7 des „2+4"-Vertrages[122] wurde auch das Potsdamer Abkommen aufgehoben.[123] Damit ist auch jede rechtliche Grundlage für Kriegsfolgemaßnahmen im Sinne des Art. 107 der SVN gegenüber dem vereinten Deutschland erloschen.
Somit sind auch die Feindstaatenklauseln nicht geeignet, die rechtliche Grundlage für das Handeln der Alliierten zu bilden.

2. Kumulative Anwendung von Rechtsinstituten

Da eines der herkömmlichen Rechtsinstitute die Rechtsnatur der Besetzung allein nicht zu beschreiben vermag, wurden andere Rechtsinstitute geschaffen, um die Besetzung Deutschlands zu klassifizieren.

a. occupatio sui generis

Die Besetzung Deutschlands wird von Teilen der Literatur als eine occupatio sui generis bezeichnet.[124] Demnach soll diese Art der Besetzung zu weitergehenden politischen und wirtschaftlichen Maßnahmen als eine occupatio bellica nach Art. 42 ff. HLKO berechtigen.
Das Problem bei diesem Begriff ist jedoch, daß in der Literatur keine Einigkeit über die genaue Definition einer occupatio sui generis herrscht. Zum einen wird angenommen, daß das Recht der Alliierten zur Annexion Deutschlands auch andere geringfügigere Maßnahmen beinhaltet und somit „a majore ad minus" bei Verzicht auf die Annexion ihnen die geringfügigeren Rechte zustünden.[125] Dadurch werden aber die Grenzen zwischen der Annexion und einer kriegerischen Besetzung verwischt, so daß das Argument „a majore ad minus" abgelehnt werden sollte.[126]
Zum anderen wird die Ansicht vertreten, daß die Alliierten ihre Befugnisse nicht aus dem Recht, sondern aus dem Sieg ableiten. Da sich die Siegermächte nicht an die Schranken der occupatio bellica gehalten hätten, ließen sich Maßnahmen, die

---

119 Text: Berber, Band I, S.775
120 BGBl 1972 II, S.354
121 Heberlein, Feindstaatenklauseln, S.101; Ress in Simma, Charta der UN, Art. 107, Rd.17; Piotrowics, Unification of Germany, S.96
122 Text: BGBl 1991 II, S.587
123 Näher hierzu unten, Teil C, Punkt I 4
124 Guggenheim, Völkerrecht II, S.930 ff.
125 Kelsen, International Legal Status, S.168
126 von der Beck, SBZ, S.168

nicht mit ihr in Einklang stünden, nicht aus einem Recht ableiten. Die Rechte der Alliierten würden somit nicht auf einem völkerrechtlichen Vertrag beruhen, sondern auf einem Siegerrecht kraft einer Ausweitung der „occupatio bellica".[127] Zudem wird vertreten, daß die Siegermächte im Rahmen einer occupatio sui generis eine einseitige Bestimmung der Kompetenzen vornehmen konnten. Die bedingungslose Kapitulation hatte die Unterwerfung unter den Willen der Siegerstaaten zur Folge. Aufgrund der vollkommenen Unterwerfung unter den Willen der Siegerstaaten seien diese Mächte in der Lage, einseitig Änderungen des militärischen Okkupationsrechts vorzunehmen. Somit würde, sofern das Besatzungsstatut keine autonomen Regeln aufstellt, ein völkergewohnheitsrechtliches Okkupationsrecht zur Anwendung kommen.[128]

Die Erläuterungen zur occupatio sui generis zeigen, daß hier ein Besatzungsrecht eigener Art gefunden wird, dessen einziges Beispiel die Besetzung Deutschlands ist. Deshalb gibt es keine objektiven Kriterien, nach denen die Besetzung Deutschlands eingeordnet werden kann, sondern die Besetzung Deutschlands findet die Kriterien.[129] Zudem sollte eine occupatio sui generis abgelehnt werden, da es dem Prinzip „Macht geht vor Recht" folgt, welches dem Völkerrecht fremd ist. Darüber hinaus kann sie eine alliierte Besetzung nur beschreiben, nicht aber rechtfertigen.[130] Folglich ist eine occupatio sui generis als Art der Besetzung abzulehnen.

b. Lehre von der Doppelnatur der Besetzung

Nach der herrschenden Ansicht in der Literatur liegt eine Doppelnatur des Besatzungsrechts vor.[131] Es wurde bereits festgestellt, daß für verschiedene Zeiträume der Besetzung verschiedene Arten der Besetzung festgestellt werden können. Diese verschiedenen Zeiträume müssen nur noch in einen Zusammenhang gestellt werden. Es ist deshalb eine Unterscheidung zwischen Rechtsakten, die sich auf eine occupatio bellica stützen lassen, und Maßnahmen, die aufgrund treuhänderischer Befugnisse gesetzt wurden, vorzunehmen. Soweit sich die Besatzungsbefugnisse nicht aus der HLKO ergaben, wurde materiell deutsche Staatsgewalt ausgeübt.[132] Nach der occupatio bellica konnte der Kern der deutschen Staatsge-

---

[127] Blumenwitz, Deutschland-Vertrag, S.318; Blumenwitz in LdR/VR, S.41; Guggenheim, Völkerrecht II, S.931

[128] Guggenheim, Völkerrecht II, S.932 f.

[129] Ebenso Waitz von Eschen, Völkerrechtliche Kompetenz, S.36

[130] Berber, Band II, S.128

[131] Raap, Ende der Vier-Mächte, S.196 f.; Waitz von Eschen, Völkerrechtliche Kompetenz, S.37; Kimminich, Souveränität, S.50 ff.; Grewe, Besatzungsstatut, S.87; Wilke, Bundesrepublik und DDR, S.57; a.A.: von der Beck, SBZ, S:172: vermag nur manche Maßnahmen zu rechtfertigen, da er Zweifel an einem bestehenden Treuhandverhältnis hat.

[132] Pfeiffer, Rechtsnatur, S.62 f.

walt nicht beseitigt werden und für den rechtsfähig gebliebenen, aber eben handlungsunfähig gewordenen Staat, wurde die deutsche Staatsgewalt treuhänderisch übernommen.[133] Die treuhänderische Wahrnehmung der Interessen konnte jedoch nur solange erfolgen, wie eine „normale Ausübung" staatlicher Gewalt vorgenommen wurde.[134]
Im Rahmen der Lehre von der Doppelnatur des Besatzungsrechts lassen sich insofern drei Ebenen des Besatzungsrechts unterscheiden:

aa. Die besatzungsrechtliche Ebene

Soweit die Alliierten auf besatzungsrechtlicher Ebene handelten, ergeben sich Befugnisse für die Alliierten aus der HLKO. Die dadurch ausgeübte Herrschaftsmacht unterscheidet sich sowohl von der Hoheitsgewalt des Besatzers als auch der des besetzten Staates.[135]

bb. Die staatsrechtliche Ebene

Zentrale Maßnahme der Alliierten war die Übernahme der obersten Regierungsgewalt. Diese Übernahme hatte den Zweck, die Ordnung in Deutschland aufrechtzuerhalten, die Entscheidungen für die Verwaltung zu treffen und „die sofortigen Forderungen zu verkünden, denen Deutschland nachzukommen verpflichtet ist".[136] Folglich liegt hier ein treuhänderisches Verhältnis vor.[137]

cc. Die Ebene der Status- und Gebietsfragen

In Absatz VI der Präambel der Berliner Erklärung vom 5. Juni 1945[138] behielten sich die Alliierten vor, daß sie „später die Grenzen Deutschlands oder irgendeines Teils Deutschlands und die rechtliche Stellung Deutschlands oder irgendeines Gebietes, das gegenwärtig einen Teil deutschen Gebietes bildet, festlegen" werden. Zu dem Vorbehaltsrecht bezüglich der rechtlichen Stellung Deutschlands

---

[133] BGHZ 13, 265 (294)

[134] BVerfGE 27, 253 (276)

[135] Raap, Souveränität, S.78; Teyssen, Deutschlandtheorien, S.136: Die Alliierten hätten nicht ein Treuhandverhältnis begründen wollen, sondern hätten in der irrigen Annahme einer bestehenden occupatio sui generis eine exzessive Auslegung vorgenommen.

[136] Abs. II der Präambel der Berliner Erklärung, Text: Rauschning, Rechtsstellung Deutschlands, Nr.5

[137] Trotzdem wird das Vorliegen eines Treuhandverhältnisses von einigen Stimmen in der Literatur bezweifelt. Die Vier Mächte hätten nicht ein Treuhandverhältnis gewollt, sondern lediglich im Glauben an eine occupatio sui generis die Besatzungsbefugnisse exzessiv ausgelegt, um das nationalsozialistische Unrechtsregime für immer zu beseitigen. Somit wäre ein eigennütziges Motiv vorgelegen; vgl. Teyssen, Deutschlandtheorien, S.136

[138] Text: ABl. AHK, Ergänzungsblatt Nr.1, S.7 ff.

zählte die Mitsprache bei der Bildung einer gesamtdeutschen Regierung im Rahmen einer Friedenskonferenz und Akte, die zur Dismembration[139] oder zur Sezession[140] von Teilen des deutschen Staates führten.[141] Somit handelt es sich hier um eine dritte Ebene des Besatzungsrechts, da dieser Vorbehalt weder eine besatzungsrechtliche Maßnahme ist, noch zum Recht der obersten Regierungsgewalt gehört. Da eine enge Verknüpfung zur obersten Regierungsgewalt gegeben ist, wurde aber auch die Kompetenz, sich dieses Recht vorzubehalten, treuhänderisch erworben.[142] Weil über solche Fragen nur der Inhaber der territorialen Souveränität des Gebietes entscheiden kann, konnten sich die Alliierten diese Rechte erst einmal vorbehalten.

3. Zwischenergebnis

Hinter der Besetzung verbargen sich vorwiegend zwei Merkmale: Zum einen die Besatzungsrechte, die sich aus dem Sieg über Deutschland ergaben, und zum anderen die Übernahme der obersten Regierungsgewalt durch die Berliner Erklärung[143]. Die Rechtsnatur der Besetzung wird deshalb nach der jeweiligen Funktion bestimmt. Während die Besatzungsmaßnahmen auf einer occupatio bellica beruhen, wurde die oberste Regierungsgewalt treuhänderisch übernommen. Folglich liegt eine Doppelnatur des Besatzungsrechts vor. Wenn im folgenden die Nachbefolgung des Besatzungsrechts untersucht wird, so ist dabei die Doppelnatur des Besatzungsrechts zu bedenken.
Unabhängig davon, welcher Ansicht bezüglich der Rechtsnatur der Besetzung gefolgt wird, dürfte die Besatzungsgewalt im Laufe der Jahre aber nur noch völkerrechtlich zu qualifizieren gewesen sein, nämlich als von der Bundesrepublik anerkannte Folgewirkung der bedingungslosen Kapitulation.[144] Deshalb sind bei der Betrachtung des Besatzungsrechts insbesondere die völkerrechtlichen Grundsätze zu beachten.

IV. Ambivalenz der Siegerrechte

Wie soeben erläutert wurde, beruhten die Viermächterechte sowohl auf der occupatio bellica als auch auf einem Treuhandverhältnis. Da die occupatio bellica aber

---

139 = Auseinanderbrechen eines Staates in mehrere Teile

140 = Ein Gebietsteil löst sich vom fortbestehenden Staat ab und wird selbständig

141 Waitz von Eschen, Völkerrechtliche Kompetenz, S.41

142 Raap, Souveränität, S.79; Differenzierter Waitz von Eschen, Völkerrechtliche Kompetenz, S.43: Auch er kommt zu dem Ergebnis, daß hier eine „treuhänderische" Befugnis vorliegt, jedoch liegen auch „interventionistische Züge vor", wenngleich die Alliierten diese Rechte nicht bewußt ausgeübt haben.

143 Text: ABl. AHK, Ergänzungsblatt Nr.1, S.7 ff.

144 Ebenso Bernhardt, Deutsche Teilung, Rd.39

nur für die erste Zeit der Besetzung maßgeblich ist, ist das Treuhandverhältnis von wesentlicher Bedeutung. Zum einen wurde das Ziel gesteckt, die Einheit Deutschlands wiederherzustellen, auf der anderen Seite konnten die Siegermächte aber letztendlich die Einheit auch verhindern. Solange eine Siegermacht nicht damit einverstanden war, konnte nämlich keine Wiedervereinigung stattfinden.
Die Siegermächte verhielten sich aber nicht wie Inhaber einer völkerrechtlich beschränkten Besatzungsgewalt, sondern wie souveräne Gebietsherrn. Sie fühlten sich nämlich weder an das deutsche noch an das internationale Recht gebunden.[145] Folglich war die Bundesrepublik Deutschland den Besatzungsmächten „ausgeliefert".
Jedoch hat die Bundesrepublik niemals die Besatzungsmächte in ihre Schranken verwiesen. Einerseits fehlte es dem deutschen Volk anfangs immer an dem nötigen Selbstbewußtsein, andererseits schien es kaum Bürger zu geben, die Kenntnis vom Kriegsvölkerrecht hatten.[146] Später hielt sich die Bundesrepublik zurück, da sie aufgrund dieser Ambivalenz immer wieder in Gefahr lief, sich „zwischen die Stühle zu setzen"[147].
Deshalb war es ein Auftrag an alle Bundesregierungen, die Siegermächte stets an ihre Verpflichtungen aus dem Treuhandverhältnis zu erinnern und somit der Wiedervereinigung den Weg zu bereiten. Wie im folgenden deutlich wird, hat sich die Bundesrepublik aber manchmal auch auf dem „Vorteil, nicht ganz souverän zu sein" ausgeruht.[148]

V. Veränderung der Haltung der Alliierten

Die Haltung der Alliierten gegenüber der Bundesrepublik hatte sich im Laufe der Zeit geändert. Während am Anfang die Demontage und Demokratisierung Deutschlands im Vordergrund stand, ging es ab einem gewissen Zeitpunkt darum, Deutschland in die Abwehrfront gegen den Osten miteinzubeziehen. Deutschland war in zwei Teile gespalten worden, und es wurde deutlich, daß die Vorstellungen von Ost und West immer mehr differierten. In der Londoner Außenministerkonferenz vom Juni 1950[149] hielten die Alliierten deshalb fest, daß

> „infolge der Teilung Deutschlands und der internationalen Lage ihnen das gegenwärtige Besatzungsregime aufgezwungen worden sei. Im gemeinsamen Interesse Deutschlands und Europas könne es erst dann außer Kraft gesetzt werden, wenn dieser Zustand geändert wird."

---

[145] Rumpf, Land ohne Souveränität, S.8
[146] Münch, Deutsche Ostfragen, S.222
[147] Blumenwitz, Souveränität, S.146
[148] Vgl. Teil C, Punkt X 2
[149] Schmoller, Handbuch, §100

Somit stand nun ein eigenes Interesse der Besatzungsmächte im Vordergrund, der eigentliche Auftrag der Treuhand rückte dadurch aber nicht in Vergessenheit. Die westlichen Zonen wurden ein wichtiger strategischer Stützpunkt für die westlichen Alliierten. Deshalb könnte von diesem Zeitpunkt an von einer „strategischen Besetzung“[150] gesprochen werden.

[150] Schmoller, Handbuch, §6, S.7

B. Nachbefolgung des Besatzungsrechts durch die Bundesrepublik Deutschland

Zweimal mußte in Deutschland eine Regelung zur Nachbefolgung des Besatzungsrechts gefunden werden. Zum einen sollte mit Abschluß der Bonner bzw. der Pariser Verträge[151] das Besatzungsregime in Deutschland beendet werden. Für das bis dahin geltende Besatzungsrecht mußte deshalb eine Regelung gefunden werden. Aufgrund der Teilung des deutschen Gebietes konnten die westlichen Alliierten aber nur eine Regelung für die Bundesrepublik Deutschland treffen. Die geschlossenen Verträge verpflichteten somit nur die Bundesrepublik zur Nachbefolgung des Besatzungsrechts.
Zum anderen kam es im Rahmen der Wiedervereinigung Deutschlands und der endgültigen Aufgabe der Viermächterechte abermals zu einer Nachbefolgung, da eine Regelung für das westalliierte Besatzungsrecht gefunden werden mußte.[152]

I. Notwendigkeit der Nachbefolgung

Angesichts der wachsenden Spannungen zwischen Ost und West – die beiden deutschen Staaten waren gerade gegründet worden und eine Einigung zwischen der Sowjetunion und den drei Westmächten rückte in weite Ferne – wurde die Notwendigkeit einer europäischen Armee für immer notwendiger erachtet. Eine solche Armee machte aber nur Sinn, wenn sich auch die Bundesrepublik als direkter Nachbar der östlichen Gebiete beteiligen könnte. Angesichts der Koreakrise fürchteten die Westmächte eine sowjetische Invasion in Westeuropa. Deshalb sollte, unter dem Eindruck einer übermächtigen Bedrohung durch die Macht im Osten, auch die Bundesrepublik einen militärischen Verteidigungsbeitrag leisten. Das bestehende Besatzungsregime hätte solch einer Neudefinition der Rolle Deutschlands aber im Weg gestanden. Bundeskanzler Adenauer forderte nämlich als Preis für einen deutschen Verteidigungsbeitrag eine politische Gleichberechtigung der Bundesrepublik Deutschland,[153] d.h. die Aufhebung des Besatzungsstatuts. Somit mußten die westlichen Alliierten schrittweise Änderungen am Besatzungsregime vornehmen.

---

[151] Sammelbegriff für den Deutschlandvertrag (= Generalvertrag) und seine Zusatzverträge
[152] Hierzu ausführlich Teil C
[153] Memorandum des Bundeskanzlers zur Frage der Neuordnung der Beziehungen der Bundesrepublik zu den Besatzungsmächten vom 29. August 1950; Text: Adenauer: Erinnerungen 1945 – 1953, S.362 f.

II. Zustandekommen der Verträge mit den westlichen Alliierten

Um die neue Rolle Deutschlands zu definieren, entstand neben dem Viermächterecht nach und nach auch ein Dreimächterecht. Die westlichen Alliierten erkannten, daß die Bundesrepublik nur mit einer einheitlichen Regelung ein demokratischer, friedlicher Staat werden könnte. Deshalb wurden zwischen den Westmächten Regelungen für die gemeinsame Verwaltung des Gebietes der Bundesrepublik getroffen. Das Dreimächterecht umfaßte somit die gemeinsamen besatzungsrechtlichen Regelungen der drei westlichen Alliierten USA, Frankreich, Großbritannien. Das Viermächterecht hingegen beinhaltete die besatzungsrechtlichen Regelungen in bezug auf Gesamtdeutschland unter einer Beteiligung der Sowjetunion.

1. Bonner Verträge

Vordringliches Ziel der deutschen Regierung war seit Gründung der Bundesrepublik die Beendigung des Besatzungsstatuts. Adenauer stieß mit seinem Wunsch auf Ablösung durch einen Sicherheitsvertrag aber auf Widerstand bei den Alliierten. Insbesondere die französische Regierung wollte das Besatzungsstatut nicht durch einen Sicherheitsvertrag ablösen. Deshalb kam es zunächst nur zu einer kleinen Revision des Besatzungsstatuts.[154]

Trotzdem wurde weiterhin die Ablösung des Besatzungsregimes durch eine vertragliche Vereinbarung angestrebt. Deshalb begannen am 10. Mai 1951 auf Initiative der Alliierten Verhandlungen in Bonn. Es waren jedoch keine Verhandlungen im eigentlichen Sinne, denn die deutsche Delegation durfte zunächst nur Stellung zu einzelnen Punkten der Vereinbarungen nehmen, sie hatte aber keine Verhandlungsbefugnis.[155]

Da der erste Vertragsentwurf der Alliierten für Bundeskanzler Adenauer nicht hinnehmbar war, brachte er selbst einen Vorschlag ein, der in Zukunft lediglich vertraglich eingeräumte Rechte für die Alliierten vorsah. Die Alliierten wollten aber grundsätzlich nicht auf ihre Siegerrechte verzichten und waren auch nicht dazu bereit, mit sich reden zu lassen.[156] Daher wurden nur einige Vorschläge Adenauers in den Vertragsentwurf eingearbeitet.

Aber nicht nur der Deutschlandvertrag, sondern auch die Zusatzverträge mußten ausgehandelt werden. Die Verhandlungen für den Überleitungsvertrag nahmen dabei am meisten Zeit in Anspruch: Da der verlorene Krieg, die jahrelange Besetzung und die dabei zuweilen herrschende Willkür Opfer unter der Bevölkerung verlangt hatte, sollte durch den Überleitungsvertrag ein Ausgleich geschaffen werden. Dabei gab es zwischen den Alliierten und der Bundesrepublik viele Mei-

---

[154] Weber, Bundesrepublik wird souverän, S.128

[155] Grewe in Kutscher, Bonner Vertrag, S.224 ff.

[156] Weber, Bundesrepublik wird souverän, S.128 f.

nungsverschiedenheiten. In grundsätzlichen Fragen hatte die damalige Bundesregierung aber keinen Entscheidungseinfluß, denn die drei Mächte wollten diesbezüglich ihre eigenen Vorstellungen durchsetzen.[157] Insbesondere bezüglich einiger Vorbehalte zeigten die Besatzungsmächte kaum Verhandlungsbereitschaft, so daß die Bundesrepublik auch im Überleitungsvertrag durch Vorbehalte gebunden wurde. Grundlage für den Überleitungsvertrag war schließlich ein Memorandum der Drei Mächte vom 24. September 1951. Darin hatten die Drei Mächte insbesondere gefordert, daß das AHK-Gesetz Nr.63[158] aufrechterhalten bleiben müsse.[159]

Schließlich wurden die Verträge am 26. April 1952 in Bonn unterzeichnet.[160] Zu diesen Bonner Verträgen gehörten folgende Verträge:

- Vertrag über die Rechten und Pflichten ausländischer Streitkräfte und ihrer Mitglieder[161]
- Der Finanzvertrag[162]
- Vertrag zur Regelung der aus Krieg und Besatzung entstandener Fragen[163]

Nach Art. 11 des Deutschlandvertrages sollten die Verträge aber erst mit Hinterlegung aller Ratifikationsurkunden und mit Inkrafttreten des Vertrages über die Gründung der Europäischen Verteidigungsgemeinschaft in Kraft treten.[164] Da eine europäische Verteidigungsgemeinschaft aber an der französischen Nationalversammlung scheiterte, konnten die Verträge zunächst nicht in Kraft treten.

2. Pariser Verträge

Nach Abschluß der Bonner Verträge konnte noch keine Einigung über den Zeitpunkt der Beendigung des Besatzungsregimes getroffen werden. Im Rahmen der Londoner Neun-Mächte-Konferenz 1954[165] erklärten die westlichen Alliierten

---

[157] Furler, BT-Steno. 2/3517; Grewe, Aussenpolitik, S.69

[158] Das AHK-Gesetz Nr.63 vom 31.8.1951 wurde im Amtsblatt der AHK vom 5.9.1951 veröffentlicht. Nach der Lahmlegung des Alliierten Hohen Kontrollrats wurde dieses Gesetz zur Klarstellung der Rechtslage, die für die zu Reparations-, Restitutions- und anderen Zwecken in Anspruch genommenen deutschen Vermögenswerte gelten soll, geschaffen. Demnach sollten die Rechte der früheren Eigentümer, deren Vermögensgegenstände im Wege der Reparation übergeben wurden, erloschen sein; Text: ABl. AHK, S.1107; Ehlers, Rechtslage, S.465: Ursprünglich gab es Regelungen im Kontrollratsgesetz, die zum Teil durch das Gesetz Nr.63 abgelöst wurden; das AHK-Gesetz Nr.63 war Vorläufer für Art. 3 des 6.Teils des Überleitungsvertrages.

[159] Wolff, Abgeltung, S.75 ff.

[160] BGBl 1955 II, S.305

[161] Im folgenden Truppenvertrag; Text: BGBl 1955 II, S.321

[162] BGBl 1955 II, S.381

[163] Überleitungsvertrag; Text: BGBl 1955 II, S.455

[164] Kutscher, Vertragswerk zur Ablösung, S.438

[165] Bulletin, 6. Oktober 1954, S.1663 ff.; die teilnehmenden Staaten waren die Bundesrepublik, Frankreich, Italien, Belgien, Niederlande, Luxemburg, USA, Großbritannien und Kanada.

aber endlich ihren Willen, die künftige völkerrechtliche Stellung der Bundesrepublik zu klären. Die veränderte politische Situation nach dem Scheitern des Vertrages über eine Europäische Verteidigungsgemeinschaft mußte sich aber auch auf die Bonner Verträge auswirken.[166] Ein Sachverständigenausschuß erarbeitete deshalb eine Lösung und legte diese auf einer Konferenz in Paris im Oktober 1954 vor.[167]

Die Änderungsbeschlüsse wurden in einem Protokoll am 23. Oktober 1954 in Paris unterzeichnet. Das Pariser Protokoll beruhte dabei auf der Grundlage des Bonner Vertrages, z.B. ließen sich im noch näher zu untersuchenden Überleitungsvertrag kaum materielle Änderungen erreichen.[168]

Am 25. März 1955 wurde das Zustimmungsgesetz zum Protokoll und den Verträgen veröffentlicht.[169] Die Pariser Verträge traten schließlich in dieser Fassung am 5. Mai 1955 in Kraft[170], gleichzeitig setzte eine Proklamation das Besatzungsstatut zum selben Zeitpunkt außer Kraft.[171] Folglich hatte die Aufhebung des Besatzungsregimes aus folgenden Gründen Bedeutung: Zum einen wurde die Bundesrepublik jetzt in den Zustand völkerrechtlicher Verantwortung und staatlicher Selbstbestimmung entlassen, auch wenn das Besatzungsrecht noch Geltung haben sollte.[172] Zum anderen war neben dem Viermächterecht mit diesen Verträgen auch ein Dreimächterecht zwischen der Bundesrepublik und den westlichen Alliierten geschaffen worden.

III. Inhaltliche Regelung des Dreimächterechts

Sinn der Pariser Verträge war es, die Besetzung in Deutschland zu beenden und die Unabhängigkeit der Bundesrepublik zu stützen. Um den Problemen der bestehenden Teilung Deutschlands und dem Stand der internationalen Beziehungen zu entgegnen, behielten sich die Alliierten aber sowohl im Deutschlandvertrag als auch im Überleitungsvertrag einige Rechte vor.[173]

---

[166] Weber, Die Bundesrepublik wird souverän, S.136

[167] Zu den Verhandlungen im einzelnen vgl. Grewe, Rückblenden, S.195 ff.; Grewe, Aussenpolitik, S.185 ff.

[168] Kutscher, Besatzungsregime, S.944: Der für diese Arbeit wesentliche 6.Teil des Überleitungsvertrages wurde überhaupt nicht verändert.

[169] BGBl 1955 II, S.213; zur Verfassungsmäßigkeit des Zustimmungsgesetzes BVerfGE 15, 337 (348 ff.)

[170] Gerade die Verhandlungen zu den Zusatzverträgen waren sehr kompliziert, denn es war eine Gradwanderung zwischen Akzeptanz alliierter Rechte und Aufhebung des Besatzungsrechts; vgl. Weber, Bundesrepublik wird souverän, S.137

[171] Picht-Hemken, Besatzungsrecht, S.3

[172] Rumpf, Rechtsfragen, S.9728

[173] Celada, German Reunification, S.3

1. Deutschlandvertrag

Entscheidende Aufgabe des Deutschlandvertrages war es, die Bundesrepublik von jeder Besatzungshoheit zu befreien.[174] Dabei war er nicht als Friedensvertrag zwischen den Parteien zu werten, sondern lediglich als friedensvertragsähnliche Regelung.[175]

a. Kernaussagen des Deutschlandvertrages

Der Deutschlandvertrag hat für die Wiedervereinigung drei entscheidende Aussagen gehabt, die auch für das heute noch bestehende Besatzungsrecht von Bedeutung sind:

- Gemäß Art. 1 beendeten die Drei Mächte[176] das Besatzungsregime, hoben das Besatzungsstatut auf und lösten die Alliierte Hohe Kommission sowie die Dienststellen der Landeskommissare in der Bundesrepublik auf. Die Bundesrepublik erhielt folglich nach Art. 1 II „die volle Macht eines souveränen Staates über ihre inneren und äußeren Angelegenheiten".
- Gemäß Art. 2 behielten sich die Drei Mächte

> „im Hinblick auf die internationale Lage, die bisher die Wiedervereinigung Deutschlands und den Abschluß eines Friedensvertrages verhindert hat ... die bisher von ihnen ausgeübten und innegehabten Rechte und Verantwortlichkeiten in bezug auf Berlin und auf Deutschland als Ganzes einschließlich der Wiedervereinigung Deutschlands und einer friedensvertraglichen Regelung"

vor. Die Vorbehaltsrechte unterteilten sich somit in zwei Kategorien: Zum einen in den Sicherheitsvorbehalt[177] und zum anderen in einen gesamtdeutschen Vorbehalt.[178] Durch diese Regelungen wurde die Souveränität der Bundesrepublik daher stark eingeschränkt.

- Gemäß Art. 7 ergab sich die vertragliche Verpflichtung, mit der Bundesrepublik Deutschland auf ein wiedervereinigtes Deutschland hinzuwirken und einen Frie-

---

[174] Furler, BT-Steno. 2/3515

[175] Grewe in Kutscher, Bonner Vertrag, S.224; Fiedler, Friedensvertrag, S.1052: Der noch ausstehende Friedensvertrag sollte nämlich die Funktion wahren, die „Nichtendgültigkeit" der bisherigen Lösungen sicherzustellen und die Offenheit der deutschen Frage zu gewährleisten.

[176] Offiziell gewählte Abkürzung der westalliierten Mächte USA, Frankreich und Großbritannien (Präambel zum Bonner Vertrag)

[177] Dieser Vorbehalt wurde mit dem Inkrafttreten des 17.Gesetzes zur Ergänzung des Grundgesetzes, des Gesetzes zur Beschränkung des Brief-, Post-, und Fernmeldegeheimnisses beseitigt; Text: BGBl 1968, S.949

[178] Rumpf, Land ohne Souveränität, S.18

densvertrag anzustreben. Somit sollte das Besatzungsrecht durch eine Vereinbarung im Rahmen der Wiedervereinigung Deutschlands abgelöst werden.[179]

b. Vorbehaltsrechte

Nach Art. 1 II des Deutschlandvertrages sollte die Bundesrepublik „die volle Macht eines souveränen Staates über äußere und innere Angelegenheiten haben". Somit war es gerade kein souveräner Staat, sondern die Bundesrepublik erhielt nur bestimmte Rechte eines souveränen Staates. Die volle Souveränität stand der Bundesrepublik also nicht zu.[180] Ausgehend von der Doppelnatur und den Drei Ebenen des Besatzungsrechts[181] wurden zwei Ebenen des Besatzungsrechts durch den Deutschlandvertrag beendet. Da das Besatzungsregime durch die Pariser Verträge aufgehoben werden sollte, entfiel die Ebene des Besatzungsrechts. Zudem wurde die oberste Regierungsgewalt für Deutschland aufgegeben, da ansonsten ein Widerspruch zur Souveränitätserklärung in Art. 1 II des Deutschlandvertrages bestanden hätte. Somit bezogen sich die Rechte nur noch auf die Ebene der Status- und Gebietsfragen, d.h. durch den Deutschlandvertrag wurde die Frage der Wiedervereinigung, des Abschlusses eines Friedensvertrages und die endgültige Festlegung der Grenzen vorbehalten.[182] Zudem wurde die Souveränität auch durch die von den Alliierten aufgrund Art. 2 des Deutschlandvertrages vorbehaltenen Rechte eingeschränkt.
Folglich beinhalteten die Vorbehaltsrechte folgende drei Gebiete:

(1) Die bisher ausgeübten und innegehabten Rechte in bezug auf die Stationierung von Streitkräften in Deutschland[183]
(2) Die bisher ausgeübten und innegehabten Rechte in bezug auf Berlin
(3) Die bisher ausgeübten und innegehabten Rechte in bezug auf Deutschland als Ganzes

Trotz dieser Vorbehalte war die Bundesrepublik den Alliierten aber nicht völlig ausgeliefert, denn die drei Hohen Kommissare versicherten in einem Schreiben vom 26. Mai 1952[184] an Bundeskanzler Adenauer, daß die drei Mächte die hergestellten Beziehungen nicht nachteilig beeinflussen würden.

---

[179] Goetze, Rechte der Alliierten, S.2163
[180] Blumenwitz, Deutschland-Vertrag, S.319; Ress, Grundlagen und Entwicklungen, Rd.8
[181] Vgl. Teil A, Punkt III 2b
[182] Ebenso Waitz von Eschen, Völkerrechtliche Kompetenz, S.127
[183] Dieses Recht ist nur als einseitiges Recht für eine vorübergehende Zeit bis zum Inkrafttreten einer Vereinbarung über den deutschen Verteidigungsbeitrag beibehalten worden, danach basierte das Truppenstationierungsrecht auf vertraglicher Grundlage im Zusatzabkommen zum NATO-Truppenstatut vom 3.8.1959 (BGBl 1961 II S.1218); vgl. Maier/Tobler, Ablösung des Besatzungsstatuts, S.8086
[184] Text: Ergänzende Dokumente zu den Pariser Verträgen vom 23.10.1954; BGBl 1955 II, S.499

c. Zwischenergebnis

Abschließend ist festzuhalten, daß die vorbehaltenen Rechte im Deutschlandvertrag Teil des Viermächterechts zur Gestaltung der Rechtslage in Deutschland waren. Damit sollte gewährleistet werden, daß die Vier Mächte ein Mitspracherecht auf eine mögliche Wiedervereinigung haben. Trotz der Aufgabe des Besatzungsregimes konnten sich die westlichen Alliierten somit einen Einfluß auf die Entwicklung der Bundesrepublik vorbehalten.

2. Überleitungsvertrag

Der Überleitungsvertrag sollte die Fragen klären, die sich aus der Abwicklung der alliierten „Programme" ergaben. Auch dem Überleitungsvertrag wurde dabei von den Unterzeichnern eine friedensvertragsähnliche Bedeutung beigemessen.[185] Ein tatsächlicher Friedensvertrag war es jedoch nicht, da es sich nur um vorübergehende Regelungen[186] handelte und die Sowjetunion nicht beteiligt war.
Der Überleitungsvertrag war die wesentliche völkerrechtliche Grundlage für die Fortgeltung und das Erscheinungsbild des Besatzungsrechts.[187] Er ist auch heute noch von zentraler Bedeutung, da einige Regelungen auch nach der Wiedervereinigung fortgelten.
Im Unterschied zum Deutschlandvertrag, der den westlichen Alliierten auf dem Gebiet der Truppenstationierung und bezüglich der Berlin oder Deutschland als Ganzes betreffenden Fragen eine Handlungsvollmacht einräumte, stand den Alliierten für die im Überleitungsvertrag geregelten Fragen kein Zugriffsrecht zu. Hier handelte die Bundesrepublik Deutschland aufgrund einer Verpflichtung zur Abwicklung von Besatzungsfragen.[188]

a. Allgemeine Handhabe des Besatzungsrechts am Ende der Besetzung

Bevor die Regelungen im Überleitungsvertrag dargestellt und untersucht werden, sollte generell festgestellt werden, welche Auswirkungen das Ende einer Besetzung auf die während der Besetzung erlassenen Gesetze und Urteile hat. Dieser Fragenkomplex wird als postliminium bezeichnet[189] und wird üblicherweise in einem Friedensvertrag geregelt.

---

[185] Furler, BT-Steno. 2/3522

[186] Hierzu ausführlich unten, Punkt III 2e

[187] Stern, Staatsrecht II, S.1249

[188] Maier/Tobler, Ablösung des Besatzungsstatuts, S.8086

[189] Das schon bei den Römern bekannte jus postliminii bezeichnet den Rechtsgrundsatz, daß mit Kriegsende Gebiet, Personen und Eigentum, welche während des Krieges unter die faktische

Es könnte angenommen werden, daß mit dem Ende des Besatzungsregimes auch das Besatzungsrecht endet. Dafür würde insbesondere die Anerkennung der inneren und äußeren Souveränität der Bundesrepublik gemäß Art. 1 des Deutschlandvertrages sprechen. Entgegen dieser Vermutung ist es aber vielmehr so, daß das Recht fortbesteht und der bisher besetzte Staat lediglich das Recht erhält, die Gesetze aufzuheben bzw. abzuändern.[190] Darüber hinaus ergibt sich für den besetzten Staat das Recht, das Besatzungsrecht für die Vergangenheit nicht anzuerkennen, wenn die Besatzungsmacht ihre völkerrechtlichen Kompetenzen überschritten hat; bei Rechtmäßigkeit der Akte muß er sie allerdings anerkennen.[191] Jedoch können – wie im Überleitungsvertrag – auch von diesem Recht Ausnahmen gemacht werden.

Folglich muß festgehalten werden, daß durch die Pariser Verträge zwar das Besatzungsregime beendet werden sollte, das Besatzungsrecht aber bis zur Aufhebung Fortbestand hatte.[192]

b. Rechte im Überleitungsvertrag

Da die westlichen Alliierten nicht die Aufhebung aller Gesetze und Urteile wollten, haben sie gewisse Rechte aus dem Besatzungsrecht auch nach Beendigung des Besatzungsregimes beibehalten. So durften Normen, die zum sogenannten „versteinerten“[193] Besatzungsrecht gehörten, nicht oder nur unter bestimmten Voraussetzungen abgeändert werden.

aa. Aufgehobenes Besatzungsrecht

Im 1. Teil des Überleitungsvertrags wurde das Schicksal des bisherigen Besatzungsrechts geregelt. Art. 1 des Überleitungsvertrages sah vor, daß das gesamte Besatzungsrecht zur Disposition des zuständigen deutschen Gesetzgebers steht, sofern im Deutschlandvertrag keine andere Regelung getroffen wird. Dabei mußte zwischen Kontrollratsrecht und dem übrigen Besatzungsrecht unterschieden werden.

Gewalt des Gegners gelangt waren, wieder in den Hoheitsbereich des Staates zurückkehren; vgl. Berber, Band II, S.114

190 Maier/Tobler, Ablösung des Besatzungsstatuts, S.8092; ebenso Wengler, Völkerrecht II, S.1429

191 Wengler, Völkerrecht II, S.1429; Berber, Band II, S.135

192 Ebenso Bishop, Contractual Agreements, S.147

193 Die Bundesrepublik war trotz Übertragung der Souveränität gehindert, die nicht von ihm gesetzten, aber auf seinem Hoheitsgebiet geltenden Rechtsnormen kraft seiner Souveränität zu beseitigen. Dieses entzogene Besatzungsrecht wird als „versteinertes“ Besatzungsrecht bezeichnet. Dabei werden auch die Besatzungsrechtsnormen umfaßt, die nur nach Konsultation mit den Drei Mächten aufgehoben werden dürfen; vgl. Kimminich, Souveränität, S.75 f.

Nach Art. 1 I S.3 des 1. Teils des Überleitungsvertrages durften die vom Kontrollrat erlassenen Rechtsvorschriften von der Bundesrepublik nicht aufgehoben oder geändert werden.[194] Sie konnten jedoch nach Art. 1 II des 1.Teils des Überleitungsvertrages nach jeweiliger Konsultation mit den Drei Mächten von diesen außer Wirksamkeit gesetzt werden. Dies war damit zu erklären, daß das Kontrollratsrecht von den Vier Mächten erlassen wurde, und sich die drei Mächte nicht befugt sahen, dieses aufzuheben.[195] Das übrige Besatzungsrecht konnte gemäß Art. 1 I S.1 des 1.Teils des Überleitungsvertrages zwar aufgehoben oder abgeändert werden, jedoch nur, wenn gemäß Art. 1 II des 1.Teils des Überleitungsvertrages kein Ausschluß dieses Rechtes im Deutschlandvertrag, den Zusatzverträgen oder im Brief der Westmächte an die Bundesregierung vom 5. Mai 1955[196] geregelt war.

bb. Fortbestehendes Besatzungsrecht:

Aufgrund der Ausschlußnormen gab es im Rahmen des Überleitungsvertrages drei Arten des noch fortbestehenden Besatzungsrechts:

(1) Das absolut „versteinerte" Besatzungsrecht

Diese Normen durften durch die Bundesrepublik nicht aufgehoben werden und sollten zumindest bis zur Regelung in einem Friedensvertrag erhalten bleiben.

- Gemäß Art. 4 II S.1 des Deutschlandvertrages sollte das Recht zur Stationierung von Truppen[197] durch die Pariser Verträge[198] nicht berührt werden.
- Zudem wurde die Übernahme der obersten Regierungsgewalt bekräftigt und die Einsetzung des Kontrollrats als Organ für Angelegenheiten, die Deutschland als Ganzes betreffen, bestätigt.[199] Der Kontrollrat und die Direktiven zu dessen Verfahren wurden jeglicher deutschen Disposition entzogen.

---

[194] In einem Brief vom 5. Mai 1955 wurde die Versteinerung der Kontrollratsvorschriften v.a. auf die Proklamation Nr.1 vom 30. August 1945 über die Übernahme der obersten Regierungsgewalt in Deutschland und über die Behandlung von Kontrollratsrecht bezogen; näher hierzu Waitz von Eschen, Völkerrechtliche Kompetenz, S.149

[195] Picht-Hemken, Besatzungsrecht, S.2; Blumenwitz, Deutschland-Vertrag, S.320; Kimminich, Souveränität, S.74: im Rahmen ihres Hoheitsbereichs, soweit er sich mit dem der Geltung des Besatzungsregimes der Westmächte deckt, konnte der Bundesrepublik das Recht eingeräumt werden, die Kontrollratsgesetze als nichtexistent zu betrachten.

[196] BGBl 1955 II, S.508

[197] Art.12 der Erklärung in Anbetracht der Niederlage Deutschlands vom 5.6.1945; Text: ABl. AHK, Ergänzungsblatt Nr.1, S.7

[198] BGBl 1955 II, S.305 ff

[199] Gemäß der Kontrollratsproklamation Nr.1 vom 30.8.1945; Text: ABl. AHK, S.4; versteinert durch den Brief der Westmächte an Bundeskanlzer Adenauer; Text: BGBl 1955 II, S.509

- Zudem sollten auch weiterhin drei Direktiven[200] zu Interzonen-Reisen gelten, durch die Reisen von Deutschen zwischen Besatzungszonen als Ausnahme wieder erlaubt wurden, nachdem dies 1945 verboten worden war.
- Zudem sollten die nach Art. 7 des 10.Teils des Überleitungsvertrages bestehenden Regelungen zur Wahrung der Interessen fremder Staatsangehöriger beibehalten werden.[201]
- Insbesondere wurde aber die rechtsprechende Gewalt durch den Überleitungsvertrag eingeschränkt. Die deutsche Gerichtsbarkeit sollte in Zukunft bezüglich gewisser Tatbestände ausgeschlossen sein. Gemäß Art. 3 I des 6.Teils des Überleitungsvertrages sollte die Bundesrepublik deshalb keine Einwendungen gegen Maßnahmen erheben können,

> „die gegen deutsche Auslands- oder sonstige Vermögen durchgeführt worden sind ..., oder das beschlagnahmt worden ist für Zwecke der Reparation oder Restitution oder aufgrund des Kriegszustandes oder auf Grund von Abkommen ...“.[202]

Ebensowenig sollten gemäß Absatz III nicht zugelassen werden:

> „Ansprüche und Klagen gegen Personen, die auf Grund der in Absatz (1) ... dieses Artikels bezeichneten Maßnahmen Eigentum erworben oder übertragen haben, sowie Ansprüche und Klagen gegen die internationalen Organisationen, ausländische Regierungen oder Personen, die auf Anweisung dieser Organisationen oder Regierungen gehandelt haben“.[203]

[200] Zwei davon sind veröffentlicht, Kontrollratsgesetz Nr.42 vom 24.10.1946 und Nr.43 vom 29.10.1946; Text: ABl. AHK, S.213 ff.; versteinert durch den Brief der Westmächte an Bundeskanlzer Adenauer; Text: BGBl 1955 II, S.509

[201] Vgl. Schröder, Reste des Besatzungsrechts, S.77: Bei besatzungsrechtlichen Eingriffen in Vermögensrechte waren in einigen Fällen Staatsangehörige der Vereinten Nationen ausgenommen.

[202] Boehmer/Walter, Völkerrechtliche Praxis, S.211: Darüber hinaus hatte Bundeskanzler Adenauer in einem Brief an die USA erklärt, daß sich Deutschland auch nicht auf Art. 1 des Freundschafts-, Handels- und Konsularvertrages zwischen der Bundesrepublik und den USA berufen werde, um eine Rückgabe zu erwirken.

[203] Die einzelnen alliierten Staaten und später auch neutrale Staaten hatten das in ihrem Land befindliche deutsche Auslandsvermögen im Rahmen von Feindvermögensgesetzen zur Befriedigung von Reparationsansprüchen konfiszieren lassen. Hiergegen sollten keine Klagen zulässig sein.

- Zudem sollte nach Art. 1 I des 6.Teils des Überleitungsvertrages die Frage der Reparation in einem Friedensvertrag oder einem diese Frage betreffenden Vertrag geregelt werden.[204]
- Art. 5 des 6.Teils des Überleitungsvertrages enthielt die Verpflichtung, für die Entschädigung der „Werte, die aufgrund der Artikel 2 und 3 dieses Teils bezeichneten Maßnahmen beschlagnahmt worden sind“, zu entschädigen.
- Zudem hatten die westlichen Alliierten gemäß Art. 5 I des 12.Teils des Überleitungsvertrages eine ausschließliche Kompetenz für den Luftverkehr von und nach Berlin und gemäß Art. 6 des 12 Teils des Überleitungsvertrages konnten sie allein sowjetische Flugzeuge im Luftraum der Bundesrepublik überwachen.
- In Art. 1 des 9.Teils des Überleitungsvertrages wurde ein weiterer Einwendungsverzicht und Klagestopp für deutsche Staatsangehörige festgelegt.

(2) Das bedingt zur Disposition gestellte Besatzungsrecht

Beim bedingt zur Disposition gestellten Besatzungsrecht ist die Bedingung zum Zeitpunkt der Vertragsunterzeichnung noch nicht erfüllt gewesen, das Besatzungsrecht konnte deshalb erst später aufgehoben werden. Ein erheblicher Teil der Besatzungsrechte sollte dementsprechend durch Zeitablauf oder bestimmte Ereignisse obsolet werden. Ein anderer Teil der bedingt zur Disposition gestellten Besatzungsrechte stand indessen unter einem Friedensvertragsvorbehalt.
- Gemäß Art. 1 des 1.Teils des Überleitungsvertrages wurden die Grenzen der Bundesrepublik nur als vorläufig angesehen. Sie konnten auch nur mit Zustimmung der Drei Mächte abgeändert werden.[205]
- Die Vorschriften zur Entflechtung des Vermögens der I.G.-Farben sollte bis zur vollständigen Abwicklung der Rechtsverhältnisse in Kraft bleiben.[206]
- Gemäß Art. 1 I des 6.Teils des Überleitungsvertrages sollten die Reparationen durch einen Friedensvertrag geregelt werden.[207]

---

[204] Waitz von Eschen, Völkerrechtliche Kompetenz, S.151

[205] So fanden auch Grenzverträge zwischen der Bundesrepublik und den verschiedenen Nachbarstaaten nur unter dem Friedensvertragsvorbehalt bezüglich einer endgültigen Festlegung der Grenzen eine Zustimmung der drei Mächte.

[206] Vgl. Gesetz Nr.35 der Alliierten Hohen Kommission vom 17.8.1950; Text: ABl. AHK, S.534 und Gesetz Nr.84 der Alliierten Hohen Kommission vom 21.1.1955; Text: ABl. AHK, S.3161

[207] BT-Drucks. 1/3389, S.11: Reparationen aufzulegen war völkerrechtlich auch nur durch einen Friedensvertrag zulässig.

(3) Das zur freien Disposition gestellte Besatzungsrecht

Es gab zudem noch das zur freien Disposition gestellte Besatzungsrecht, bei dem der Gesetzgeber von seinem Aufhebungsrecht noch nicht Gebrauch gemacht hatte bzw. bei dem sie noch nicht durch andere Vorschriften ersetzt worden waren.

c. Grund für Regelungen

Fraglich ist, warum sich die damalige Bundesregierung überhaupt auf diese Regelungen eingelassen hat. Wie oben bereits feststellt wurde, hatte sie beim Überleitungsvertrag kein Mitspracherecht. Um aber ihre Souveränität zurückzuerhalten, war es wichtig, daß sich die Bundesregierung auf diese Regelungen einließ, zumal die Bundesregierung sich stets der Vorläufigkeit dieser Regelungen bewußt war.[208]

d. Territorialer Geltungsbereich

Der Überleitungsvertrag konnte nur in der Bundesrepublik Anwendung finden, da sie allein Vertragspartner war.[209] Eine vertragliche Verpflichtung konnte sich z.B. nicht für das Gebiet der DDR ergeben. Folglich fand der Überleitungsvertrag nur auf dem Gebiet der Bundesrepublik Anwendung.

e. Temporaler Geltungsbereich

Zentraler Gegenstand einer Untersuchung des Überleitungsvertrages ist auch, welchen zeitlichen Geltungsfrist diese Regelung haben sollte. Wichtig ist dies vor allem für die spätere Klärung der Frage, ob die Aufrechterhaltung einiger Normen des Überleitungsvertrages deklaratorischen oder konstitutiven Charakter hat.[210] Hätten die Regelungen 1955 endgültigen Charakter gehabt, so wäre jeglicher Handlungsspielraum der Bundesregierung bei der Wiedervereinigung entzogen gewesen und die Aufrechterhaltung der Normen wäre nur deklaratorisch.
Während die Regelungen im Deutschlandvertrag unstreitig nur bis zur Wiedervereinigung gelten sollten, wird in der Literatur vertreten, daß gewisse Normen des Überleitungsvertrages, insbesondere Art. 3 des 6.Teils, einen endgültigen Charakter hätten.[211]

---

[208] Vgl. unten, Punkt III 2e

[209] Klein, Diplomatischer Schutz, S.67

[210] Vgl. Teil C, Punkt V

[211] Raschhofer, Deutsche Reparationsregelung, S.504; Kimminich, Warschauer Vertrag, S.486: Auch in der ausländischen Literatur sei diese Bestimmung als Schlußstrich verstanden worden; ähnlich Blumenwitz, Folgen, S.220: Blumenwitz vertrat die Ansicht, Art. 3 könne zwar nur ei-

Für einen endgültigen Charakter der Normen wird dargelegt, daß nicht klar wäre, wie ein einmal ausgesprochener Verzicht später rückgängig gemacht werden könnte.[212] Dieses Argument ist jedoch nur schlüssig, wenn davon ausgegangen wird, daß der Verzicht selbst nicht unter dem Vorbehalt der Vorläufigkeit stand. Steht der Verzicht nämlich unter dem Vorbehalt der Vorläufigkeit, so kann der einmal ausgesprochene Verzicht aufgehoben werden.
Zudem sei eine Endregelung der deutschen Frage bei Abschluß der Verträge lediglich theoretischer Natur gewesen und deshalb nicht so zu verstehen, daß die Maßnahmen gegen deutsches Auslandsvermögen später wieder rückgängig gemacht werden sollten. Schließlich glaubte man, Deutschland würde niemals eine so machtvolle Position erlangen, bei der die Alliierten auf den Verzicht keinen Wert mehr legen würden.[213] Diese Ansicht ist aber abzulehnen, da der Gedanke an eine mögliche Wiedervereinigung die Pariser Verträge gerade bestimmt hat. Die Vertragspartner wollten eben bis zur Wiedervereinigung der beiden Teile Deutschlands keine endgültigen Regelungen schaffen. Dieser Gedanke war kraft Natur der Sache theoretischer Art, denn schließlich konnte keine der Vertragsparteien die Umstände einer Wiedervereinigung voraussehen. Auch das Argument, eine Endregelung sei nur theoretisch, ist nicht haltbar. Sicherlich war beim Abschluß der Verträge die Wiedervereinigung nicht vorhersehbar, aber die Verträge wurden von dem Willen getragen, sich irgendwann einmal wiedervereinigen zu können. Die Möglichkeit sollte also offen bleiben, noch endgültige Regelungen zu schaffen.

Dagegen wurde jedoch vertreten, daß es sich bei den Vorbehalten der Alliierten um eine „begrenzte Zahl normierter und gegenständlich festgelegter Vorbehaltsgebiete“ handelte, die als „Regelwidrigkeit“ während einer Übergangsperiode zwischen Kriegs- und Friedenszustand existierten.[214] Darüber hinaus wurde für eine begrenzte Geltungsdauer vorgebracht, daß die versteinerten Besatzungsrechte mit der Zeit „gegenstandslos, unbeachtlich und schließlich auch de iure kraftlos werden“.[215]
Aufschlußreich für die Frage des zeitlichen Geltungsbereichs ist, was die Bundesregierung selbst hierzu erklärt hat. Ihrer Ansicht nach sollte der Verzicht auf Einwendungen nur bis zur endgültigen Regelung der Reparationsfrage gelten.[216] Deshalb seien Einwendungen gegen die alliierten Maßnahmen, die als völkerrechts-

---

nen vorübergehenden Ausschluß regeln, aber da eine endgültige Regelung nicht zu erwarten sei, müßten die Normen des 6.Teils als endgültige Regelungen verstanden werden.

[212] Schütte, Das Reparationsrecht, S.448

[213] Fuchs, Enteignungen, S.65

[214] Grewe in Kutscher, Bonner Vertrag, S.7 ff.; Fiedler, Wiedererlangung, S.687

[215] Rumpf, Land ohne Souveränität, S.37

[216] Bulletin, 25. Mai 1952, S.654; Furler, BT-Steno. 2/3541

widrige Konfiskationen[217] qualifiziert werden könnten, auch nur vorübergehend ausgeschlossen.[218] Damit kann von einer vorübergehenden Geltung ausgegangen werden.
Darüber hinaus ergibt sich die Vorläufigkeit der Regelungen im Überleitungsvertrag auch aus der Bezeichnung des Vertrages. Gemeinhin wurde der Vertrag zur Regelung der aus Krieg und Besatzung entstandener Fragen als „Überleitungsvertrag" bezeichnet. Bereits dieses Wort gibt Anlaß zur Vermutung, daß dieser Vertrag nur bis zu einer anderen Regeln „überleiten" sollte, und somit nur eine Übergangsfunktion hatte. Somit sollten die Normen des Überleitungsvertrages nur bis zur Wiedervereinigung der beiden Teile Deutschlands gelten.

IV. Rechtsnatur der zurückbehaltenen Rechte

Durch die Regelungen im Überleitungsvertrag bestanden auch noch nach den Pariser Verträgen Rechte fort, die ihren Ursprung in der Besatzungszeit hatten. Zu untersuchen bleibt dabei aber, ob es sich weiterhin um Besatzungsrechte handelte, oder ob es lediglich vertraglich eingeräumte Vorbehaltsrechte waren.

1. Vertragsrecht

Es wird vertreten, daß es sich beim Dreimächterecht nicht um Vorbehalte im Sinne des Völkerrechts[219] handelte, sondern um echte Vertragsabreden.[220] Besatzungsrecht würde stets eine militärische Herrschaft voraussetzen. Da diese nach Abschluß der Pariser Verträge nicht mehr vorgelegen hätte, könnte kein Besatzungsrecht mehr vorgelegen haben.
Für eine vertragliche Einräumung würde zudem auch Art. 1 II des Deutschlandvertrages sprechen. Demnach sollte die Bundesrepublik die „volle Macht eines souveränen Staates" erhalten. Deshalb müßten die Vorbehaltsrechte vertraglich von dem souveränen Staat vereinbart worden sein.[221] Zudem wird vorgebracht, mit der Festschreibung im Überleitungsvertrag seien die Rechte keine Besat-

---

[217] Seidl-Hohenveldern, Internationales, S.5: Eine Konfiskation ist „jeder Hoheitsakt, kraft dessen eine de jure oder de facto anerkannte Regierung oder zumindest indirekt anerkannter Machthaber einen Eigentumstitel an einer Sache oder einem Recht kraft seines Hoheitsrechts erwirbt oder zu erwerben beansprucht, ohne den bisherigen Eigentümer der Sache oder dieses Rechtes hierfür in gerechtem Maße zu entschädigen".
[218] Fuchs, Enteignungen, S.65
[219] Vorbehalte im völkerrechtlichen Sinn sind Einwände, die ein Staat gegen die vollständige und unveränderte Inkraftsetzung des unterzeichneten Vertragstextes vorbringt. Bei bilateralen Verträgen haben völkerrechtliche Vorbehalte keinen Bestand, da sie entweder zur Änderung oder Ablehnung des Vertragstextes führen; vgl. Seidl-Hohenveldern, Völkerrecht, Rd.303
[220] Seidl-Hohenveldern, Völkerrecht, Rd.698
[221] Schenk, Viermächteverantwortung, S.75

zungsrechte mehr, da sie nicht mehr einseitig geändert werden können und es der Zustimmung der Partner zur Aufhebung bedürfe.[222]
Außerdem wird vertreten, daß die Rechte zwar ursprünglich auf Besatzungsrecht beruhten, aber durch die eingegangenen vertraglichen Verpflichtungen in den verschiedenen Verträgen zu eigenständigen Mitsprache- und Beteiligungsrechten geworden waren.[223] Ähnlich argumentiert dem Vernehmen nach heute auch das Auswärtige Amt. Seiner Ansicht nach wäre der Überleitungsvertrag ein völkerrechtlicher Vertrag, so daß es sich bei den ausgehandelten Vereinbarungen auch um Vertragsrecht handeln würde. Die Tatsache, daß es sich aber nicht um „ganz frei" vereinbarte Regelungen handelte, wäre zu vernachlässigen, denn ein Vertrag sei eben ein Vertrag.

2. Besatzungsrecht

Die herrschende Meinung[224] vertritt die Auffassung, daß die Viermächterechte und schließlich auch das sich hieraus ableitende Dreimächterecht auf Besatzungsrecht beruhen und keine vertragliche Einräumung vorliegt. Die damalige Bundesregierung hatte kaum ein Mitentscheidungsrecht bei den Verhandlungen zum Deutschland- und Überleitungsvertrag. Die Beschränkungen wurden deshalb nur als Faktum von der Bundesregierung hingenommen.[225] In der Regierungsbegründung wurde dies auch hervorgehoben:

> „Die Rechte beruhen demnach nicht auf einem Vertragsverhältnis zwischen der Bundesrepublik und den Drei Mächten. Sie werden den Alliierten von der Bundesrepublik nicht übertragen, sondern werden als Folge aus dem Viermächteverhältnis, das 1945 zwischen den Westmächten und der Sowjetunion begründet worden ist, von jenen zurückbehalten. Die Bundesrepublik nimmt diese Vorbehalte als eine gegebene Tatsache zur Kenntnis, ohne zu ihren rechtlichen Grundlagen Stellung zu nehmen. Eine Anerkennung der bisherigen Besatzungsgewalt, ihrer Grundlagen und ihrer Tragweite wird nicht ausgesprochen. Die Bundesrepublik verpflichtet sich lediglich, sich jeder Maßnahme zu enthalten, welche diese Rechte beeinträchtigen würde.

---

[222] Bulletin, 19. September 1952, S.1271

[223] Bauer, Vier-Mächte-Rechte, S.195

[224] Grewe in Kutscher, Bonner Vertrag, S.9; Bernhardt, Deutsche Teilung, Rd.38; Boehmer/Walter, Völkerrechtliche Praxis, S.293; Puttkammer, Pariser Verträge, S.474; Bentzien, Alliierte Vorbehaltsrechte, S.9; Blumenwitz, Deutschland-Vertrag, S.318; Dünisch, Mundatwald, S.88; Blumenwitz, Souveränität, S.390; Blumenwitz, Verfassungskollisionsrecht, Rd.33

[225] Bernhardt, Deutsche Teilung, Rd.38; Boehmer/Walter, Völkerrechtliche Praxis, S.293

> Sie erklärt sich bereit, mit den Drei Mächten zusammen zu wirken, um ihnen die Ausübung dieser Rechte zu erleichtern."[226]

Auch das BVerfG bestätigte die Annahme eines politischen Faktums. Die Verzichtsklauseln bedeuteten seiner Ansicht nach

> „auf der einen Seite, daß die Bundesrepublik die nicht von ihr geschaffene, faktisch irreparable Lage wie bisher auch für die Zukunft hinnahm. Auf der anderen Seite war das in diesen Abreden liegende Zugeständnis ... notwendig, um das Besatzungsregime zu beenden und insgesamt eine Zustand zu erreichen, der wesentlich `näher zum Grundgesetz war.[227]

Die Hinnahme bedeutet daher nicht eine de jure – Anerkennung der vorbehaltenen Rechte, sondern lediglich die Kenntnisnahme der Zurückbehaltung von Teilrechten.[228] Die Vorbehaltsrechte hatte die Bundesrepublik somit nicht einmal für eine „logische Sekunde" innegehabt,[229] denn schließlich hat die Bundesrepublik eine durch die Besatzungsrechte eingeschränkte Souveränität erlangt. Die Vorbehaltsrechte waren infolgedessen die völkerrechtlich anerkannte Folgewirkung der bedingungslosen Kapitulation.[230] Selbst die Tatsache, daß hierdurch auch völkerrechtswidrige Maßnahmen als Faktum hingenommen wurden, wurde nicht problematisiert, denn nach der Begründung der damaligen Bundesregierung war das internationale Rechtsschutzsystem nicht voll ausgebaut, und es hätte sowieso an der Instanz gefehlt, die das verbotene Faktum hätte annullieren können.[231]
Außerdem würde eine vertragliche Vereinbarung voraussetzen, daß die Siegerrechte auf eine eigene Grundlage gestellt wurden. Art. 2 des Deutschlandvertrages spricht von der „Beibehaltung" von Rechten, so daß bereits Rechte bestanden haben müssen und nicht eine Übertragung von Rechten gemeint sein kann. Somit hat die Bundesrepublik den alliierten Siegerrechte keine vertragliche, eigene Rechtsgrundlage verschafft.[232] Dasselbe gilt schließlich auch für die Zusatzverträ-

---

226 BT-Drucks. 2/3500, Anlage 4, S.7; ähnlich Dr. Wahl, BT-Steno. 2/11171
227 BVerfGE 27, 253 (282); 4, 157 (169 f.)
228 Grewe in Kutscher, Bonner Vertrag, S.10; Puttkamer, Pariser Verträge, S.474; Bentzien, Alliierte Vorbehaltsrechte, S.9; Dr. Wahl BT-Steno. 2/11171
229 Ress, Grundlagen und Entwicklungen, Rd.7 f.: Aufgrund der Betonung des Fortbestehens des Besatzungsrechts in den verschiedenen Verträgen ist auch befürchtet worden, daß besatzungsrechtlichen Vorbehalte in fortdauernde internationale Kontrollrechte umgedeutet werden könnten.
230 Bernhardt, Deutsche Teilung, Rd.38
231 Boehmer/Walter, Völkerrechtliche Praxis, S.265 und BT-Drucks 1/3389
232 Ebenso Blumenwitz, Deutschland-Vertrag, S.318; Dünisch, Mundatwald, S.88

ge, z.B. für den Überleitungsvertrag.[233] Es ist nämlich nicht ungewöhnlich, daß in einem Vertrag einseitige Verzichts- und Vorbehaltserklärungen vereinbart werden, so daß in dem jeweiligen Vertrag zu untersuchen ist, ob es sich um Vertrags- oder Besatzungsrecht handelt.[234]
Zu bedenken ist aber, daß die Hinnahme der Besatzungsrechte der einzige Garant für den Fortbestand und die Sicherheit Deutschlands war. Außerdem war die Bundesrepublik Deutschland vor Inkrafttreten des Deutschlandvertrages nicht souverän. Erst durch diese Verträge erlangte sie ihre Souveränität. Sie schloß somit keine Verträge, durch die sie ihre Souveränität beschränkte, sondern sie erlangte erst die Souveränität mit schwerwiegenden Beschränkungen.[235]
Im Ergebnis handelt es sich deshalb trotz der vertraglichen Vereinbarung dem Grunde nach immer noch um Besatzungsrecht.

V. Parallele Entwicklung in der DDR

Es kann festgehalten werden, daß die Souveränität der Bundesrepublik zumindest bis 1990 durch Besatzungsrecht eingeschränkt war. Die Entwicklung im anderen Teil Deutschlands muß hingegen noch untersucht werden.
Am 7. Oktober 1949 proklamierte der deutsche Volksrat die Deutsche Demokratische Republik. Die Sowjetunion billigte kurz darauf die Staatsgründung der DDR.[236] Auch für die DDR galt aber eine Beschränkung ihrer internationalen Handlungsfähigkeit. Durch Erklärung vom 23. März 1954 behielt sich die Sowjetunion die Funktionen vor, die „mit der Gewährleistung der Sicherheit im Zusammenhang stehen und sich aus Verpflichtungen ergeben, die der Sowjetunion aus dem Viermächterecht erwachsen". Somit wurde auch in der DDR das Besatzungsrecht nicht ganz aufgegeben.[237]
In einer Erklärung vom 25. März 1954 hob die Sowjetunion ihre Überwachungsfunktion aber auf und bezeichnete die DDR als souveränen Staat. Auch der Ver-

---

[233] Nicht zuzustimmen ist der Ansicht von Kaufmann, Die Reparationsschäden, S.17, der in Art. 3 des 6.Teils des Überleitungsvertrages die Umwandlung der Besatzungsvorschrift in eine „self-executing" Vertragsbestimmung sieht, um den Rückgriff auf das schwer zugängliche Besatzungsrecht zu ersparen.

[234] Grewe in Kutscher, Bonner Vertrag, S.9

[235] Kimminich, Souveränität, S.82

[236] Nach der Hallstein Doktrin verletzte die Besatzungsmacht, die ihre Zone vom besetzten Staat abtrennt und einen eigenen Staat macht, gegen das Recht der militärischen Besetzung; vgl. Münch, Deutsche Ostfragen, S.225

[237] Blumenwitz, Verfassungskollisionsrecht, Rd.34 ff.: Aufgrund der Einflußmöglichkeiten in der DDR wurden auch bereits 1954 Befehle und Anordnungen der sowjetischen Militäradministration aufgehoben. 1955 wurde die Funktion des Hohen Kommissars aufgehoben.

trag vom 20. September 1955[238] wurde „unter Berücksichtigung der Verpflichtungen, die die Deutsche Demokratische Republik und die Sowjetunion gemäß den bestehenden internationalen Abkommen, die Deutschland als Ganzes betreffen“ geschlossen. In Art. 1 dieses Vertrages wurde erklärt:

> „Die vertragsschließenden Seiten bestätigen feierlich, daß die Beziehungen zwischen ihnen auf völliger Gleichberechtigung, gegenseitiger Achtung der Souveränität und der Nichteinmischung in die inneren Angelegenheiten beruhen.
> In Übereinstimmung hiermit ist die Deutsche Demokratische Republik frei in der Entscheidung über Fragen ihrer Innenpolitik und Außenpolitik, einschließlich der Beziehungen zur Deutschen Bundesrepublik, sowie der Entwicklung der Beziehungen zu anderen Staaten.“

Um jedoch den hohen Grad an Souveränität der DDR unter Beweis zu stellen, erschien die Viermächteverantwortung nur noch in Präambeln zu völkerrechtlichen Verträgen. Dadurch hielt sich die Sowjetunion alle Einflußmöglichkeiten offen, die DDR war deshalb eng an die Sowjetunion gebunden. Die Sowjetunion hatte an der Aufrechterhaltung des Viermächtevorbehalts aber auch ein Interesse, da die noch bestehenden Viermächterechte ihre einzige Möglichkeit der Mitsprache in den westlichen Zonen war.[239]
Auch im Freundschaftsvertrag zwischen der Sowjetunion und der DDR vom 12. Juni 1964, ebenso wie in einem Freundschaftsvertrag vom 7. Oktober 1975, wurde das Festhalten an den Viermächterechten bestätigt.[240] In Art. 9 des Vertrages zwischen der DDR und der Sowjetunion vom 16. Juni 1964 wurde bekundet, daß die Rechte und Pflichten aus geltenden zweiseitigen und anderen Abkommen einschließlich des Potsdamer Abkommens nicht berührt würden.[241] Auch beim Grundlagenvertrag hatte die DDR förmlich anerkannt, daß weiterhin Rechte und Verantwortlichkeiten der Vier Mächte bestehen würden.
Allerdings wird vertreten, daß die Sowjetunion und die DDR nach den Ostverträgen nicht mehr bereit waren, die Geltung von Viermächterechten gegenüber der DDR öffentlich zu bestätigen. Vielmehr hätten solche Rechte nur bezüglich der Westsektoren Berlins und der Bundesrepublik bestanden.[242]

---

238 „Vertrag über die Beziehungen zwischen der Deutschen Demokratischen Republik und der UdSSR vom 20. September 1955“; Text: v. Münch, Dokumente des geteilten Deutschlands, S.440

239 Waitz von Eschen, Völkerrechtliche Kompetenz, S.141: Im Gegensatz zu den Rechten im Überleitungsvertrag handelte es sich bei den von der Sowjetunion gegenüber der DDR vorbehaltenen Rechte um echte Vorbehaltsrechte.

240 Ress, Grundlagen und Entwicklungen, Rd.9

241 v. Münch, Dokumente des geteilten Deutschlands, S.450 ff.

242 Zündorf, Ostverträge, S.269

Folglich war das Verhältnis der DDR zur Sowjetunion auch vom Festhalten am Viermächterecht geprägt, es entstand aber kein „Einmächterecht" zwischen der DDR und der Sowjetunion.

VI. Auswirkungen des Dreimächterechts auf das Viermächterecht

Ebenfalls von grundsätzlicher Bedeutung für die Problematik der Nachbefolgung des Besatzungsrechts sind die Auswirkungen des Dreimächterechts auf das Viermächterecht. Dabei soll nur darauf eingegangen werden, ob das Viermächterecht überhaupt noch Bestand hatte, das Verhältnis zwischen Dreimächterecht und Viermächterecht soll erst ausführlich in Teil C erörtert werden.[243]

1. Dreimächterecht

Durch die Pariser Verträge wurde neben dem Viermächterecht auch ein Dreimächterecht geschaffen. Die von den Vertragsparteien geschaffenen Regelungen betrafen nämlich nur das Gebiet der Bundesrepublik und Sachgebiete, die in der Kompetenz der drei Westmächte waren. Es wurden somit gemeinsame Regelungen für die drei westlichen Besatzungszonen geschaffen. Dieses Recht kann als Dreimächterecht bezeichnet werden, da auch dieses Recht Ausfluß der Besatzungshoheit ist. Der Überleitungsvertrag behandelte dabei die Ablösung des Besatzungsregimes, d.h. die Ablösung der Aufgaben und Befugnisse, die die Drei Mächte in bezug auf Deutschland als Ganzes wahrgenommen hatten.[244] Deshalb wurde der Vertrag auch nur von den Drei Mächten unterzeichnet und nicht etwa von allen westlichen Alliierten, z.B. den Niederlanden und Belgien.

2. Viermächterecht

Nach dem soeben Dargestellten gibt es keinen Zweifel daran, daß auch nach der Nachbefolgung des Besatzungsregimes durch die Bundesrepublik noch ein Viermächterecht bestand. Begründet waren die Viermächterechte in der Berliner Erklärung[245]. Eine Einigkeit darüber, ob die Vorbehaltsrechte allein auf der Berliner Erklärung oder auch auf dem Potsdamer Abkommen beruhen sollten, konnte jedoch nicht erzielt werden.[246]

---

243 Vgl. Teil C, Punkt II 3b

244 Bulletin, 19. September 1952, S.1270

245 Text: ABl. AHK, Ergänzungsblatt Nr.1, S.7 ff.

246 Boehmer/Walter, Völkerrechtliche Praxis, S.294

a. Vertragliche Bestätigung der Viermächterechte

Während die Viermächteverbindung auf der Ebene der Befugnis nur noch in Restbeständen funktionsfähig war, blieb die Staatenverbindung auf Ebene der Status- und Gebietsfragen weitestgehend unverändert bestehen.[247]

Wichtigstes Organ der Vier Mächte war zunächst der Kontrollrat. Trotz des Austritts der Sowjetunion aus dem Kontrollrat sind die Vier Mächte aber nicht untergegangen. Zum einen wurde erst in einem Briefwechsel vom 10. Juli und 23. August 1952 eine Rückkehr zum Kontrollratsystem abgelehnt,[248] zum anderen konnte die Auflösung eines Gremiums nicht die Existenz der Institution berühren, schließlich konnte ein einseitiger Rücktritt nicht das ganze Viermächterecht beenden. Später erkannte die Sowjetunion die originären Besatzungsrechte auch wieder an und die Geltung des Potsdamer Abkommens wurde bestätigt.[249]

Nach Abschluß der „Westverträge" im Jahre 1954/55 wurden Anfang der 70er Jahre die sogenannten „Ostverträge" geschlossen. In diesen Verträgen bekannte sich die Sowjetunion konkret zu der Existenz der Viermächterechte. Die Festschreibung war für die Sowjetunion auch von Interesse, da sie somit Eingriffsrechte für einen Zeitpunkt erlangen konnte, zu dem Deutschland eine allgemeine Anerkennung in der Welt erlangte. Damit konnte sich die Sowjetunion ein Mitspracherecht bei völkerrechtlich verbindlichen Regelungen sichern, die die Rechtslage Gesamtdeutschlands berühren konnten.[250]

Aufgrund der Betonung des Fortbestehens des Besatzungsrechts in den verschiedenen Verträgen ist zwar befürchtet worden, daß besatzungsrechtlichen Vorbehalte in fortdauernde internationale Kontrollrechte umgedeutet werden könnten,[251] diese Befürchtung bestätigte sich jedoch nicht.

Auch die drei Westmächte verdeutlichten sowohl in der Note vom 7. August 1970 zum Moskauer Vertrag[252] als auch in der Note vom 19. November 1970 zum Warschauer Vertrag[253], daß diese Verträge die Viermächterechte nicht berührten.

---

[247] Blumenwitz, Überwindung, S.125

[248] Blumenwitz, Deutschland-Vertrag, Fn.16

[249] Blumenwitz, Deutschland-Vertrag, S.318

[250] Waitz von Eschen, Völkerrechtliche Kompetenz, S.178

[251] Ress, Grundlagen und Entwicklungen, Rd.9

[252] Gleichlautende Antwortnoten ergingen an die Bundesregierung, BGBl 1972 II, S.357 ff. Es heißt darin, daß die Rechte und Verantwortlichkeiten der Vier Mächte in bezug auf Berlin und Deutschland als Ganzes, die sich aus dem Ergebnis des Zweiten Weltkrieges herleiten und die im Londoner Übereinkommen vom 14. November 1944, in der Vierer-Erklärung vom 5. Juni 1945 sowie in anderen Kriegs- und Nachkriegsübereinkünften ihren Niederschlag gefunden haben, durch einen zweiseitigen Vertrag zwischen der Bundesrepublik Deutschland und der Sowjetunion, einschließlich dieses Vertrages, nicht berührt werden können.

[253] BGBl 1972 II, S.362 ff; sowohl der Moskauer als auch der Warschauer Vertrag wurden aber davon abhängig gemacht, daß eine befriedigende Berlin-Regelung gefunden werden würde.

In Art. 4 des Moskauer Vertrages wurde bestätigt, daß „dieser Vertrag zwischen der Bundesrepublik Deutschland und der DDR nicht die von ihnen früher abgeschlossenen zwei- und mehrseitigen Verträge und Vereinbarungen“ berührt. In der Erklärung der Drei Westmächte zum Moskauer Vertrag heißt es,

> „daß die Rechte und Verantwortlichkeiten der Vier Mächte in bezug auf Berlin und Deutschland als Ganzes, die sich aus dem Ergebnis des Zweiten Weltkrieges herleiten und die im Londoner Übereinkommen vom 14. November 1944, in der Vierer-Erklärung vom 5. Juni 1945 sowie in anderen Kriegs- und Nachkriegsübereinkünften ihren Niederschlag gefunden haben, durch einen zweiseitigen Vertrag zwischen der Bundesrepublik Deutschland und der UdSSR, einschließlich dieses Vertrages, nicht berührt werden können.“[254]

Zudem wurde das Viermächterecht auch in der Präambel des Viermächteabkommens über Berlin vom 3. September 1972[255] bestätigt, wobei die beiden deutschen Staaten nur eine Zuschauerrolle einnahmen. Auch im Grundlagenvertrag vom 21. Dezember 1972 wurde festgehalten, daß die Rechte und Verantwortlichkeiten der Vier Mächte nicht berührt werden könnten.[256] Ebenso mußten sich die beiden Staaten eine Bestätigung bei den Vier Mächten einholen, um der UNO beitreten zu können.[257] Zufolge der Schreiben zum Beitritt der beiden deutschen Staaten zu den Vereinten Nationen durften „die Rechte und Verantwortlichkeiten der Vier Mächte und die entsprechenden diesbezüglichen vierseitigen Regelungen, Beschlüsse und Praktiken in keiner Weise“ berührt werden.[258]

Eine Beendigung der Viermächterechte war im Rahmen der Ostverträge aber auch nicht gewollt, da sie sich negativ hätte auswirken können. Mit dem Wegfall der Viermächterechte hätte es keinen Friedensvertragsvorbehalt mehr gegeben. Dieser Friedensvertragsvorbehalt war aber Grundlage dafür, daß in der Zukunft wichtige Fragen geklärt wurden, z.B. der Rechtsstatus der Ostgebiete für die Bundesrepublik. Bei einer Aufgabe des Viermächterechts hätte außerdem der Status Berlins sofort geklärt werden müssen, denn mit dem Entfall der Viermächteverantwortung

---

[254] BGBl 1972 II, S.357 f.

[255] Text: Bulletin, 3. September 1971, S.1360 ff.

[256] BGBl 1973 II, S.423 ff.; Blumenwitz, Deutschland-Vertrag, S.321; Klein, Aktuelle Probleme, S.98: Die Bundesregierung stellte in einer Erklärung des Bundesministers der Justiz vom 2.6.1973 klar, daß die Bundesrepublik und die DDR Existenz und Fortbestand von Viermächterechten und Viermächteverantwortlichkeiten in bezug auf Deutschland als Ganzes und Berlin kennen. Der Grundlagenvertrag löste diese Rechte der Vier Mächte deshalb nicht ab; Steinberger, Völkerrechtliche Aspekte, S.125

[257] Ress, Grundlagen und Entwicklungen, Rd.10; Zündorf, Ostverträge, S.288: Der Beitritt zu den Vereinten Nationen mußte unter der Bedingungen stattfinden, daß das – nur gegenüber den Vier Mächten wirksamen – Viermächtestatut beachtet wird.

[258] Text: Blumenwitz, Dokumente, H/III/2, S.116

für Deutschland wäre auch die Viermächteverantwortung für ganz Berlin entfallen.[259]

Nach dem Abschluß der Ostpolitik konnte folglich die Sowjetunion das Bestehen der Viermächterechte nicht bestreiten, auch wenn keine inhaltliche Einigkeit über den Inhalt der Rechtsposition der Vier Mächte bestand.[260]
Es entstand jeweils ein Viermächteverständnis auf westlicher und auf östlicher Seite. Deshalb hat sich auch die Haltung der DDR zur Viermächteverantwortung von der Haltung der Bundesrepublik unterschieden. Die DDR glaubte, das Potsdamer Abkommen voll erfüllt zu haben, und daß deshalb der Viermächtestatus für sie obsolet sei und somit nur noch für die Bundesrepublik und West-Berlin gelte.[261]
In der Bundesrepublik hingegen wandelte sich die Auffassung zur Viermächteverantwortung. Beim Grundlagenvertrag behauptete die Bundesregierung, die Viermächteverantwortung sei eine Klammer für die beiden Staaten in Deutschland. Im Urteil des BVerfG[262] wurde die „Klammer" als völkerrechtliche Rechtsgrundlage für das Bemühen der Bundesregierung um Wiedervereinigung neben der im Grundgesetz verankerten staatsrechtlichen Pflicht gewertet. Die Viermächteverantwortung sei das letzte Stück gesamtdeutscher Zentralgewalt, die allein über die Wiedervereinigung bestimmen könne. Die Vorbehaltsrechte würden dabei als Gegenstück zu den dauernden Souveränitätsbeschränkungen gesehen, denn die Viermächteverantwortung sei das letzte Bindeglied, das Ost- und Westdeutschland noch zusammenhält.[263] In späteren Dokumenten wird auf diese Klammerwirkung aber nicht mehr verwiesen.
Bis zur Wiedervereinigung am 3. Oktober 1990 stand Deutschland unter der Verantwortung der Vier Mächte, da zwischen 1955 und 1990 unter den Vier Mächten Einigkeit bestand, daß die Viermächterechtspositionen nicht erloschen waren, sie waren sich nur über deren genauen Inhalt nicht einig. Aufgrund der Territorialteilung wurde das Viermächterecht von den Drei Westmächten für die Bundesrepublik Deutschland ausgeübt und von der Sowjetunion für die DDR. Berlin hingegen wurde als ein von den übrigen Besatzungszonen getrenntes Gebiet behandelt: Während der westliche Teil der Stadt von den westlichen Alliierten verwaltet wurde, wurde der östliche Teil der Stadt von der Sowjetunion verwaltet.[264] Die Gesamthandszuständigkeiten wurden dabei isoliert, aber mit konkludenter Zu-

---

[259] Kimminich, Souveränität, S.103 f.; vgl. Teil C, Punkt X 2
[260] Ress, Grundlagen und Entwicklungen, Rd.12; vgl. auch Zündorf, Ostverträge, S.60
[261] Klein, Aktuelle Probleme, S.100
[262] Urteil zum Grundlagenvertrag vom 31. Juli 1973, 2 BvF 1/73 = BVerfGE 36, 1 ff.
[263] Klein, Aktuelle Probleme, S.101 ff.
[264] Nach dem Grundvertragsurteil war das Land Berlin weiterhin ein Teil der Bundesrepublik Deutschland, auch wenn die Siegermächte diese Ansicht nicht teilten.

stimmung des jeweiligen anderen alliierten Partners ausgeübt. Einige gesamthänderischen Zuständigkeiten wurden sogar gemeinsam ausgeübt.

b. Gemeinsame Einrichtungen

Trotz der faktischen Trennung der drei westlichen Mächte von der Sowjetunion gab es stets Einrichtungen, die von allen Mächten gemeinsam geleitet wurde. Schon deshalb muß es auch nach dem Verständnis der Alliierten noch ein gemeinsames Viermächterecht als Rechtsgrundlage gegeben haben.
Zum einen gab es die Luftsicherheitszentrale in Berlin, die zur Aufgabe hatte, die Flugsicherheit in der Kontrollzone Berlin zu überwachen. Diese Einrichtung wurde auch nicht durch die Regierung der Sowjetunion aufgehoben, sondern bestand weiterhin fort.[265]
Zum anderen lag die Leitung des alliierten Gefängnis in Spandau in der gesamthänderischen Zuständigkeit der Vier Mächte. Selbst nach der Auflösung der Hohen Kommission 1955 wurde das Gefängnis von den Vier Botschaftern in Deutschland weiter verwaltet.[266] Einziger Gefangener in Spandau von 1966 bis 1987 war der ehemalige „Stellvertreter des Führers" Rudolf Hess.
Ebenso gab es noch die militärische Verbindungsmission der Oberbefehlshaber. Dies bedeutete, daß jedem Oberbefehlshaber ein Vertreter des Heeres, Marine, Luftwaffe der jeweils anderen drei Mächte beigeordnet wurde. Der Beschluß des sowjetischen Ministerrats vom 20. September 1955 über die Auflösung der Hohen Kommission der Sowjetunion in Deutschland behielt den sowjetischen Streitkräften vor, Verbindungen zu den Truppen der Westmächte zu unterhalten. Somit konnte es auch weiterhin militärische Verbindungen der Vier Mächte geben.[267]
Die vorbehaltenen Rechte wurden auf Seiten der westlichen Alliierten von den Missionschefs in der Bundesrepublik ausgeübt, bezüglich der Viermächtezuständigkeit war der sowjetische Botschafter Partner der Missionschefs.

c. Umfang des Viermächterechts

Wie bereits angedeutet wurde, ist der Umfang der Viermächte nur schwer zu bestimmen, denn es sind in keinem Vertragswerk die genauen Befugnisse festgehalten.[268] Wie in Teil A bereits festgestellt wurde, nahmen sich die Besatzungsmächte auch mehr Rechte heraus, als ihnen eigentlich zustanden.
Geleitet wurden die Siegermächte zunächst vom Ziel, die Kontinuität Deutschlands zu erhalten und nur für eine Übergangszeit als Siegermächte Einfluß zu nehmen. Geprägt wurde das Viermächterecht durch das Gesamthandsprinzip und

---

[265] Waitz von Eschen, Völkerrechtliche Kompetenz, S.113
[266] Waitz von Eschen, Völkerrechtliche Kompetenz, S.114
[267] Waitz von Eschen, Völkerrechtliche Kompetenz, S.105/114
[268] Zu diesem Ergebnis kommt auch Raap, Ende der Vier-Mächte, S.197

das Zonenprinzip. Nach dem Gesamthandsprinzip konnten nur die Vier Mächte gemeinsam statusverändernde Entscheidungen treffen. Nach dem Zonenprinzip sollte es von dem Kontrollrat unabhängig bestehende Befugnisse geben.[269]
Der Inhalt des Viermächterechts war aber zwischen den vier Mächten zumindest Anfang der 50er Jahre bis zu den Verhandlungen zum Viermächteabkommen streitig. So hatte z.B. die Sowjetunion am 27. November 1958 das Londoner Protokoll vom 12. September 1948 für ungültig erklärt.[270] Zudem erweckte sie nach den Souveränitätserklärungen 1955 den Anschein, daß für sie das Gesamthandsprinzip durch das Zonenprinzip mit dem Realteilungsgrundsatz abgelöst wurde. Trotzdem wurde das Gesamthandsprinzip nie ganz vom Zonenprinzip verdrängt.[271]
Der Umfang der Viermächterechte läßt sich folglich nur schwer bestimmen, fest steht aber, daß an den Viermächterechten stets festgehalten wurde und sie immer wieder in den Außenbeziehungen der beiden deutschen Staaten zum Tragen gekommen sind.

VII. Verhältnis Besatzungsrecht zu Verfassungsrecht

1. Darstellung des Konkurrenzverhältnisses

Mit der Berliner Erklärung vom 6. Juni 1945 hatten die Alliierten die gesamte Staatsgewalt für Deutschland übernommen. Diese Besatzungsgewalt zeigte sich infolgedessen sowohl in Gestalt von Rechtsetzung, als auch in der Verwaltung und Rechtsprechung.
Nicht nur das Besatzungsrecht, sondern auch das Verfassungsrecht hat in der Bundesrepublik Deutschland Geltungskraft verlangt. Aufgrund dieses Konkurrenzverhältnisses hat das Besatzungsrecht nicht automatisch einen Vorrang vor dem Recht der Bundesrepublik genossen.
Da die Viermächterechte niemals anerkannt worden waren, konnten sie nur über Art. 59 II GG oder Art. 25 GG Eingang in die deutsche Rechtsordnung finden. Somit stand das Besatzungsrecht eigentlich nicht über dem Verfassungsrecht. Respektive wurde es vom BVerfG[272] Verfassung- und völkerrechtskonform als eine Art Treuhand für Deutschland als Ganzes verstanden, bzw. als „rechtliche Klammer für die Fortexistenz Gesamtdeutschlands".[273] Demnach wären das Grundgesetz und das Viermächterecht ebenso zwei getrennte Normkomplexe wie das in-

---

[269] Teyssen, Deutschlandtheorien, S.121/150 f.
[270] Blumenwitz, Rechte und Verantwortlichkeiten, S.11 mit Texten der Abkommen
[271] Teyssen, Deutschlandtheorien, S.152
[272] BVerfGE 2, 181 (201); 3, 368 (375)
[273] Blumenwitz, Verfassungskollissionsrecht, S.476; Blumenwitz, Deutsche Souveränität und alliierte Vorbehaltsrechte, S.137

nerstaatliche Recht und das Völkerrecht. Kraft Effektivität überlagerte das Besatzungsrecht aber das deutsche Verfassungsrecht, es änderte jedoch nichts an der innerstaatlich verpflichtenden Existenz des Verfassungsrechts.[274] Aufgrund der Effektivität der besatzungsrechtlichen Vorbehalte bestand folglich ein quasi-dinglicher Charakter. Deshalb wäre ein Verstoß gegen den Besatzungsvorbehalt ultra vires gewesen.[275] Somit band das Besatzungsrecht aufgrund einer fehlenden Rechtsgrundlage weder die Bundesrepublik noch Gesamtdeutschland, aber trotzdem war die Bundesrepublik quasi-rechtlich an das Besatzungsrecht gebunden.[276] Deshalb handelte es sich beim Besatzungsrecht nicht um Superverfassungsrecht, vielmehr war es als positives Sonderrecht zu werten, das zunächst ohne Feststellung der Rechtsgrundlage faktisch galt.[277]

2. Überprüfbarkeit des Besatzungsrechts am Verfassungsrecht

Beachtlich für die Untersuchung der Problematik der partiellen Fortgeltung des westalliierten Besatzungsrechts ist, ob das erlassene Besatzungsrecht aufgrund der soeben festgestellten quasi-rechtlichen Bindung am Verfassungsrecht überprüft werden konnte.

Zumindest bis zur Schaffung des Deutschlandvertrages war das Besatzungsrecht ohne jede Beeinflussung durch deutsche Staatsgewalt. Allein das Völkerrecht war Schranke für das Besatzungsrecht. Die Normbefolgung der Siegerrechte stand also bis 1955 unter dem Prinzip der Unterordnung des deutschen Rechts unter das Besatzungsrecht.[278]

Eine Veränderung ergab sich mit Unterzeichnung des Überleitungsvertrages. Dabei galt es jedoch zwischen den verschiedenen Arten des Besatzungsrechts zu unterscheiden.

Gemäß Art. 1 des 1.Teils des Überleitungsvertrages durfte die deutsche Staatsgewalt das gewöhnliche Besatzungsrecht aufheben. Somit konnte die deutsche Staatsgewalt über dieses Besatzungsrecht verfügen. Deshalb war dieses Besatzungsrecht nun auch an die Grundrechte gemäß Art. 1 III GG gebunden.[279] Soweit das Besatzungsrecht grundgesetzwidrig war, mußten die deutschen Behörden das

---

[274] Blumenwitz, Deutsche Souveränität und alliierte Vorbehaltsrechte, S.137; Schmidt-Bleibtreu/Klein, GG, Einleitung, Rd.31; BT-Drucks. 2/3120

[275] Teyssen, Deutschlandtheorien, S.145 ff.; Steinberger, Völkerrechtliche Aspekte, S.67: Die Frage ist also, ob ein substantieller Kompetenzmangel oder nur eine obligatorische Bindung vorliegt.

[276] Teyssen, Deutschlandtheorien, S.149 Anm. 502; Bonner Grundgesetz, Band I, Die Grundrechte, Vorbemerkungen XVIII - 1

[277] Teyssen, Deutschlandtheorien, S.146 Fn.494 und S.148 Fn.501; Blumenwitz, Verfassungskollisionsrecht, Rd.31; Blumenwitz, Deutsche Souveränität und alliierte Vorbehaltsrechte, S.137

[278] Vgl. Stern, Staatsrecht II, S.1248 und Staatsrecht III, Band 2, S.298

[279] Waitz von Eschen, Völkerrechtliche Kompetenz, S.153

Recht an das Grundgesetz anpassen, bzw. konnten sie es für nichtig erklären.[280] Da die Überlagerung kraft Effektivität sich nicht mehr auf das gewöhnliche Besatzungsrecht bezog, genoß es keinen Vorrang mehr.[281]
Anderes galt jedoch für das sogenannte Altbesatzungsrecht. Dieses vom Alliierten Hohen Kontrollrat erlassene Kontrollratsrecht durfte weder aufgehoben noch geändert werden und gehörte daher nicht zum Verfügungsbereich der deutschen Staatsgewalt. Demnach war es auch nicht an die deutsche Verfassung gebunden. Jedoch sollte das Kontrollratsrecht, welches nicht mit der Verfassung vereinbar war, nach vorheriger Konsultation mit den Drei Mächten, außer Wirksamkeit gesetzt werden.[282]
Ebenso konnte die deutsche Staatsgewalt das sogenannte „versteinerte" Besatzungsrecht nicht aufheben. Diese Regelungen blieben sogar im Falle der Verfassungswidrigkeit bestehen. Im Falle der Verfassungswidrigkeit konnte deshalb nur aus Art. 1 III GG und Art. 20 III GG eine Pflicht zum Appell an die deutschen Staatsorgane abgeleitet werden, auf eine vertragliche Aufhebung hinzuwirken.[283]

VIII. Grundlegende Norm für die Nachbefolgung des Besatzungsrechts: Art. 3 des 6.Teils des Überleitungsvertrages

Zur konkreten Betrachtung der Problematik der Nachbefolgung des westalliierten Besatzungsrechts ist Art. 3 des 6.Teils des Überleitungsvertrages am besten geeignet, da diese Norm eine zentrale Rolle sowohl vor als auch nach der Wiedervereinigung Deutschlands bezüglich des westalliierten Besatzungsrechts gespielt hat bzw. spielt. Gemäß Art. 3 I und III wird

> „Die Bundesrepublik Deutschland ... in Zukunft keine Einwendungen gegen die Maßnahmen erheben, die gegen das deutsche Auslands- oder sonstige Vermögen durchgeführt worden sind oder werden sollen, das beschlagnahmt worden ist für Zwecke der Reparation oder Restitution oder auf Grund des Kriegszustandes oder auf Grund von Abkommen, die die Drei Mächte mit anderen alliierten Staaten, neutralen Staaten oder ehemaligen Bundesgenossen Deutschlands geschlossen haben oder schließen werden.
>
> Ansprüche und Klagen gegen Personen die auf Grund der in Absatz (1) ... dieses Artikels bezeichneten Maßnahmen Eigentum erworben

---

[280] BVerfGE 2,193; BVerfGE 15, 350; BVerfGE 36, 171
[281] Stern, Staatsrecht III, Band 2, S.298
[282] BVerfGE 5, 157 (169f); 36, 146 (170f.); Waitz von Eschen, Völkerrechtliche Kompetenz, S.153 mit weiteren Anmerkungen
[283] Stern, Staatsrecht III, Band 1, S.1248 f.

oder übertragen haben, sowie Ansprüche und Klagen gegen internationale Organisationen, ausländische Regierungen oder Personen, die auf Anweisung dieser Organisationen oder Regierungen gehandelt haben, werden nicht zugelassen."

Umstritten war die Anwendung dieser Norm stets, da gegen sie, aufgrund ihrer Einschränkung der Souveränität, stets innerstaatliche und völkerrechtliche Bedenken erhoben wurden. Ob eine Einschränkung im konkreten Fall vorliegt, läßt sich aber nur nach einer völkerrechtlichen Auslegung der Norm bestimmen. Hierbei fällt auf, daß die Gerichte sich nie um eine ausreichende Auslegung bemüht haben, weshalb hier zunächst eine völkerrechtliche Auslegung vorgenommen werden soll.

Vorläufer für Art. 3 I des 6.Teils war das AHK – Gesetz Nr.63. Der Erlaß dieses Gesetzes 1951 war die Antwort der Alliierten auf die Proteste der Bundesrepublik, mit denen die Rechtswidrigkeit der Liquidation von Privatvermögen zu Reparationszwecken geltend gemacht wurde.[284] Die Norm wurde dabei aber nur als endgültige Konsequenz der Festschreibung des AHK-Gesetzes Nr.63[285] in Art. 2 des 6.Teils des Überleitungsvertrages gesehen.[286]
Art. 3 I des 6. Teils normiert zunächst einen Klageverzicht der Bundesrepublik gegen näher bestimmte Maßnahmen. Grundsätzlich führt der Einwendungsverzicht dazu, daß die Bundesregierung auf die Geltendmachung völkerrechtlicher Ersatzansprüche im Wege des diplomatischen Schutzes gegenüber den Alliierten verzichtet.[287] Vollständig wird dieser Verzicht auf formeller Seite gemäß Art. 3 III durch einen Klagestopp. Den von den Reparationen Betroffenen wurde folglich die Möglichkeit genommen, aus der Rechtswidrigkeit der Konfiskationen, insbesondere der Völkerrechtswidrigkeit, Rechtsfolgen abzuleiten und diese vor einem nationalen oder – mit Hilfe der Bundesrepublik – vor einem internationalen Gericht geltend zu machen.

---

[284] Schneider, Liquidation dt. Auslandvermögens, S.48

[285] Vgl. Tomuschat, Vertreibung, S.57: Das AHK-Gesetz Nr.63 galt der innerstaatlichen Absicherung der Reparationsmaßnahmen, die von den Westmächten erlassen worden waren. Da insoweit Dispositionen der Drei Mächte nicht zur Debatte standen, gab es keinen Grund, Klagen auszuschließen.

[286] Schneider, Liquidation dt. Auslandvermögens, S.47: Die Aufrechterhaltung des AHK-Gesetzes Nr.63 war conditio sine qua non für die Drei Westmächte bei Abschluß des Überleitungsvertrages.

[287] Blumenwitz, Offenhalten Polen, S.63

1. Auslegung nach Art. 31 WVRK[288]

Grundsätzlich sind völkerrechtliche Verträge restriktiv auszulegen, da ein souveräner Staat grundsätzlich frei sein soll und völkerrechtliche Bindungen nur die Ausnahme sind.[289]
Gemäß Art. 31 WVRK ist ein Vertrag „nach Treu und Glauben in Übereinstimmung mit der gewöhnlichen, seinen Bestimmungen in ihrem Zusammenhang zukommenden Bedeutung und im Lichte seines Zieles und Zweckes auszulegen."

a. Wille der Vertragsparteien

Nach Art. 31 WVRK soll zudem der Wille der Vertragspartner bei der Auslegung ausschlaggebend sein. Die Vertragspartner hatten mit dieser Norm die Intention, eine Überprüfung der kriegsfolgenbedingten Maßnahmen zu unterbinden. Mit dem Einwendungsverzicht sollte zum einen ausgeschlossen sein, daß die Alliierten ihr Handeln vor Gericht rechtfertigen müßten, zum anderen sollte verhindert werden, daß die deutsche Reparationsmasse durch deutsche Einwendungen geschmälert würde. Andererseits war es aber nicht die Intention der Vertragspartner, jede vermögensbeeinträchtigende Kriegsfolgemaßnahme sakrosankt hinzunehmen.[290]

b. Ziele und Zweck des Vertrages

Wenn der eigentliche Wille der Vertragspartner unklar ist, dann sind Verträge auch im „Lichte seines Zieles und Zweckes auszulegen", d.h. es sind auch teleologische Gesichtspunkte bei der Auslegung möglich. Auch nach diesen Kriterien sollte neutrales Vermögen nicht als Reparationsgut behandelt werden können.[291]
Sinn der Beschlagnahme der Reparationsgüter war es, zum einen die deutschen Reparationsschulden zu begleichen, zum anderen die deutsche Wirtschaft zu destabilisieren. Dieses Ziel konnte aber nur verfolgt werden, wenn deutsches Eigentum beschlagnahmt wurde. Deshalb durfte das Vermögen des Fürsten von und zu Liechtenstein z.B. nicht als deutsches Vermögen konfisziert werden.[292] Bereits im September 1948 erklärte die amerikanische Militärregierung das Ende der Demontagen. In anderen Feindstaaten hingegen wurde über Jahre hinweg deut-

---

288 = Wiener Vertragsrechtskonvention; BGBl 1985 II, S.926
289 Vgl. Doehring, Völkerrechtswidrige Konfiskation, S.466
290 Vgl. Tomuschat, Vertreibung, S.56: Tomuschat hält deshalb auch die Subsumtion des Sudetendeutschen Vermögens unter Art. 3 als ein Übermaß an nicht gebotenem Gehorsam.
291 Blumenwitz, Offenheit der Vermögensfrage, S.164
292 Vgl. hierzu ausführlich Teil C, Punkt VIII, Punkt XII

schen Eigentümern nach dem Krieg nahezu alles entzogen, und zwar meistens ohne eine Entschädigung.[293]
Eine Auslegung im Lichte der Ziele und Zwecke ergibt somit, daß die Überprüfung der Beschlagnahme des Auslandvermögens von Personen, die deutsche Staatsangehörigkeit besaßen, den deutschen Gerichten entzogen sein sollte.[294] Die Neuordnung des Vermögens sollte dadurch verfahrensrechtlich geschützt und nicht rückgängig gemacht werden. Folglich kann diese Regelung z.B. nicht neutrales Vermögen betreffen. Wird ehemaligen Eigentümern dieses neutralen Vermögens der Rechtsschutz aufgrund des Überleitungsvertrages versagt, so wird damit also nicht dem Ziel und Zweck der Regelung entsprochen.

Zudem ist bei der Auslegung des Überleitungsvertrages auch der allgemeine Grundsatz der restriktiven Auslegung von bilateralen Verträgen zu beachten, wenn Zweifel an der Tragweite einer Bestimmung bestehen. Nach einer restriktiven Auslegung ist anzunehmen, daß die Bundesrepublik zwar auf Einwendungen und Klagen bezüglich deutschen Eigentums verzichtet hat, es kann aber nicht angenommen werden, daß auch auf die Prüfung, ob überhaupt deutsches Vermögen vorliegt, verzichtet wurde.[295]

c. Auslegung einzelner Merkmale

aa. Einwendungsverzicht

Bereits der Verzicht auf Einwendungen ist auslegungsbedürftig. „In Zukunft keine Einwendungen" erheben bedeutet, daß bis zum Abschluß des Überleitungsvertrages solche Einwendungen erhoben worden waren und diese auch weiterhin Bestand haben.[296] Damit sollten aber nicht die Vorgänge der Alliierten oder die Gesetze der Besatzungsmächte nachträglich genehmigt werden.[297] Nur in Zukunft sollten keine erneuten Einwendungen erhoben werden.
Problematisch ist aber, wie der Begriff „Einwendung" auszulegen ist. Nach der grammatikalischen Auslegung ist Einwendung die Geltendmachung eines Protests oder Widerspruchs gegen mißbilligte Maßnahmen. Dem Vernehmen nach sieht das Auswärtige Amt heute nur die Möglichkeit einer Auslegung durch Negativabgrenzung. Demnach würde nur feststehen, daß es nicht heißt, nichts zu unternehmen.

---

293 BVerfGE 41, 126 (129)

294 Weber, Anmerkung, S.191: Seiner Ansicht sind die Staatsangehörigen aller Feindstaaten betroffen.

295 Doehring, Völkerrechtswidrige Konfiskation, S.466

296 Bulletin, 19. September 1952, S.1270

297 Kaufmann, Die Reparationsschäden, S.17: In den ersten Jahren hatte die Bundesregierung in Noten gegen die getroffenen Maßnahmen protestiert.

bb. deutsches oder sonstiges Vermögen

Gemäß Art. 3 sollen nur Konfiskationen „deutschen oder sonstigen Vermögens" betroffen sein. Fraglich ist aber, welche Konfiskationen hierunter zu subsumieren sind.

Deutschland bezieht sich dabei auf das Gebiet des deutschen Reiches am 31. Dezember 1937.[298] Dafür spricht, daß gemäß Abschnitt III Z.9 der Proklamation Nr.2 des Kontrollrats sich die deutschen Behörden verpflichteten, alle geeigneten Maßnahmen zu ergreifen, das Eigentum von Personen, die nicht deutsche Staatsbürger sind, als auch das Eigentum fremder Staaten zu gewährleisten. Art. 3 des Kontrollratsgesetzes Nr.5 übertrug dementsprechend nur das deutsche Auslandseigentum an die Alliierte Kommission und definierte einen Deutschen als „eine Person, die aufgrund des Reichsgesetzes zu irgendeiner Zeit seit dem 1. September 1939 im vollen Besitz des deutschen Bürgerrechts stand".[299] Somit dürfte auch bei Art. 3 keine andere Auslegung erfolgen. Folglich ist für die Bestimmung des deutschen Vermögens die Staatsangehörigkeit maßgeblich und nicht die Nationalität.[300]

„Sonstiges Vermögen" ist das im Inland belegene Vermögen, das zu den in Art. 3 genannten Zwecken von den Alliierten beschlagnahmt worden ist.[301] Da insgesamt verhindert werden sollte, daß die Reparationsmasse durch Einwendungen Deutschlands geschmälert wird, mußte sich Art. 3 auch auf das im Inland belegene Vermögen beziehen. Wenn der Wunsch der Alliierten war, daß Deutschland keine Einwendungen gegen Maßnahmen erheben darf, so wäre auch nicht verständlich, warum es sich hierbei nur um Auslandsvermögen handeln sollte.

Bei dem sonstigen Vermögen muß es sich jedoch um deutsches Vermögen handeln, da nur Einwendungen der Bundesrepublik verhindert werden sollten. Im Regelfall hätte es nämlich keine Konfiskationen ausländischen Vermögens geben dürfen, so daß hierzu auch keine Regelung notwendig war.

cc. Zwecke der Enteignung

Zum anderen muß das Vermögen zum Zwecke der Reparation, der Restitution oder aufgrund des Kriegszustandes oder Abkommen beschlagnahmt worden sein.[302]

---

[298] Blumenwitz, Prager Vertrag, S.80; Folglich läßt sich auch das volksdeutsche Vermögen nicht unter das deutsche Vermögen subsumieren; Blumenwitz, Flucht und Vertreibung, S.189; Tomuschat, Vertreibung, S.55; Ehlers, Rechtslage, S.467; BVerfGE 5, 85 (127); 40, 141 (163, 175)

[299] Seidl-Hohenveldern, Nachwirkung der Kontrollratsgesetzgebung, S.983

[300] Fassbender, Liechtenstein, S.218; Weber, Anmerkung, S.190 f.

[301] Schneider, Liquidation dt. Auslandvermögens, S.30

[302] Das OLG Köln, VIZ 1998, S.217 hat dargelegt, daß die Konfiskationen nicht nur zu diesen Zwecken enteignet werden mußte. Es stützt diese Ansicht auf einen Aufsatz von Seidl-

(1) Reparation

Reparation ist die vom Besiegten dem Sieger aufgrund des völkerrechtlichen Unrechts geschuldete Wiedergutmachung.[303] Das Pariser Reparationsabkommen unterscheidet zwischen den Reparationsenteignungen des Überleitungsvertrages und anderen Formen der Vermögenskonfiskation, z.B. der Bodenreform auf dem Gebiet der sowjetischen Besatzungszone.[304] Es konnten somit nur solche Enteignungen sein, deren Werte anschließend dem Reparationskonto[305] und alliierter Verfügungsmacht zugeführt werden sollten. In vielen Ländern erfolgten die Konfiskationen aber nicht zur Einbeziehung in eine spätere Reparationsregelung, sondern die Konfiskationen sollten zur eigenen Bereicherung dienen.[306] So waren z.B. die Enteignungen in Polen und in der Tschechoslowakei eng mit der Vertreibung der deutschen Bevölkerung verknüpft und wurden niemals mit dem Reparationskonto verrechnet.[307]

(2) Restitution

Restitution bezeichnet die Rückgabe von Gegenständen, die irregulär einem anderen Staat oder dessen Angehörigen entzogen wurden. Auch eine Enteignung zum Zwecke der Restitution scheidet aus, da die Vermögensgegenstände bereits vor dem Krieg in deutschem Eigentum standen.[308]

Hohenveldern, Territoriale Begrenzung, S.182. Jedoch hat Seidl-Hohenveldern in diesem Aufsatz gerade darauf aufmerksam gemacht, daß die Gerichte auch Enteignungen zum Zwecke der Strafe in den Anwendungsbereich des Art. 3 I rechtswidrigerweise einbeziehen.

303 Grewe, Besatzungsstatut, S.156; Blumenwitz, Flucht und Vertreibung, S.196

304 Blumenwitz, Offenheit der Vermögensfrage, S.163

305 Blumenwitz, Prager Vertrag, S.82/87; Böhmer, Vermögen, S.10 ff. Die Reparationsagentur war jedoch nur eine Verwaltungsstelle, maßgeblich für die Konkretisierung der Deutschland aufzuerlegenden Reparationsleistungen waren: Das Protokoll über die Besatzungszonen in Deutschland und die Verwaltung von Groß-Berlin; Seidl-Hohenveldern in Strupp/Schlochauer, Kriegsentschädigung, S.339: Die Reparationsgläubiger wurden zusammengefaßt in Sowjetunion und Polen einerseits und die restlichen Alliierten andererseits, da die Sowjetunion und Polen in den von ihnen besetzten Gebieten bereits Entnahmen als Kriegsbeute vorgenommen hatten, und dies als Vorleistung auf die Reparationsquote angerechnet wurde.

306 Schon hier zeigen sich die Probleme, denn z.B. die Tschechoslowakei hatte lediglich den Betrag von $189.263 angegeben. Vergleicht man dies allein mit dem Wert des Bildes des Fürsten von Liechtenstein (ca. 500.000 DM) so ergeben sich Probleme der Glaubwürdigkeit an dieser Summe. Zu Reparationszwecken kann nämlich nur das Vermögen konfisziert worden sein, welches auf dem Reparationskonto gutgeschrieben wurde; vgl. Seidl-Hohenveldern, NJW 1953, S.1390 Anm. 10

307 Blumenwitz, Offenhalten Polen, S.64; Wenk, Konfiszierte Privatvermögen, S.110; Kuhn, Rechtsprechung, S.1210; vgl. Wenk, Konfiszierte Privatvermögen, S.115: Die den Sudetendeutschen entzogenen Vermögenswerte wurden z.B. nicht auf dem Reparationskonto verbucht, sondern die Tschechoslowakei bereicherte sich daran.

308 Wenk, Konfiszierte Privatvermögen, S.111

(3) Kriegszustand

Bei der Beschlagnahme aufgrund des Kriegszustandes werden insbesondere die Maßnahmen des Wirtschaftskrieges und die Kriegsbeute[309] erfaßt. Fraglich ist, wie der Begriff „Kriegszustand" auszulegen ist. Unbestritten ist, daß es sich in der Regel nicht um die eigentlichen Kampfhandlungen handelt, die mit der bedingungslosen Kapitulation am 8. Mai 1945 beendet wurden.[310]
Zur Auslegung könnte der – noch fortbestehende – Art. 1 des 9.Teils herangezogen werden. Demnach gilt für deutsche Staatsangehörige gegen die in dieser Vorschrift bezeichneten Staaten ein Einwendungsverzicht und Klagestopp bezüglich der Maßnahmen, welche von den Regierungen dieser Staaten oder mit ihrer Ermächtigung in der Zeit zwischen dem 1. September 1939 und dem 5. Juni 1945 wegen des bestehenden Kriegszustandes getroffen wurden. Folglich wird in dieser Vorschrift der Kriegszustand gleichgesetzt mit dem tatsächlichen Andauern von Kriegshandlungen. Wegen der systematischen Verknüpfung ist Art. 3 das gleiche Begriffsverständnis zugrundezulegen,[311] denn solange Kriegshandlungen vorgenommen werden, werden von allen Kriegsparteien unrechtmäßige Handlungen vorgenommen.
Folglich sind die Enteignungen in Verbindung mit den Vertreibungen nicht während des Kriegszustandes erfolgt, die Enteignungen sind aber auch nicht als eine Maßnahme des Wirtschaftskrieges oder als Kriegsbeute zu qualifizieren.[312]

(4) Abkommen

Zudem fallen auch die Enteignungen unter den Anwendungsbereich des Art. 3 I, die aufgrund von Abkommen beschlagnahmt wurden. Es könnte überlegt werden, ob das Pariser Reparationsabkommen vom 14. Januar 1945 ein Abkommen in diesem Sinn ist. Hierzu müßten die in Betracht kommenden Enteignungen aber auch in die Reparationsberechnungen nach dem Pariser Reparationsabkommen mit einbezogen worden sein. Es wurde aber bereits dargestellt, daß viele Konfiskationen nicht in die Berechnungen eingeflossen sind, so daß keine Maßnahmen aufgrund von Abkommen vorliegen.[313]

---

309 Kriegsbeute ist das im Operationsgebiet aufgegriffene bewegliche öffentliche Eigentum; Berber, Band II, S.176
310 Vgl. Gornig, Völkerrechtswidrigkeit von Vertreibungen, S.24
311 Vgl. Tomuschat, Vertreibung, S.56
312 Blumenwitz, Flucht und Vertreibung, S.197
313 Vgl. oben, Fn.306

dd. Betroffener Personenkreis

Da der Überleitungsvertrag nur die Kriegsfolgemaßnahmen regeln sollte, können sich dessen Regelungen auch nur auf kriegführende Parteien beziehen.[314] Gemäß Art. 3 III gilt der Klagestopp bezüglich „deutscher Einwendungen" nur gegenüber der enteignenden Siegermacht. Diese verpflichtet sich auch gleichzeitig, den zum Zweck der Reparation enteigneten Gegenstand nicht mehr in den deutschen Rechtskreis zu verbringen.[315] Somit müssen „deutsche" Einwendungen gegen eine enteignende Siegermacht vorliegen.[316]

2. Politische Auseinandersetzung um Art. 3 des 6.Teils des Überleitungsvertrages

Während die damalige Bundesregierung die Normen des Überleitungsvertrages als politisches Faktum akzeptierte[317], gab es Kritik von der Opposition und von einigen Stimmen in der Literatur. So wird geltend gemacht, daß die Hinnahme bestimmter Normen im 6.Teil des Überleitungsvertrages, u.a. Art. 3, weder mit der Präambel des Deutschlandvertrages, noch mit den Grundsätzen der SVN, der Menschenrechtskonvention oder dem Grundgesetz vereinbar sei. Zudem würde Art. 3 lediglich der Absicht entsprechen, eine mögliche Rechtsverfolgung gegen rechtswidrige Enteignungen unmöglich zu machen. Ein Schutz der Personen und Regierungen, die deutsches Eigentum erworben haben, sei nicht gerechtfertigt.[318] Zudem wurde von der Opposition im Bundestag geltend gemacht, daß Art. 3 mehr als eine tatsächliche Hinnahme gewesen sei. Ihrer Ansicht nach wären die getroffenen Maßnahmen erst durch ihre tatsächliche Hinnahme in Enteignungen nach deutschem Recht umgewandelt. Deshalb wäre das Zustimmungsgesetz zum Überleitungsvertrag ein Enteignungsgesetz und verstoße wegen fehlender Junktimklausel gegen Art. 14 GG.[319]

---

[314] Hierzu ausführlich Teil C, Punkt IV 5

[315] Blumenwitz, Offenheit der Vermögensfrage, S.163

[316] Vgl. Furler Regierungserklärung, Anlage 4 zu BT-Drucks. 1/3500, S.55: Nach dem Willen der damaligen Bundesregierung dürfen diese Einwendungen nicht nur gegenüber den Siegermächten, sondern auch gegenüber neutralen Staaten nicht vorliegen Zudem wird ein deutlicher Hinweis auf den bisher geltend gemachten Rechtsvorbehalt gemacht und nur auf eine künftige Wiederholung verzichtet. Die Rechtmäßigkeit der Enteignungen werden deshalb nicht anerkannt. Lediglich die aus diesen Akten erfolgten Rechte und Pflichten sollten gewahrt werden; vgl. Boehmer/Walter, Völkerrechtliche Praxis, S.298

[317] Schneider, Liquidation dt. Vermögens, S.52: Das BVerfG (BVerfGE 3, 157 (170)) hat hierzu treffend bemerkt, „das Schlechte darf dem Besseren nicht weichen, weil das Beste ... nicht erreichbar ist".

[318] Roos, Konfiskation, S.191 ff.

[319] BT-Drucks. 1/3900, S.46; vgl. Teil C, Punkt V 2

Da im Reparationsbegriff die Höhe der Reparationen nicht geregelt wurde, wurde außerdem kritisiert, daß von vornherein auf Einwendungen gegen Maßnahmen, die zur Durchsetzung von Ansprüchen ergriffen wurden, verzichtet wurde, obwohl die Maßnahmen und der Anspruch zu diesem Zeitpunkt nicht bekannt waren.[320]

IX. Auslegung der Normen für die Nachbefolgung durch die Rechtsprechung

1. Darstellung der einzelnen Gerichtsurteile

Der Überleitungsvertrag war wenige Male Gegenstand eines Verfahrens. Deshalb bietet die Rechtsprechung auch nur in wenigen Einzelfällen Einblick in die Problematik des westalliierten Besatzungsrechts. In den Fällen, in denen der Überleitungsvertrag eine wesentliche Rolle gespielt hat und bei denen Normen des Überleitungsvertrages ausgelegt werden mußten, ging es jedoch vorrangig um Art. 3 des 6. Teils des Überleitungsvertrages. Somit wird auch hier die Bedeutung des Art. 3 des 6.Teils des Überleitungsvertrages deutlich. Darüber hinaus schärft diese Rechtsprechungsübersicht das Bewußtsein über die Problematik der Fortgeltung westalliierten Besatzungsrechts.

a. BGHZ 8,378[321]

In diesem Verfahren klagte ein Sudetendeutscher in der Bundesrepublik auf Herausgabe seiner Möbel. Der Beklagte war im Sommer 1945 in die Wohnung des Klägers in der Tschechoslowakei eingewiesen worden, bei seiner Umsiedelung nach Deutschland 1946 nahm er die Möbel aus der Wohnung mit. Der Beklagte machte nun geltend, daß ihm die Möbel vom tschechoslowakischen Staat aufgrund seiner antifaschistischen Tätigkeit als Eigentum zugewiesen worden seien. Während das LG und das OLG der Klage stattgaben, führte die Revision zur Zurückverweisung.
Das Berufungsgericht hatte der Klage stattgegeben, da es die Enteignungsmaßnahmen gemäß Art. 30 EGBGB a.F.[322] für unbeachtlich hielt. Der BGH entschied jedoch, daß zum Zeitpunkt dieser Entscheidung die deutsche Gerichtsbarkeit inzwischen nach dem AHK-Gesetz Nr.63[323] ausgeschlossen gewesen sei. Da das sudetendeutsche Vermögen deutsches Vermögen sei, würde das Gesetz Nr.63 Anwendung finden. Die Frage, was deutsches Eigentum ist, würde sich dabei

[320] Schütte, Das Reparationsrecht, S.449
[321] = NJW 1953, S.545
[322] = Art. 6 EGBGB n.F.
[323] Text: ABl. AHK 1951, S.1107

nach der Feindvermögensgesetzgebung des einzelnen liquidierenden Staates beurteilen. Folglich sei nach dem Gesetz Nr.63 die deutsche Gerichtsbarkeit ausgeschlossen und die Liquidationen seien anzuerkennen.[324]

b. BGH, Urteil vom 13. Dezember 1956[325]

Im sogenannten AKU-Fall hatte die beklagte niederländische AKU AG eine Interessengemeinschaft mit einem westdeutschen Unternehmen gegründet. Nahezu alle Aktien des westdeutschen Unternehmens wurden in Aktien der niederländischen AG umgewandelt. 30 % der Aktien der AKU AG waren vor dem Krieg in deutscher Hand. Ihre Anteile an der AG ließen sie in Deutschland bzw. bei einer deutschen Bank in Holland deponieren. Aufgrund der niederländischen Feindvermögensgesetzgebung wurden die Aktien der AKU beschlagnahmt, der niederländischen Regierung übergeben, später aber teilweise wieder der AKU AG überlassen.
Die Kläger klagten nun auf Feststellung, daß die Enteignungen der früher ihr gehörenden Aktien der AKU AG insofern keine Wirkung hätten, soweit dadurch Vermögen, welches in der Bundesrepublik belegen war, betroffen sei.
Der BGH hat hierzu entschieden, daß Art. 3 des 6.Teils des Überleitungsvertrages auch auf das inländische Vermögen anwendbar sei. Zudem wurde entschieden, daß für die Enteignung des im Ausland belegenen Vermögens die Rechtsordnung des enteignenden Staates maßgeblich sei, während für in Deutschland belegenes Vermögen die deutsche Rechtsordnung maßgeblich sei. Deshalb sei zusätzlich nach § 549 ZPO die deutsche Gerichtsbarkeit entzogen. Ebenso wurde festgestellt, daß noch nicht einmal die Verletzung international anerkannter Rechtsgrundsätze überprüft werden konnte. Deshalb war es hier auch nicht als zulässig gesehen worden, zu prüfen, ob die Enteignung gegen den ordre public verstieß.[326]

c. BVerfGE 24, 33

Aufgrund des soeben dargestellten Urteils[327] haben die ehemaligen deutschen Aktionäre Verfassungsbeschwerde gegen ein Zusatzabkommen zum Finanzvertrag zwischen Deutschland und den Niederlanden eingelegt. Die Beschwerdeführer machten u.a. geltend, daß nach dem Territorialitätsprinzip die Enteignungen des

---

[324] Zu bedenken ist, daß das AHK – Gesetz Nr.63 mit dem „2+4"-Vertrag aufgehoben wurde und somit auch die Rechtsprechung hierzu nicht direkt zu beachten ist. Da das AHK – Gesetz Nr.63 aber Vorlage für den Art. 3 des 6.Teils des Überleitungsvertrages war, ist die Rechtsprechung auch Grundlage für die Rechtsprechung zum Überleitungsvertrag.

[325] Urteil vom 13.12.1956 = MDR 1957, S.276 ff. = NJW 1957, S.217 ff.

[326] Boehmer/Walter: Völkerrechtliche Praxis, S.262: Obwohl selbst der Bundeswirtschaftsminister die Enteignungen im AKU-Fall als Verletzung des Völkerrechts beurteilte, durfte der ordre public nicht überprüft werden.

[327] Urteil vom 13. Dezember 1956

in Deutschland belegenen Vermögens nicht ohne Zustimmung der Besatzungsmächte wirksam sein konnten. Hierauf mußte jedoch vom BVerfG nicht eingegangen werden, da die Verfassungsbeschwerde als unzulässig abgewiesen wurde. Beachtlich ist aber, daß die Verfassungsbeschwerde nicht aufgrund Art. 3 des 6.Teils des Überleitungsvertrages für unzulässig erachtet wurde, sondern hierfür ein anderer Grund vorlag. Das Gericht hielt vielmehr fest, daß Verfassungsbeschwerden, die sich gegen ein deutsches Gesetz richten, nicht zu den nach Art. 3 zulässigen Verfahren gehörten,[328] so daß kein Ausschluß nach Art. 3 vorläge.

d. LG München, AZ 21.0.296/58

In diesem Fall hatte ein Sudetendeutscher eine Münchner Antiquitätenfirma auf Herausgabe seines Tabernakelschrankes verklagt, den er 1945 bei der Vertreibung in der Tschechoslowakei zurücklassen mußte. Das Landgericht hatte sich in diesem Fall für eine Zulässigkeit der Klage entschieden,

> „weil der Schrank des Klägers nicht unter den Begriff ‚deutsches Eigentum des AHK Gesetz Nr.63 zu subsumieren ist.... Nicht ausgeschlossen ist die deutsche Gerichtsbarkeit auch durch den Überleitungsvertrag. .... Da für die Auslegung des Begriffs ‚deutsches Vermögen dieselben Auslegungsgrundsätze heranzuziehen sind ... hält das Gericht die deutsche Gerichtsbarkeit auch durch den Überleitungsvertrag für nicht ausgeschlossen."

Aus anderen Gründen wurde die Klage aber dann zurückgewiesen, die nächste Instanz hatte dem Vernehmen nach zwar die Gerichtsbarkeit angezweifelt, da die Parteien aber einen Vergleich schlossen, wurde keine Entscheidung gefällt.[329]

e. BGHZ 25, 127[330]

Eine sudetendeutsche Gesellschaft mit ursprünglichem Sitz in der Tschechoslowakei wurde aufgrund der Beneš-Dekrete liquidiert, der Vorstand und der Aufsichtsrat abberufen. Die Gesellschaft besaß bereits vor dem Krieg erhebliches Vermögen in der Bundesrepublik, u.a. auch ein Guthaben bei der deutschen Beklagten. Nach 1947 wurde der Sitz der Gesellschaft nach München verlegt, die Gesellschaft klagte auf Herausgabe des Guthabens.
Der BGH entschied, daß zwar auch deutsches Inlandsvermögen in den Anwendungsbereich des Art. 3 fallen könnte, aber in diesem Fall trotzdem Art. 3 des 6.Teils des Überleitungsvertrages nicht eingreife. Zwar sollten die Beneš-Dekrete

---

[328] BVerfGE 24, 33 (46)
[329] Blumenwitz, Folgen, S.202 f.; Blumenwitz, Flucht und Vertreibung, S.201
[330] Urteil vom 11. Juli 1957 = NJW 1957, S.1433

auch extraterritoriale Wirkung entfalten und auch in Deutschland belegenes Vermögen beschlagnahmen, effektiv würde das Vermögen dadurch aber nicht erfaßt. Da auch die Besatzungsmächte die Enteignung im Hoheitsbereich der Bundesrepublik nicht anerkannt hätten, läge keine tatsächliche Beschlagnahmung vor. Eine Enteignung würde sich nämlich auf den Machtbereich des Enteignenden beschränken, solange sie nicht vom Machtinhaber eines anderen Bereichs territoriale Wirkung verliehen bekomme.

f. BGHZ 32,170[331]

In dem sogenannten „enemy association“ - Fall wollte eine niederländische Klägerin die Herausgabe von Wertpapieren von der deutschen Beklagten. Der Beklagten war ursprünglich zwar eine Verfügungsmacht über die Wertpapiere eingeräumt worden, sie konnte aber keinen bürgerlich-rechtlichen Anspruch auf sie erheben. Von den USA waren die Wertpapiere gemäß dem „Trading with the enemy Act“ beschlagnahmt worden. Vor den deutschen Gerichten beantragte die Klägerin aber auch die Feststellung von Rechtsverhältnissen, die Vorfragen für ein Freistellungsverfahren in den USA waren.
Art. 3 I des 6.Teils des Überleitungsvertrags war eigentlich nicht anwendbar, da hierzu eine Einwendung der „Bundesrepublik“ erforderlich gewesen wäre. Auch Art. 3 III des 6.Teils des Überleitungsvertrags fand deshalb keine direkte Anwendung, da die Beklagte nicht zu dem genannten Personenkreis gehörte. Dennoch ließ der BGH die Klage vor deutschen Gerichten nicht zu. Begründet wurde dies damit, daß es auch dann keine Gerichtsbarkeit gäbe, wenn mit dem angestrebten Urteil in der Sache eine Einwendung nach Art. 3 I des 6.Teils des Überleitungsvertrags erhoben wird. Wäre die Klage zugelassen worden, so wäre, wenn die Papiere tatsächlich der niederländischen Klägerin gehörten, in erster Linie bewiesen worden, daß die Beschlagnahme durch die USA unberechtigt gewesen sei. Folglich wurde die Erhebung der Feststellungsklage als „Einwendung gegen eine Maßnahme“ nach Art. 3 I des 6. Teils des Überleitungsvertrages gewertet. Zudem wurde auf eine gerechte Entscheidung vor einem amerikanischen Gericht vertraut, so daß die Gerichtsbarkeit aus Sicht des deutschen Gerichts verneint werden konnte.[332]

g. BGHZ 32, 173

In einem zu BGHZ 32, 170 vergleichbaren Fall wurde die deutsche Gerichtsbarkeit nicht ausgeschlossen, da der Kläger deutscher Staatsangehöriger war und die Beschlagnahme hingenommen hatte. Er wollte lediglich, daß die Folgen der Beschlagnahme ihm und nicht dem Beklagten zugute kommen. Art. 3 des 6.Teils des

[331] Urteil vom 11. April 1960 = NJW 1960, S.1299
[332] Fassbender, Liechtenstein, S.218

Überleitungsvertrages sollte nämlich dann nicht anwendbar sein, wenn der Beklagte den Vermögensgegenstand nicht etwa durch die Beschlagnahme erhält, sondern ihn nach Aufhebung der Beschlagnahme zurückerhält.

h. BGH Urteil vom 7.11.1963[333]

Die Beklagte hatte vor dem Zweiten Weltkrieg drei rechtlich selbständige Tarngesellschaften in Indien gegründet, um u.a. einer Feindvermögensbeschlagnahme zu entgehen. Trotz der Tarnversuche wurden sowohl die Tarngesellschaften als auch das sonstige Vermögen der Beklagten beschlagnahmt. 1958 wurden an die ehemaligen deutschen Eigentümer der beschlagnahmten Vermögenswerte Zahlungen geleistet, die jedoch in Indien investiert werden mußten. Die Klägerin war Aktionärin einer der Tarngesellschaften und klagte nun auf Herausgabe eines entsprechenden Teils der Rückzahlungen.
Dem Wortlaut nach handelte es sich hier um Klagen gegen eine Person, welche Eigentum auf Grund von Maßnahmen erworben hat, die infolge des Kriegszustandes gegen deutsches Vermögen im Wege der Beschlagnahme getroffen worden sind. Problematisch war aber in diesem Fall, ob Sinn und Zweck die Anwendung des Art. 3 des 6.Teils des Überleitungsvertrages hier rechtfertigen. Nicht gerechtfertigt wäre eine Anwendung, wenn die Zahlung lediglich den Zweck gehabt hätte, eine Beschlagnahme aufzuheben und den früheren Rechtszustand wiederherzustellen oder den Enteigneten zu entschädigen. Das OLG Bremen hatte angenommen, daß die Zahlungen aus wirtschaftspolitischen Gründen an die Beklagte und nicht an den eigentlichen Eigentümer erfolgt sind. Somit würden die Zahlungen eine Fortführung und Fortwirkung der Beschlagnahme darstellen, und die Maßnahmen könnten nicht durch deutsche Gerichte überprüft werden. Der BGH hingegen hatte entschieden, daß der Zweck, der hinter dem indischen Hoheitsakt stand, von deutschen Gerichten überprüft werden könne. Wenn der Beweis erbracht werden könne, daß die indische Regierung entweder die Beklagten für berechtigt hielt oder eine Entschädigung geleistet werden sollte, so wäre eben die deutsche Gerichtsbarkeit zuständig.

i. BayObLG, 3. Oktober 1979, Reg.2 Z39/78

Auch vor dem bayerischen Obersten Landesgericht war der Überleitungsvertrag Gegenstand mehrerer Verfahren. Zwar stand nicht Art. 3 des 6.Teils im Vordergrund, sondern Art. 2 des 1.Teils, die Problematik ist aber vergleichbar, da in dieser Norm ein Einwendungsverzicht gegenüber Verwaltungsmaßnahmen der Alliierten geregelt war.[334] Aufgrund eines Schreibens der Militärregierung für Bayern

---

[333] = MDR 1964, S.226 f.

[334] Gemäß Art. 2 des 1.Teils sollten „... Verwaltungsmaßnahmen der Besatzungsbehörden ... in jeder Hinsicht nach deutschem Recht in Kraft (bleiben), ohne Rücksicht darauf, ob sie in Über-

wurde nach 1945 Vermögen eines führenden Mitgliedes der NSDAP als Vermögen der NSDAP bzw. einer ihr nahestehenden Organisation durch das Bayerische Landesamt für Vermögensverwaltung an den Freistaat Bayern übertragen.
Mit Urteil vom 3. Oktober 1979 wurde ein Amtswiderspruch des ehemaligen Eigentümers als unbegründet abgelehnt. Der Beteiligte hatte geltend gemacht, daß sein privates, nicht von Parteivermögen erworbenes Grundstück, enteignet worden war. Die Entscheidung der deutschen Behörden konnte nach Auffassung des Gerichts nicht überprüft werden. Unter anderem war in der Urteilsbegründung angeführt worden, daß der Annahme, das Grundbuch sei jetzt unrichtig, Art. 2 I S.1 des Überleitungsvertrages entgegenstehe. Demnach sollten nämlich Verwaltungsmaßnahmen in Kraft bleiben und nicht noch nachträglich von den Behörden kritisiert werden können. Denn diese Norm sollte auch „dem Prestige der früheren Besatzungsmächte dienen“.[335] Auf die Beurteilung der Rechtmäßigkeit der Übertragung kam es dabei nicht an.

j. BayObLG, ZBR 70/93 v. 22. Juli 1993[336]

In einem Verfahren von 1992 hatten die Erben des Klägers im zuvor zitierten Verfahren erneut versucht, einen Amtswiderspruch und eine Grundbuchberichtigung zu erwirken. Aber auch dieses Rechtsmittel hatte aufgrund des, durch den Notenwechsel vom 27./28. September 1990[337] fortgeltenden Art. 2 I S.1 des 1.Teils des Überleitungsvertrages keinen Erfolg. Wiederum sei nach Auffassung des Gerichts nicht zu überprüfen gewesen, ob die materiellrechtlichen Voraussetzungen für das Ersuchen vorlagen. Darüber hinaus wurde aber auch festgehalten, daß der jetzige Eigentümer nach Art. 2 I S.1 des 1.Teils des Überleitungsvertrages weiterhin Eigentümer sei, da „alle Rechte ..., die durch Verwaltungsmaßnahme der Besatzungsbehörden oder aufgrund solcher Maßnahmen begründet ... worden sind, ... in jeder Hinsicht nach deutschem Recht in Kraft“ bleiben. Auf die nach der Wiedervereinigung veränderte Rechtsqualität wurde nicht eingegangen, denn es wurde schon keine Unrichtigkeit der Grundbucheintragung gesehen.

2. Maßgebliche Gesichtspunkte der Urteile

Im wesentlichen können aus den Entscheidungen drei Gesichtspunkte abgeleitet werden:

---

einstimmung mit anderen Rechtsvorschriften begründet oder festgestellt worden sind.“ Auch diese Vorschrift ist heute noch in Kraft.

[335] Zitiert in Beschluß des BayOblG, Reg. 2 Z 39/78, S.13

[336] = DtZ 1994, S.37 f.

[337] BGBl 1990 II, S.1386 ff.

a. Versteckte Verweisungsnorm

Zunächst entnimmt die Rechtsprechung Art. 3 des 6.Teils des Überleitungsvertrages eine versteckte Verweisung auf die Feindvermögensgesetzgebung des konfiszierenden Staates. Demnach sei diesen vorbehalten zu entscheiden, was deutsches Vermögen ist. BGHZ 8,378 ist die Leitentscheidung für die Feststellung, daß Art. 3 des 6.Teils des Überleitungsvertrages eine versteckte Verweisungsnorm zu entnehmen ist, nämlich „daß die Frage, was deutsches Eigentum ist, nach der Feindvermögensgesetzgebung der einzelnen liquidierenden Staaten zu beurteilen ist". Diese Rechtsprechung wurde später stets bestätigt. Folglich sollte es also nur auf die Intention des enteignenden Staates ankommen, ob etwas als deutsches Vermögen konfisziert werden sollte.

b. Analoge Anwendung auf andere Personenkreise

Ebenso entschied die Rechtsprechung, daß eine analoge Anwendung des Art. 3 I des 6.Teils des Überleitungsvertrages auch auf Personenkreise möglich sei, die nicht in Art. 3 III erwähnt seien. Trotz Nichtvorliegen der Voraussetzungen des Art. 3 III wird eine Klage dann nicht zugelassen, wenn die Zulassung einer Klage die Wirkung einer Einwendung hätte. Dies bedeutet, daß der Klagestopp zur Anwendung kommt, sobald kriegsfolgenbedingte Maßnahmen zu überprüfen sind.

c. Analoge Anwendung auf Einwendungen anderer Staaten

In dem Urteil BGHZ 32, 170 entschied der BGH, daß nicht nur die Bundesrepublik keine Einwendungen mehr gegen Maßnahmen ergreifen darf, sondern daß generell die Maßnahmen nicht mehr auf ihre Rechtmäßigkeit überprüft werden dürften. Auf die Staatsangehörigkeit des Betroffenen kommt es dabei nicht mehr an. Folglich genügt es, wenn der ausländisches Staat Vermögen als deutsches Vermögen beschlagnahmt hat, ob es tatsächlich deutsches Vermögen war, kann nicht überprüft werden. Somit kommt es nur darauf an, ob die Intention des enteignenden Staates die Wegnahme deutschen Vermögens war, ob diese Intention wirklich dahinterstand kann vor deutschen Gerichten nicht überprüft werden. Daraus folgt, daß die Klägerin nur Rechtsbehelfe wahrnehmen könne, die ihr der konfiszierende Staat einräumt. Folglich war dies eine Fortentwicklung der Entscheidung BGHZ 8,378.

3. Wertende Betrachtung

Zusammenfassend ist festzuhalten, daß die Normen des Überleitungsvertrages sehr extensiv ausgelegt wurden. Gerade diese extensive Auslegung führt heute

dazu, daß die Beibehaltung mancher Normen des Überleitungsvertrages Probleme aufwirft.[338]
Nach Ansicht der Rechtsprechung genügt es für die Anwendung des Art. 3 des 6.Teils des Überleitungsvertrages, wenn irgendein Staat irgendwelche beliebige, irgendwo, sei es auch in Deutschland, belegene Vermögensstücke mit der Intention der Reparation, Restitution oder wegen des Kriegszustandes konfisziert hat.

Die versteckte Kollisionsnorm ergibt sich nach Ansicht der Rechtsprechung[339] dabei aus dem „akzessorischen" Charakter des 6.Teils des Überleitungsvertrages. Diese Normen würden selber keine Enteignungen vornehmen, sondern würden sich vielmehr darauf beschränken, im Ausland vorgenommene und vollzogene Enteignungen für das Gebiet der Bundesrepublik zu sanktionieren, ohne eine weitere Sachprüfung vorzunehmen. Jedoch sollten immer die Vertragsstaaten bestimmen, was in den Anwendungsbereich einer Norm fällt und nicht die Auslegung eines Vertrages Dritten überlassen.
Fraglich ist nämlich, ob es überhaupt damals die Intention der westlichen Alliierten gewesen sein kann, daß die Normen von der Rechtsprechung so extensiv ausgelegt werden. Es kann unterstellt werden, daß die Vertragsparteien die Auslegung zentraler Begriffe des Überleitungsvertrages nicht einer außenstehenden dritten Partei überlassen wollten.[340]
Zwar müßte den Vertragspartnern bewußt gewesen sein, daß der Begriff „deutsches Vermögen" auszulegen ist.[341] Es ist aber zweifelhaft, ob die Vertragsparteien wollten, daß einem ausländischen konfiszierenden Staat, der im Überleitungsvertrag eine außenstehende Partei ist, diese Auslegung überlassen werden sollte. Darüber hinaus war es den Vertragsparteien auch deutlich, daß die Konfiskationen nicht alle mit den Bestimmungen der Alliierten übereinstimmten. So haben die enteignenden Staaten oftmals die liquidierten Werte für sich selbst in Anspruch genommen, obwohl sie der Kommission des Kontrollrats zur Verfügung gestellt werden sollten.[342] Auch hier ist verwunderlich, warum die Alliierten solche Willkürmaßnahmen dulden sollten.
Für die Alliierten muß erkennbar gewesen sein, daß ohne einen wirksamen Überprüfungsmechanismus andere Staaten ihre Chance zu einem Mißbrauch sehen würden. Gerade deshalb wurden bereits in Potsdam Schuldenmassen gebildet, die eine ordnungsgemäße Verteilung des konfiszierten deutschen Vermögens sicher-

[338] Vgl. Teil C
[339] LG Köln, IPRax 1996, S.419 ff.
[340] Ebenso Seidl-Hohenveldern, NJW 1953, S.1390; Fassbender, Liechtenstein, S.218
[341] Vgl. Raschhofer, Deutsche Reparationsregelung, S.504: Beim sudetendeutschen Vermögen wurde u.a. aufgrund eines Dekretes mit dem Namen „Dekret über die Konfiskation des feindlichen Vermögens" konfisziert. Schon allein diese Benennung würde deutlich machen, daß die Konfiskation als „Maßnahme gegen Feindvermögen" im Sinne des Art. 3 verstanden werden will und deshalb die Verweisungsnorm richtig sei.
[342] Ehlers, Rechtslage, S.466

stellen sollten. Verteilt wurden die Vermögenswerte nach dem Pariser Reparationsabkommen vom 14. Januar 1946.[343] Als deutsche Vermögenswerte wurden demnach die Vermögenswerte gesehen, die am 24. Januar 1946 unmittelbar oder mittelbar

> „a) einer Einzelperson, welche die deutsche Staatsangehörigkeit zu irgendeiner Zeit zwischen dem Tag, in welchem das Land eines Teilnehmerstaates von Deutschland besetzt oder annektiert wurde oder der betreffende Teilnehmerstaat in den Kriegszustand mit Deutschland geriet, und dem 24. Januar 1946
> b) einer Personenvereinigung, in der ein deutsches Interesse während der unter a) bestimmten Frist bestand."[344]

Da es hier eine klare Definition gibt, was unter den Feindvermögensbegriff fällt, ist es unverständlich, warum die Rechtsprechung es dann unterläßt, eine Prüfung vorzunehmen und einfach auf das Recht des Enteignenden verweist, wohlwissend, daß dies nicht der Intention der Schaffung der Normen des Überleitungsvertrages entspricht.
Zudem wurden die einzelnen Vertragspartner auch verpflichtet, das Auslandseigentum zu liquidieren.[345] Am Fall Liechtenstein z.B. kann gezeigt werden, daß das Auslandseigentum nicht immer liquidiert wurde. Die Liquidation wurde auch in keinem anderen Fall überprüft und kann nun nicht vor einem deutschen Gericht geltend gemacht werden. Es wäre aber widersprüchlich gewesen, zunächst das Reparationsabkommen und Verwaltungsstellen hierfür zu schaffen, an der Einhaltung der Regelungen dagegen kein Interesse zu haben. Deshalb hätte immer zumindest überprüft werden müssen, ob mit dem konfiszierten Eigentum nach den Vorschriften des Reparationsabkommens verfahren wurde.
Die Verweisung auf die Intention des enteignenden Staates und der Ausschluß der Einwendungen durch ausländische Staaten entspricht somit nicht dem Willen und Zweck des Art. 3 I. Daher ist die extensive Auslegung durch die deutsche Rechtsprechung im Laufe der Jahre abzulehnen, denn es konnte nicht das Interesse der Siegermächte sein, Drittstaaten die Möglichkeit zur Willkür zu eröffnen.

Zudem ist zu bemerken, daß die Rechtsprechung auch insgesamt nicht schlüssig ist. Nach dem Urteil BGHZ 3,179 „entscheidet sich die Frage der Zugehörigkeit zu einem Staat grundsätzlich nur nach dem Recht dieses Staates". Demnach sollte die „versteckte Verweisung" auf das Recht des konfiszierenden Staates durch das internationale Staatsangehörigkeitsrecht eingeschränkt werden. Nach der Ent-

---

[343] Unter das Pariser Reparationsabkommen fielen die Vermögen der Westalliierten. Hierzu zählten 19 Staaten, darunter aber auch Staaten des späteren Ostblocks, z.B. die Tschechoslowakei.
[344] Raschhofer, Deutsche Reparationsregelung, S.499
[345] Ehlers, Rechtslage, S.466

scheidung BGHZ 8, 378 soll aber allein die Intention eines konfiszierenden Staates ausreichen, um zu bestimmen, ob „deutsches" Vermögen betroffen ist. Somit bleibt es auch dem konfiszierenden Staat überlassen darüber zu befinden, welche Staatszugehörigkeit der Eigentümer hat, dessen Vermögen enteignet wird. Es ist insofern unerheblich, ob der enteignende Staat das internationale Staatsangehörigkeitsrecht beachtet, da zu einem späteren Zeitpunkt dieses nach der Rechtsprechung des BGH nicht mehr überprüft werden kann.
Vor dem IGH dürfte die so praktizierte Anwendung keinen Erfolg haben. Im Fall Nottebohm[346] konnte sich das beklagte Land Guatemala nämlich nicht auf die Behauptung beschränken, es sähe Nottebohm als einen deutschen Staatsangehörigen an, vielmehr mußte Guatemala vor dem IGH stichhaltige Gründe dafür vorlegen, daß Nottebohm die deutsche Staatsangehörigkeit besaß. Folglich ist zu vermuten, daß vor dem IGH zur Geltendmachung des Art. 3 bewiesen werden müßte, daß es sich im konkreten Fall überhaupt um „deutsches" Vermögen handelt.

Zudem ist die analoge Anwendung des Klagestopps auf Personenkreise, die nicht direkt unter Art. 3 III fallen, sehr bedenklich. Die Gerichtsbarkeit gehört zu den wesentlichen Merkmalen der Souveränität.[347] Wird diese Souveränität eingeschränkt, so sollten völkerrechtliche Verträge auf Grund dessen restriktiv ausgelegt werden.

Es ist in die Betrachtung aber auch einzubeziehen, warum die Rechtsprechung Art. 3 des 6.Teils des Überleitungsvertrages so extensiv ausgelegt. Hauptmotivation des Gesetzgebers war es, einen Schlußstrich unter die Kriegs- und Kriegsfolgemaßnahmen zu ziehen[348], und dieser Motivation wollte das Gericht gerecht werden. Vermutlich glaubten die Gerichte auch, Deutschland habe als Verantwortlicher für den Zweiten Weltkrieg keine Position, die zur Beurteilung anderer Kriegsmaßnahmen berechtigen würde. Aber auch der Respekt vor den westlichen Alliierten könnte bei manchen Entscheidungen eine Rolle gespielt haben. Im Fall BGHZ 32, 179 könnte angenommen werden, daß der BGH darauf vertraute, daß die Gerichte in den USA eine rechtsstaatliche Entscheidung treffen würden. Schließlich kann Art. 3 des 6.Teils des Überleitungsvertrages keinen Klagestopp im enteignenden, ausländischen Staat bewirken und die Klägerin konnte immer noch in den USA die Konfiskation anfechten. Hätte der BGH hier ein unrechtes

---

[346] Liechtenstein vs. Guatemala, Urteil vom 6. April 1955, ICJ Reports 1955, S.42 ff.: Nottebohm der 1881 in Hamburg geboren wurde, verlegte 1905 seinen Wohnsitz nach Guatemala. 1939 stellte er einen Einbürgerungsantrag in Liechtenstein und bekam 1940 einen liechtensteinschen Paß. Danach kehrte er nach Guatemala zurück. 1941 trat Guatemala in den Kriegszustand mit Deutschland. Per Dekret von 1949 wurde das Vermögen Nottebohms konfisziert, da nach dem Dekret alle, die vor dem 7. 10. 1938 die deutsche Staatsangehörigkeit besaßen, Deutsche im Sinne des Dekrets waren.

[347] Vgl. Teil C, Punkt X

[348] Urteil vom 13.12.1956 = MDR 1957, S.277

Verhalten der USA festgestellt, so hätte sich dies negativ auf die Beziehung der Bundesrepublik zu seiner Besatzungsmacht USA auswirken können.[349] Nichtsdestotrotz hätte die Rechtsprechung diese Klage zulassen müssen, denn das Recht sollte nicht dem Unrecht aufgrund eines falsch verstandenen Respekts weichen.
Darüber hinaus ist zu bedenken, daß den Betroffenen trotz Nichtüberprüfung der ausländischen Enteignungen und Beschlagnahmen im Sinne des Art. 3 I durch deutsche Gerichte die Hoffnung blieb, daß mit der Wiedervereinigung Deutschlands eine erneute Überprüfung dieser Maßnahmen erfolgen könnte. Ein Schlußstrich sollte und konnte durch diese Rechtsprechung jedenfalls nicht gezogen werden. Nur unter diesem Aspekt konnte diese Rechtsprechung bis 1990 akzeptiert werden.

[349] Ebenso Seidl-Hohenveldern, Konfiskation, S.410

C. Nachbefolgung nach dem 3. Oktober 1990 durch das wiedervereinigte Deutschland

Am 3. Oktober 1990 war das in Art. 7 des Deutschlandvertrages vorgegebene Ziel der Wiedervereinigung der beiden Teile Deutschlands erreicht. Der Zweck der Viermächterechte, nämlich die Aufnahme eines handlungsfähigen deutschen Völkerrechtssubjekts in die Völkerrechtsgemeinschaft war letztendlich erfüllt. Daher waren die noch bestehenden Siegerrechte obsolet geworden. Folglich mußten zum einen die Viermächterechte beendet werden, zum anderen aber auch eine Lösung für die noch bestehenden Dreimächterechte gefunden werden. Dabei galt es, sowohl die Interessen des wiedervereinigten Deutschlands als auch die der Alliierten zu berücksichtigen.

I. Der „2+4"-Vertrag

1. Zustandekommen des „2+4"-Vertrages und Rolle der Viermächte

Mit dem Vertrag über die abschließende Regelung in bezug auf Deutschland vom 12. September 1990[350] wurden die äußeren Aspekte der Wiedervereinigung geregelt, während der Einigungsvertrag[351] nur die inneren Aspekte betraf.
Zu den äußeren Aspekten der Wiedervereinigung gehörten alle Fragen Deutschland als Ganzes betreffend, die Lösung der Grenzfragen, der Verbleib in der NATO, und schließlich auch die Beendigung der Rechte und Verantwortlichkeiten der Vier Mächte.
Aufgrund der schnellen Erarbeitung des „2+4"-Vertrages sind einige Passagen vage und somit auslegungsbedürftig. Diese Auslegung erfordert aber ein umfassendes Verständnis für die Regelungsmaterie. Um die Normen des „2+4"-Vertrages und eventueller Zusatzverträge besser zu verstehen, soll daher zunächst der politische Hintergrund dargelegt werden.

Nachdem die Mauer gefallen war, mußte die grundlegende Entscheidung getroffen werden, ob eine Wiedervereinigung der beiden Teile Deutschlands gewollt ist und in welchem Zeitraum sie vollzogen werden sollte. Während Bundeskanzler Kohl 1989 einen Zeitraum von 5 Jahren für die Wiedervereinigung vorsah,[352] hielt

[350] = „2+4"-Vertrag; Text: BGBl 1991 II, S.587

[351] Vertrag zwischen der Bundesrepublik Deutschland und der Deutschen Demokratischen Republik über die Herstellung der Einheit Deutschlands vom 31. August 1990; Text: BGBl 1990 II, S.889

[352] Kleinfeld, Verwirklichung, S.374: Auch Außenminister Baker äußerte sich am 9. November vorsichtig über den Zeitpunkt einer Wiedervereinigung.

Ministerpräsident Hans Modrow eine Wiedervereinigung für nicht aktuell.[353] Bald wurde den ernstlich an einer Wiedervereinigung Interessierten aber klar, daß die Wiedervereinigung so schnell wie möglich vollzogen werden müsse.[354] Zum einen stand die DDR kurz vor dem Ruin, und man wollte überhaupt noch etwas zum vereinigen zu haben.[355] Zum anderen war unklar, wie lange der Generalsekretär der KPdSU, Michael Gorbatschow, noch die Macht behielt, denn nur er war Garant dafür, daß die Sowjetunion auch in Zukunft keine grundsätzlichen Einwände gegen die Wiedervereinigung erheben würde.[356]

Eine Wiedervereinigung konnte aber nicht nur vom Willen Deutschlands abhängig sein. Von Anfang an betonten die Vier Mächte, daß eine Wiedervereinigung nur unter ihrer Mitwirkung zustande kommen könne.[357] Bei seiner Rede vor der NATO am 4. Dezember 1989 stellte z.B. Präsident Bush die Forderung auf, daß die Wiedervereinigung nur mit gebührender Rücksicht auf die rechtliche Rolle und Verantwortung der Vier Mächte möglich sei.[358] Da die Form der Beteiligung der Vier Mächte aber unklar war, mußten sich die beiden Teile Deutschlands und die Vier Mächte zunächst auf einen Prozeß einigen, wie die deutsche Einigung vorbereitet werden könnte.

Bundeskanzler Kohl stellte bald einen 10-Punkte-Plan für eine schnelle Wiedervereinigung auf, der bei den Alliierten für Verärgerung sorgte. Insbesondere die Sowjetunion fürchtete, den Einfluß auf die kommenden Entwicklungen zu verlieren. Vielleicht war auch dies der Grund, warum die sowjetische Regierung das Angebot der westlichen Alliierten aus dem Jahre 1987 wahrnahm und zu einem ersten Viermächtetreffen nach 18 Jahren im Dezember 1989 ohne deutsche Beteiligung einlud.[359] Ein nennenswertes Ergebnis wurde aber nicht erarbeitet.[360]

---

353 Küsters/Hofmann, Dokumente, S.75

354 Walters, Vereinigung, S.90: Dabei wurde aber eine zweigleisige Außenpolitik gefahren. Bundeskanzler Kohl trat konsequent für eine Vereinigung zum frühstmöglichen Zeitpunkt ein, das Auswärtige Amt hingegen versuchte die Politik an europäischen Interesses auszurichten, um die Nachbarn bei Laune zu halten.

355 Ebenso Pond, Zwei plus Vier, S.625

356 Wolffsohn, Außenpolitische Weg, S.146

357 Präsident Bush zeigte sich deshalb auch über Kohls eigenmächtigen 10-Punkte-Plan verärgert.

358 Text: A New Europe, A New Atlanticism: Architecture for a New Era. In: Current Policy, Department of State, Nr.1233, Washington, 1989, S.5 f.; vgl. Kleinfeld, Verwirklichung, S.377: Präsident Bush stellte zudem heraus, daß ein wiedervereinigtes Deutschland Mitglied in der NATO sein sollte.

359 Bortfeldt, Washington, S.103

360 Elbe: „two-plus-four", S.374: die Bundesregierung hatte den Amerikanern aber auch mit auf den Weg gegeben, keine konkreten Ergebnisse zu schaffen und es wurden auch keine weiteren Treffen vorgesehen.

Da jeder der alliierten Staaten andere Interessen hatte, und die Wiedervereinigung auch nicht von allen Alliierten gefördert wurde,[361] bekam die Bundesregierung maßgebliche Hilfe von der Amerikanischen Regierung.[362] Diese hatte schon zu einem frühen Zeitpunkt ihre Unterstützung für eine Wiedervereinigung angekündigt.[363] Ohne weiteres läßt sich sagen, daß die USA nahezu die einzigen waren, die sich klar für eine Wiedervereinigung Deutschlands in allernächster Zukunft aussprachen.[364] Zusammen erarbeiteten sie zunächst drei Vorschläge, um die Probleme zu lösen:
Zunächst wurde überlegt, eine große Konferenz im Rahmen der KSZE[365] abzuhalten. Dies wurde vorgeschlagen, da der Prozeß der europäischen Einigung vorangeschritten war, und es eine „europäische Lösung" geben sollte. Diese Idee wurde aber abgelehnt, denn es wäre unverhältnismäßig schwierig gewesen, die kommenden komplexen Probleme mit 35 Teilnehmerländern zu regeln[366].
Die zweite der vorgeschlagenen Lösungen resultierte noch aus den Verhandlungen nach dem Zweiten Weltkrieg. In Potsdam hatten sich die Alliierten geeinigt, daß alle Vorkehrungen nur bis zu einem abschließenden Friedensvertrag gelten sollten. Deshalb wurde vorgeschlagen, daß die Vier Mächte eine Friedenskonferenz ohne deutsche Beteiligung abhalten. Die Franzosen und Briten konnten sich gut mit dieser Lösung anfreunden, denn sie beharrten immer noch auf ihren Viermächterechten und wollten den Deutschen dadurch Verpflichtungen gegenüber den europäischen Nachbarn aufbürden.[367] Insbesondere Moskau drängte auf eine Viererkonferenz, weil es die demokratische Verwurzelung Deutschlands anzweifelte, nachdem die Anzahl der Anhänger des Rechtsextremismus in Deutschland zu steigen schien.[368]
Außenminister Genscher machte jedoch im Auftrag der Bundesregierung bei seinen Gesprächen in Washington klar, daß die deutsche Regierung nicht zu einer Friedenskonferenz bereit sei. Die Regierung lasse es nicht zu, daß das wiedervereinigte Deutschland als Nachfolger des Deutschen Reiches auf die Anklagebank

---

361 So besuchte Francois Mitterand noch im Dezember demonstrativ die DDR und Margaret Thatcher sprach von einer möglichen Wiedervereinigung in 15 Jahren; vgl. Wolffsohn, Außenpolitische Weg, S.147

362 Auch das amerikanische Volk hatte sich in Umfragen für eine Wiedervereinigung ausgesprochen. 76% der Bevölkerung waren für die Wiedervereinigung und fürchteten sich nicht vor einem erstarkten Deutschland. Somit hatte die zunächst zurückhaltende amerikanische Regierung auch den nötigen Rückhalt; vgl. Hatzel, Amerikanische Einstellung, S.127 ff.

363 Kleinfeld, Verwirklichung, S.372: Außenminister Baker gab hierzu ein eindeutiges Statement vor Journalisten am 8. Oktober 1989.

364 Walters, Vereinigung, S.94; Kohl, Deutschlands Einheit, S.197: In Europa gab es mit den Repräsentanten Luxemburgs, Belgiens, Italiens und Irlands keine Probleme. Auch Mitterand setzte sich nach Gesprächen mit Bundeskanzler Kohl für die Wiedervereinigung ein.

365 Konferenz für Sicherheit und Zusammenarbeit in Europa

366 Baker, Politics, S.196

367 Pond, Zwei plus Vier, S.621

368 Baker, Politics, S.197

gesetzt werde.[369] Zudem hätten sich bei einem Friedensvertrag vielleicht auch solche Länder beteiligen wollen, die in den letzten Kriegsmonaten dem Dritten Reich noch den Krieg erklärten, um somit auch noch „Siegerrechte" zu bekommen. Diese Länder hätten den Einigungsprozeß gefährden können.[370] Eine Beteiligung dieser Länder wäre für die Bundesrepublik auch nicht zumutbar gewesen, nachdem Deutschland 40 Jahre in Frieden mit seinen Nachbarn gelebt und hart an der Integration mit der europäischen und transatlantischen Gemeinde gearbeitet hatte. Diese Integrationsleistung wurde bereits als eine Friedensmission gewertet.[371] Somit machte die Bundesregierung deutlich, daß sie zwar einen „Friedensvergleich" schließen würde, sich aber gegen einen klassischen Friedensvertrag wehre.[372]

Schließlich lehnte auch Präsident Bush eine Friedenskonferenz ab und suchte nach einer anderen Lösung.[373] Die USA vertrauten den beiden deutschen Staaten, und da sich das Volk in der DDR die Freiheit erkämpft hatte, wollte man nicht gleichsam von oben herab Diplomaten schicken, die nun alles lösen sollten. Zudem glaubte man, nur eine Beteiligung der beiden deutschen Staaten würde dauerhaft Stabilität in Europa bringen.

Deshalb sah die dritte Lösung vor, daß sich die beiden deutschen Staaten ohne Einfluß von außen zusammenschließen konnten. Die Lösung, daß die beiden deutschen Staaten sich in Ruhe zusammenschließen und die Vier Mächte erst zu einem späteren Zeitpunkt ihre Rechte aufheben, wurde auch von Bundeskanzler Kohl favorisiert.

Der National Security Council[374] hatte dagegen keine Bedenken.[375] Außenminister Baker war jedoch gegenüber einer solchen Lösung skeptisch, da er fürchtete,

---

[369] Pond, Zwei plus Vier, S.628

[370] Befürchtungen von Helmut Kohl; vgl. Kohl, Deutschlands Einheit, S.265; Michael Young, Legal issues relating to future status of Germany, Hearing before the Committee of Foreign Relations, United States Senate, 101st Congress, 2nd Session, 12.Juli 1990, S.Hrg.101-899, S.5; Küsters/Hofmann, Dokumente, S.111

[371] Dem Vernehmen nach Robert Zoellick.

[372] Gallis, Unification, S.30; ebenso Michael Young: Legal issues relating to future status of Germany, Hearing before the Committee of Foreign Relations, United States Senate, 101st Congress, 2nd Session, 12.Juli 1990, S.Hrg.101-899, S.4

[373] Baker, Politics, S.197; zudem New York Times, October 25, 1990, S.24: Präsident Bush hob hervor, daß die USA sich nicht dauernd in den Prozeß einmischen wollten und daß Deutschland sich mit Großbritannien und Frankreich auseinandersetzen sollte, um dann alleine eine Lösung zu finden.

[374] Beratendes Gremium des Präsidenten in Sicherheitsfragen.

[375] Auch sonst war die Auffassung der Amerikaner, daß die Deutschen nur die Vier Mächte konsultieren sollten und diese sich aufgrund ihrer Rechte bezüglich Deutschland als Ganzes an dem Prozeß beteiligen müßten; vgl. hierzu Aussage von James Dobbins, Prepared Statement before the Helsinki Commission, Hearing of the Commission on Security and Cooperation in Europe, July, 12th 1990, 101st Congress, 2nd Session, S.5

Bundeskanzler Kohl und Außenminister Genscher würden dem Druck der Straße nachgeben und zu schnell und zu unbedacht eine Einigung herbeiführen. Deshalb wollte er die Vier Mächte als Garanten für eine ausgewogene Lösung mit an den Tisch bringen. Schließlich mußte auch Gorbatschow eingebunden werden, denn er hatte zu Hause nur dann politischen Rückhalt, wenn er den „Hardlinern“ immer noch eine Beteiligung Moskaus an der Wiedervereinigung verkaufen konnte.[376]
Deshalb entstand die Idee von „Zwei plus Vier“: Die beiden deutschen Staaten sollten ihre internen Angelegenheiten klären, die Vier Mächte sollten aber in den äußeren Angelegenheiten immer noch mitreden können. Dadurch konnte gewährleistet werden, daß keine überstürzten Regelungen getroffen würden.[377]
Diese Idee des „Zwei plus Vier“ mußte aber noch mit den Beteiligten abgesprochen werden. Um die Verhandlungsbereitschaft der Sowjetunion zu bestärken, reisten Bundeskanzler Kohl und Außenminister Genscher am 10. Februar 1990 zu Michael Gorbatschow, der zusicherte, die Sowjetunion werde den Wiedervereinigungswunsch respektieren.[378] Gelegenheit mit den Vier Mächten gemeinsam zu sprechen, bot das erste Treffen der NATO-Mitgliedstaaten und des Warschauer Paktes nach dem Fall des eisernen Vorhangs am 12. Februar 1990 in Ottawa.[379]
Schließlich konnte noch bei diesem Treffen der Beginn
der „2+4“-Verhandlungen angekündigt werden.[380] Dabei einigten sich die sechs teilnehmenden Staaten auf folgende vier Themenkomplexe: Grenzen, politisch-militärische Fragen, Berlin, Viermächterecht/-verantwortung.[381]
Am 14. März 1990 begannen schließlich die Gespräche der beteiligten Staaten auf Diplomatenebene.[382] Hauptproblem neben der Grenzregelung war bei den Ver-

---

[376] Bush hatte auch Gorbatschow bei deren ersten Treffen auf Malta im Dezember 1989 versichert, daß er eine Isolation der Sowjets bei der Wiedervereinigung vermeiden wolle; Pond, Zwei plus Vier, S.624; Vgl. Fn.403

[377] Baker, Politics, S.198

[378] Stern, Zwei-Plus-Vier, S.523

[379] Sogenanntes „Open-Skies“-Treffen. Diese Gespräche am Rande des Treffens verliefen nicht problemlos. So wollten die Franzosen eine Vier plus Zwei Formel, um ihre Stärke zu demonstrieren. Da jedoch die beiden Teile Deutschlands Einladende und Tonangeber bei den Verhandlungen sein sollten, einigte man sich schließlich auf die Formel Zwei plus Vier; vgl. hierzu Baker, Politics, S.209

[380] Die Pressemitteilung aus Ottawa lautete: „The Foreign Minstiers of the Federal Republik of Germany, the German Democratic Republik, France, the United Kingdom, The Soviet Union, and the United States had talks in Ottawa. They agreed that the Foreign Ministers of the Federal Republic of Germany and the German Democratic Republic would meet with the Foreign Ministers of France, the United Kingdom, the Soviet Union, and the United States to discuss external asspects of the establishment of German unity, including the issues of security of the neighboring states. Prelimary discussions at the official level will begin shortly“; Text: Baker, Politics, S.215

[381] Rauschning, Beendigung, S.1277

handlungen um die Wiedervereinigung die Frage der Bündniszugehörigkeit. Während die westlichen Alliierten und die Bundesregierung auf einen Verbleib in der NATO drängten, versuchten die Sowjets, dem gesamtdeutschen Staat Neutralität aufzuerlegen.[383]

Erst am 5. Mai 1990 fand die erste Verhandlungsrunde der Außenminister[384] in Bonn statt.[385] Auch diese Verhandlungen waren für die beteiligten Staaten nicht einfach. Zunächst mußte ein militärischer Konsens getroffen werden. Gemäß des von Anfang an bestehenden und von der USA unterstützten „Genscher-Plans" sollte das wiedervereinigte Deutschland der NATO angehören. Nach dem „Modrow-Plan" sollte Deutschland sowohl den Warschauer Pakt als auch die NATO verlassen.[386] Der sowjetische Außenminister Schewardnadse schlug sogar vor, daß die Viermächterechte erhalten bleiben sollten.[387] Zudem breitete die sowjetische Delegation den Vorschlag aus, daß Deutschland bis zu einem Zeitraum von fünf Jahren nach der Wiedervereinigung in beiden Militärbündnissen bleiben solle, und die Vier Mächte weiterhin ihre Truppen in Deutschland beibehalten würden.[388] Die USA hingegen wollten ihre Rechte aufgeben und Deutschland die volle Souveränität gewähren. Deshalb rückten Bundeskanzler Kohl und Präsident Bush auf ihrer letzten Pressekonferenz bei der NATO die Souveränität Deutschlands und die dazugehörige Suspendierung der Viermächterechte in den Vordergrund.[389]

Geklärt wurde die Frage der Mitgliedschaft in der NATO und das Erlangen der vollen Souveränität schließlich bei dem historischen Gespräch zwischen Gorbatschow und Bundeskanzler Kohl im Kaukasus. Im Rahmen dieses Besuches willigte Gorbatschow dann auch ein, daß die Viermächterechte mit der Wiedervereinigung enden sollten.[390]

---

[382] Die leitenden Vertreter der beteiligten Staaten auf diplomatischer Ebene waren: Bob Zoellick (USA), John Weston (Großbritannien), Alexander Bondarenko (UdSSR), Dieter Kastrup (Bundesrepublik), Bertrand Dufourcq (Frankreich) und Helmut Domke (DDR)

[383] Vgl. Kohl, Deutschlands Einheit, S.370 ff.; so versuchte Schewardnadse wiederum die Verhandlungen zu verhindern, indem er vorschlug die inneren und die äußeren Aspekte der deutschen Einheit zu trennen. Jedoch hatte die erste Runde der „2+4"-Gespräche schon gezeigt, daß bei der Lösung der inneren Aspekte der deutschen Einheit keine Schwierigkeiten von den Vier Mächten zu erwarten sind; vgl. Teltschik, 329 Tage, S.224

[384] Dies waren die deutschen Außenminister Hans-Dietrich Genscher, Lothar de Maizière (er war sowohl Ministerpräsident als auch Außenminister der DDR), Roland Dumas (Frankreich), Douglas Hurd (Großbritannien), James Baker (USA), Eduard Schewardnadse (UdSSR)

[385] Müller, „2+4"-Vertrag, S.29 mit weiteren Quellenhinweisen

[386] Germroth, Beyond the Cold War, S.169

[387] Brand, Souveränität, S.206 f.

[388] Vgl. Müller, „2+4"-Vertrag, S.31; Germroth: Beyond the Cold War: sogenannter „Shevardnaze proposal", S.169

[389] Kleinfeld,Verwirklichung, S.385; Text: USIS USBER, June 6, 1990 pp.1-4

[390] Zelikow/Rice, Germany Unified, S.337

Schwierig war im Rahmen des „2+4"-Prozesses auch die Frage der Reparationen. Die Problematik der Einwendungen gegen Maßnahmen zum Zwecke der Reparationen wurde überhaupt nicht angesprochen.[391] Aber auch die Reparationsansprüche gegen die Bundesrepublik waren de facto erledigt, weil die Bundesrepublik niemals eine vertragliche Verpflichtung zur allgemeinen Reparationsleistung eingegangen war und ohne Abschluß eines formellen Friedensvertrages die Reparationsproblematik auch nicht wieder aufgerollt werden mußte.[392]

Nach Abschluß des Einigungsvertrages[393] wurden am 12. September 1990 die „2+4"-Verhandlungen auf Drängen der Bundesregierung[394] zu einem Ende gebracht und in Moskau der „2+4"-Vertrag unterschrieben. Mit Gesetz vom 11. Oktober 1990 stimmten die gesetzgebenden Körperschaften des wiedervereinigten Deutschlands diesem Vertrag zu.[395] Dieser Vertrag trat dann am 15. März 1991 mit Hinterlegung der letzten Ratifikationsurkunde durch die sowjetische Botschaft in Kraft.[396] Jedoch wurden die Viermächterechte schon vorher durch eine Erklärung vom 1. Oktober 1990[397] in New York vom Tag der deutschen Einheit an suspendiert.
Der Abschluß der „2+4" Gespräche markierte das Ende der alliierten Vorbehaltsrechte in Deutschland.[398] Geklärt wurde dadurch direkt aber nur das Schicksal des Viermächterechts. Der Überleitungsvertrag wurde dem Vernehmen nach hingegen auf dieser Ebene nicht angesprochen. Auch im Bundeskanzleramt wurde dem Vernehmen nach das Dreimächterecht zwar erörtert, aber nicht im Zusammenhang mit dem Überleitungsvertrag. Ob das Dreimächterecht überhaupt noch erörtert werden mußte und welche Regelung gegebenenfalls gefunden wurde, wird im folgenden noch dargestellt werden.

---

391 Vgl. Dokumente bei Küsters/Hofmann, Dokumente, S.237 ff.
392 Vgl. Vorlage Teltschik an BK Kohl, in Küsters/Hofmann, Dokumente, S.956
393 Text: BGBl 1990 II, S.889 f.
394 Die beginnende Golfkrise hatte die Aufmerksamkeit auf andere Problemzonen gelenkt und seit August konnte kaum noch über die deutsche Frage mit den Amerikanern diskutiert werden; vgl. Zelikow/Rice, Germany Unified, S.346
395 BGBl 1990 II, S.1317
396 Vgl. BGBl 1991 II, S.587; alle beteiligten Staaten bis auf die Sowjetunion ratifizierten den Vertrag schnell. (Deutschland am 11.10.1990, die USA am 12.10.1990, Großbritannien am 16.11.1990 und Frankreich am 13.12.1990)
397 BGBl 1990 II, S.1331; vgl. Kolb, Ende, S.247: Zwischen dem 3. Oktober 1990 und dem 15. März 1991 bestand somit ein Schwebezustand, in dem die Viermächteverantwortung rechtlich noch nicht beendet war und Deutschland auch noch nicht die volle Souveränität hatte. Allerdings wäre auch bei einer Nichtratifizierung des „2+4"-Vertrages ein Wiederaufleben der Viermächterechte nicht denkbar gewesen. Seiner Ansicht nach hätte die Viermächteverantwortung bei den gegebenen politischen Verhältnissen auch ohne Ratifizierung geendet.
398 Kleinfeld, Verwirklichung, S.388

2. Intentionen des „2+4“-Vertrages

Intention des „2+4“-Vertrages war es, die Fortdauer irgendwelcher, das wiedervereinigte Deutschland benachteiligender Beschränkungen zu vermeiden. Deshalb sollte das Viermächterecht beendet und dadurch die Viermächteverantwortung erfüllt werden.[399] Mit den „2+4“-Verhandlungen sollten die äußeren Aspekte der Deutschen Einheit gelöst werden. Dadurch sollte ein endgültiger Schlußstrich unter die lange Zeit der Beschränkungen deutscher Souveränität gezogen werden und gleichzeitig das Fundament für die bedeutende Rolle Deutschlands in Europa gebaut werden.[400] Insbesondere sollte die Grenzfrage[401] und der endgültige Verbleib eines gesamtdeutschen Staates in einem Militärbündnis geregelt werden.
Bei den Verhandlungen ergaben sich aber Schwierigkeiten, die verschiedenen Interessen der beteiligten Staaten genügend zu berücksichtigen. Zum einen durfte keine Lösung gefunden werden, die Deutschland von oben gegeben wurde, denn die Alliierten fürchteten, daß dies langfristig zu einem Ressentiment der Deutschen gegen die gefundenen Regelungen führen würde. Zum anderen durfte auch die Sowjetunion nicht übergangen werden, und es mußte ihr ermöglicht werden, zumindest einige ihrer Interessen durchzusetzen.[402]

3. „2+4“-Vertrag als Friedensvertrag

In verschiedenen völkerrechtlichen Verträgen der Siegermächte wurde auf einen künftigen Friedensvertrag hingewiesen. So sollte z.B. nach den Potsdamer Beschlüssen die Festlegung einer Grenze einem Friedensvertrag vorbehalten sein. Auch im Deutschlandvertrag und im Überleitungsvertrag befanden sich Vorbehalte. Diese bezogen sich auf künftige materielle Regelungen, die regelungsbedürftig geblieben waren. Dazu gehörten die Regelung territorialer, vermögensrechtlicher, und sicherheitsrechtlicher Fragen. Auch nach Art. 5 II des Londoner

---

399 Aussage von Michael Young: Legal issues relating to future status of Germany, Hearing before the Committee of Foreign Relations, United States Senate, 101st Congress, 2nd Session, July, 12th 1990, S.Hrg.101-899, S.4; ebenso Raymond Seitz, Assistant Secretary, Dep. of State, Hearing Subcommittee on Europe and the Middle East, House of Representatives, June, 13th 1990, 101st Congress, 2nd Session, S.37; Pell, Report on treaty before the Committee on Foreign Relations, Senate, 101st Congress, 2nd Session, Exec.Rept.101-33, October, 5th 1990, S.2

400 Dem Vernehmen nach Robert Zoellick.

401 Zu diesen Verhandlungen wurde auch Polen hinzugezogen

402 Nach den Erinnerungen von Robert Zoellick hoffte man, die Sowjetunion durch den „2+4“-Vertrag in den Einigungsprozeß einzubinden. Wenn man die Viermächterechte und die Besetzung der DDR betrachtet, so hätte die Sowjetunion Möglichkeiten gehabt, den Wiedervereinigungsprozeß zu gefährden. Deshalb wurde versucht, ihre Probleme in einem fairen Prozeß zu lösen, solange sie die Einigung eines freien, souveränen und demokratischen Deutschlands innerhalb der NATO und der Europäischen Gemeinschaft nicht störte.

Schuldenabkommens[403] wurde eine Prüfung der aus dem 2. Weltkrieg herrührenden Forderungen gegen das Deutsche Reich bis zur endgültigen Regelung der Reparationsfrage in einem Friedensvertrag zurückgestellt.[404]
Es wurde jedoch einleitend schon erwähnt, daß die Bundesregierung keinen Friedensvertrag als Abschluß haben wollte, da sich die Bundesrepublik bereits 40 Jahre als verläßlicher Partner im Frieden gezeigt hatte. Der Delegation der Sowjetunion war es aber wichtig, daß am Ende ein rechtliches Dokument stehen würde, das zukünftig für Sicherheit in Europa sorgen würde.[405] Ein gesamtdeutscher Staat sollte keine Bedrohung mehr darstellen. Deshalb mußte eine Vertragsform gefunden werden, die die Aufgaben eines Friedensvertrages erfüllte, ohne selbst ein Friedensvertrag zu sein.[406] Während die typischen Fragen eines Friedensvertrages, Beendigung des Kriegszustandes und Aufnahme diplomatischer Beziehungen, nicht mehr geregelt werden mußten, waren andere Fragen, z.B. die Reparationsfrage, noch nicht gelöst.
Somit ist der „2+4"-Vertrag jedenfalls kein Friedensvertrag im klassischen Sinn, zum einen unterzeichneten nicht alle Kriegsparteien diesen Vertrag, zum anderen ging es auch nicht um die Bereinigung des Sieger-Agressor-Konfliktes, sondern es sollte die Teilung Deutschlands und somit auch die Teilung Europas überwunden werden.
Der Streit über die Einordnung als Friedensvertrag ist gleichwohl unerheblich, da Deutschland die volle Souveränität in inneren und äußeren Angelegenheiten erhielt. Dem Besatzungsrecht war somit die Grundlage entzogen, so daß der „2+4"-Vertrag zumindest die Wirkung eines Friedensvertrages hatte.[407]

---

403 BGBl 1953 II, S.333 ff.

404 Ress, Grundlagen und Entwicklungen, Rd.13 f.

405 Gallis, Unification, S.33

406 Deshalb wurde der „2+4" Vertrag im Englischen auch nicht als „treaty" sondern als „settlement" (Übereinkommen, Vergleich) bezeichnet.

407 Gornig, Zwei-plus-Vier-Vertrag, S.105: Den noch offenen Fragen, die im „2+4"-Vertrag nicht angesprochen wurden, wird durch den Vertrag die Regelungsbedürftigkeit abgesprochen; Ress, Abschließende Regelung, S.832: Ob der „2+4"-Vertrag auch gegenüber völkerrechtlichen Verträgen mit Drittstaaten als Friedensvertrag gesehen werden kann, ist nur von Fall zu Fall zu beurteilen, denn primär bindet er nur die Vertragspartner; Ebenso Wittkowski, Staatensukzession, S.212: Auch wenn der „2+4"-Vertrag kein Friedensvertrag im klassischen Sinn ist, so ist es jedoch als eine friedensvertragliche Regelung im Sinne der Vorbehaltsklauseln zu werten, welche aus einer derartigen Regelung bestimmte Rechtsfolgen abhängig machen; Ebenso Kempen, deutsch-polnische Grenze, S.233: Seiner Ansicht nach kann die Wortwahl nichts an der Einordnung als Friedensregelung ändern.

4. Beendigung der Viermächterechte durch Art. 7 des „2+4"-Vertrages

Wichtigste Norm bei der Betrachtung der Viermächterechte ist Art. 7 des „2+4"-Vertrages. Da mit der Einigung der beiden deutschen Staaten auch die Viermächterechte hinfällig wurden, mußten diese im „2+4"-Vertrag aufgehoben werden. Nach Art. 7 I S.1 beendeten die Vier Mächte „ihre Rechte und Verantwortlichkeiten in bezug auf Berlin und Deutschland als Ganzes". Gemäß Art. 7 I S.2 sollten „die entsprechenden, damit zusammenhängenden vierseitigen Vereinbarungen, Beschlüsse und Praktiken beendet und alle entsprechenden Einrichtungen der Vier Mächte aufgelöst" werden.[408] Gemäß Art. 7 II sollte die Bundesrepublik „demgemäß volle Souveränität über seine inneren und äußeren Angelegenheiten" erhalten.[409]

Dabei sollte es nicht auf die Bezeichnung oder Form der vierseitigen Verträge ankommen.[410] Außenminister Baker gab Präsident Bush zusammen mit dem „2+4"-Vertrag eine Liste von Vereinbarungen und Entscheidungen, die durch Art. 7 des „2+4"-Vertrages beendet werden sollten; dies sind u.a.:[411]

- Protokoll über die Besatzungszonen in Deutschland und die Verwaltung von Groß Berlin (Londoner Protokoll) vom 12. September 1944[412]
- Abkommen über Kontrolleinrichtungen in Deutschland vom 14. November 1944[413]
- Erklärung in Anbetracht der Niederlage Deutschlands und der Übernahme der obersten Regierungsgewalt hinsichtlich Deutschlands (Berliner Erklärung) vom 5. Juni 1945[414]
- Alliiertenerklärung über den Viermächtestatus Berlins 7. Juli 1945[415]
- Viermächteabkommen vom 3. September 1971[416]

---

408 Gornig, Zwei-plus-Vier-Vertrag, S.105, Schweitzer, Verträge, S.217: Die Erklärung ist dabei in der Sache als ein Verzicht zu werten. Dieser Verzicht ist konstitutiv. Die Ansicht, der Verzicht sei deklaratorisch, weil die Viermächteverantwortung bereits mit dem Untergang des SED-Regimes untergegangen sei, ist abzulehnen, da erst noch ein Völkerrechtstitel geschaffen werden mußte, um die vierseitigen Vereinbarungen aufzuheben.

409 Blumenwitz, Vertrag, S.3047: Art. 7 kommt nur deklaratorische Bedeutung bei, weil sich die Souveränität nicht aus Erklärungen, sondern aus dem Faktum der Unabhängigkeit ergibt.

410 So John Weston, von dem die Formulierung für Art. 7 stammt, in einem Brief an die Direktoren der „2+4"-Verhandlungen; Text abgedruckt in: Albrecht, Abwicklung, Fn.280

411 Text: Committee on Foreign Relations, Senate, 101st Congress, 2nd Session, Exec.Rept. 101-33, S.26 f.

412 Text: UNTS II, Nr.532, 533

413 Text: Department of State Publication 6199, S.124 ff.

414 Text: ABl. AHK, Ergänzungsblatt Nr.1, S.13 f.

415 Schröder, Reste des Besatzungsrechts, S.110

416 Text: Bulletin, 3. September 1971, S.1360 ff.

- Das Gesetz Nr.63 der Alliierten Hohen Kommission zur Klarstellung der Rechtslage in bezug auf deutsches Auslandsvermögen und andere im Wege der Reparation oder Rückerstattung erfaßte Vermögensgegenstände[417]

In diesem Zusammenhang ist zu berücksichtigen, daß auch nicht alle Probleme in bezug auf die Viermächterechte geregelt wurden. Bezüglich einiger Fragen wurde lediglich die Verpflichtung eingegangen, noch Briefe auszutauschen, in denen diese Probleme behandelt werden sollten.[418]

II. Bewältigung des Dreimächterechts

1. Automatische Geltung des Dreimächterechts für das wiedervereinigte Deutschland

Eine Aufhebung des Dreimächterechts wäre dann notwendig, wenn das Dreimächterecht überhaupt für das wiedervereinigte Deutschland verbindlich war.
Wie bereits festgehalten wurde, sollte sowohl der Deutschlandvertrag als auch der Überleitungsvertrag nur bis zu einer friedensvertraglichen Regelung mit dem wiedervereinigten Deutschland gelten. Deshalb ist die Frage zu erörtern, inwieweit eine gesamtdeutsche Regierung überhaupt noch an die Verträge gebunden sein konnte, zumal der „2+4"-Vertrag eine friedensvertragsähnliche Wirkung hatte.[419]
Voraussetzung für eine automatische Bindung an das Dreimächterecht durch das wiedervereinigte Deutschland wäre, daß das wiedervereinigte Deutschland mit der „alten" Bundesrepublik identisch ist. Ansonsten müßte das wiedervereinigte Deutschland als Vertragspartner dem jeweiligen Dreimächterecht beigetreten sein oder aus einem anderen Grund müßte eine Geltung vorliegen.

a. Identität des Wiedervereinigten Deutschlands mit der Bundesrepublik

In Teil A wurde bereits festgestellt, daß das Deutsche Reich weder mit der bedingungslosen Kapitulation noch mit der Übernahme der obersten Regierungsgewalt durch die Siegermächte untergegangen ist.[420] Zu überprüfen bleibt aber noch, ob die Bundesrepublik Rechtsnachfolger des Deutschen Reiches gewesen ist, und somit die Bundesrepublik einen Gesamtstaat Deutschland repräsentiert hat. Wäre dies der Fall, so hätte die Bundesrepublik für Deutschland als Gesamtstaat ver-

---

[417] AHKG Gesetz Nr.63 vom 31. August 1951; Text: ABl AHK, S.1407

[418] Robert Zoellick, Statement vor dem Committee on Foreign Relations, United States Senate, September, 28th 1990, 101st Congress, 2nd Session, S381-21, S.24

[419] Vgl. oben, Punkt I 3

[420] Vgl. Teil A, Punkt II

bindliche Verträge schließen können. Demnach wäre das Dreimächterecht jetzt auch für das wiedervereinigte Deutschland verbindlich.
Nach der Identitätstheorie ist die Ordnung der Bundesrepublik Deutschland mit der größeren Ordnung des gesamtdeutschen Staates identisch gewesen.[421] Diese Ansicht verkennt jedoch, daß sowohl die Bundesrepublik Deutschland als auch die DDR gewisse Souveränitätsdefizite aufwiesen.[422]
Nach der Teilordnungslehre war die durch das Grundgesetz geschaffene Ordnung nicht die des Gesamtstaates. Sie wollte diese nicht verdrängen, sondern sich ihr als Reichsdach gliedstaatsähnlich unterordnen.[423]
Bis zum Grundlagenvertrag zwischen der Bundesrepublik und der DDR war die Bundesrepublik der einzig anerkannte Staat auf deutschem Boden, die DDR wurde lediglich als Besatzungszone gesehen. Mit dem Grundlagenvertrag erkannte die Bundesrepublik die DDR jedoch als einen eigenständigen und gleichberechtigten Staat an.[424] Während also zunächst ein Alleinvertretungsanspruch geltend gemacht wurde, wurden nach dem Grundlagenvertrag zwei deutsche Staaten anerkannt.[425] Nach Ansicht des BVerfG[426] umfaßte die Bundesrepublik,

> „was ihr Staatsgebiet anlangt, nicht das ganze Deutschland, unbeschadet dessen, daß sie ein einheitliches Staatsvolk des Völkerrechtssubjekts „Deutschland“ (Deutsches Reich), zu dem die eigene Bevölkerung als untrennbarer Teil gehört, und ein einheitliches Staatsgebiet „Deutschland“ (Deutsches Reich), zu dem ihr eigenes Staatsgebiet als ebenfalls nicht abtrennbarer Teil gehört, anerkennt. Sie beschränkt staatsrechtlich ihre Hoheitsgewalt auf den Geltungsbereich des Grundgesetzes“.

Das Grundvertragsurteil enthält somit sowohl Elemente der Identitäts- wie auch der Teilordnungslehre. Zum einen wird festgehalten, daß die Bundesrepublik nicht „Rechtsnachfolger des Deutschen Reiches, sondern als Staat identisch mit dem Staat „Deutsches Reich“ ist. Zum anderen wird anerkannt, daß die Bundesrepublik und die DDR zwei Staaten sind, die Teile eines noch existierenden umfassenden Staates Gesamtdeutschland sind. Deshalb wurden die Identitätslehre und die Teilordnungslehre zu einer Teilidentitätslehre zusammengefaßt.[427] Dies bedeutet, daß die Bundesrepublik ihre Staatsgewalt auf den Geltungsbereich des

---

[421] Blumenwitz, Denk, S.76: Nach der Hallstein Doktrin nahm die Bundesrepublik eine Alleinvertretung für sich in Anspruch.
[422] Dünisch, Mundatwald, S.106
[423] Blumenwitz, Denk, S.77
[424] Klein, Aktuelle Probleme, S.106
[425] Rumpf, Kontinuität, S.262
[426] BVerfGE 36, 1 (16)
[427] Blumenwitz, Denk, S.126; Klein, BVerfG und Ostverträge, S.11

Grundgesetzes begrenzen mußte. Eine vertragliche Bindung für das Gebiet der DDR oder eines sonstigen möglichen Hoheitsgebietes des wiedervereinigten Deutschlands kam somit nicht in Betracht, zumal bezüglich Gesamtdeutschlands der Viermächtevorbehalt bestand. Folglich ist das wiedervereinigte Deutschland auch nicht identisch mit der Bundesrepublik, da nun die beiden deutschen Teilstaaten wieder zusammengefügt wurden. Schon aufgrund der fehlenden Identität des wiedervereinigten Deutschlands mit der „alten" Bundesrepublik bestand somit keine automatische Bindungswirkung an das Dreimächterecht für Gesamtdeutschland.

b. Bindungsabsicht der Regierung Adenauer

Darüber hinaus ist auch die Intention der damaligen Bundesregierung beim Abschluß der Verträge zu untersuchen. Bundeskanzler Adenauer sagte in seiner Regierungserklärung zum Überleitungsvertrag, daß die rechtliche Form einer Wiedervereinigung zu diesem Zeitpunkt noch nicht abzusehen sei und somit das rechtliche Verhältnis zwischen der Bundesrepublik und Gesamtdeutschland noch nicht feststehen könne. Deshalb vertrat Adenauer die Ansicht, daß nicht von einer automatischen Erstreckung der Rechtsverhältnisse der Bundesrepublik auf Gesamtdeutschland ausgegangen werden könne. Jedoch seien diese Fragen auch sehr theoretisch, da die Politik eines wiedervereinigten Deutschlands die Kraft der Tatsachen bestimmen würde.[428]
Auch im Bericht des Berichterstatters Prof. Dr. Furler wurde hervorgehoben, daß die Versicherung der Nichtgebundenheit nur eine völkerrechtliche Selbstverständlichkeit sei. Denn eine Regierung, die noch nicht existent sei, könne auch nicht schon durch Verträge gebunden werden.[429] Zudem wurde auch von Außenminister Eden bestätigt, daß nach einer Wiedervereinigung keine Bindung an die Verträge gewollt sei.[430] Folglich war nicht gewollt, daß sich die Verträge automatisch auf ein wiedervereinigtes Deutschland erstrecken. Somit ergibt sich auch hieraus, daß das Dreimächterecht nicht automatisch für Gesamtdeutschland fortgalt.

c. Vertragliche Bindungswirkung nach der Wiener Vertragsrechtskonvention

Auch aus der Wiener Vertragsrechtskonvention könnte sich ergeben, daß die Bundesrepublik keine Verträge schließen konnte, an die das wiedervereinigte Deutschland gebunden sein konnte. Die Wiener Vertragsrechtskonvention trat

[428] Bulletin, 13. August 1954, S.1331
[429] Furler, BT-Steno. 2/3541
[430] Boehmer/Walter, Völkerrechtliche Praxis, S.299

zwar erst am 23. Mai 1969 in Kraft, die grundsätzlichen Regeln lassen sich jedoch auch auf Verträge anwenden, die bereits vor 1969 geschlossen wurden.[431]
Gemäß Art. 29 WVRK kommt eine vertragliche Bindung nur für das gesamte Hoheitsgebiet in Betracht. Wie gerade festgestellt wurde, ist das Hoheitsgebiet nach der These von der Teilidentität auf das Gebiet der Bundesrepublik beschränkt. Eine Bindung für Gesamtdeutschland konnte somit nicht eintreten. Eine Zustimmung, an einen Vertrag gebunden zu sein, kann auch nur durch Ratifikation, Annahme, Genehmigung (Art. 14 WVRK), Beitritt (Art. 15 WVRK) oder Austausch von Urkunden (Art. 16 WVRK) erfolgen. Da zum Zeitpunkt des Abschlusses des Überleitungsvertrages noch keine Hoheitsgewalt für Gesamtdeutschland bestand, konnte somit keine Zustimmung erfolgen. Würde man Gesamtdeutschland als Drittstaat zu der Bundesrepublik betrachten, so wäre gemäß Art. 34 WVRK auch dann eine Zustimmung des Drittstaates erforderlich gewesen. Somit kann auch nach den völkerrechtlichen Regeln über Verträge keine automatische Bindung Gesamtdeutschlands an den Überleitungsvertrag angenommen werden, eine Zustimmung durch das wiedervereinigte Deutschland ist nicht erfolgt.

d. Bindungsabsicht der Regierung Kohl

Das Dreimächterecht mußte jedoch nach der Wiedervereinigung Deutschlands nicht automatisch wegfallen, wenn die betreffenden Parteien dies nicht beabsichtigten.
Das Dreimächterecht sollte nach dem Willen der Vertragsparteien zumindest auf dem Gebiet der „alten“ Bundesrepublik fortgelten. Die Alliierten wollten ihre Einflußrechte nicht ganz verlieren und konnten mit dem Dreimächterecht ein Druckmittel gegenüber der Bundesrepublik einsetzen. Der Bundesregierung hingegen war bewußt, daß nur eine einvernehmliche Lösung mit den Alliierten angestrebt werden konnte. Die Abschaffung dieser Rechte sollte somit nicht automatisch, sondern auf Verhandlungsbasis erfolgen. Folglich wäre der Überleitungsvertrag nicht automatisch weggefallen, sondern eine Nachbefolgung mußte ausdrücklich geregelt werden.

2. Aufhebung durch Art. 7 des „2+4“-Vertrages

Wie oben dargestellt wurde[432], sollten nach Art. 7 des „2+4“-Vertrages ausdrücklich nur die Abkommen der vier Alliierten beendet werden, nicht aber die Verträge zwischen der Bundesrepublik und den drei Westmächten.[433] Somit wurde das Dreimächterecht nicht direkt durch Art. 7 des „2+4“-Vertrages aufgehoben.

---

[431] Blumenwitz, Die Ostverträge, S.12
[432] Vgl. oben, Punkt I 4
[433] OLG Köln, VIZ 1998, S.214; Gornig, Zwei-plus-Vier-Vertrag, S.105

3. Wegfall der Rechtsgrundlage des Dreimächterechts

Das Dreimächterecht könnte auch indirekt durch Art. 7 des „2+4"-Vertrages aufgehoben worden sein:
Der Großteil der Vorschriften der Pariser Verträge ist mit der Beendigung der Vier Mächte und dem Erlangen der vollen Souveränität gemäß Art. 7 II des „2+4"-Vertrages obsolet geworden. Das Dreimächterecht könnte somit „konkludent" mit Art. 7 I S.2 des „2+4"-Vertrages aufgehoben worden sein, wenn durch die Beendigung der vierseitigen Verträge den dreiseitigen Verträgen die Rechtsgrundlage entzogen wurde.

a. Darstellung der Rechtsprechung

Nach Ansicht der Rechtsprechung ist das Viermächterecht unabhängig vom Dreimächterecht zu betrachten. Nach den Ausführungen des BVerfG[434] sei dem Dreimächterecht nicht durch Aufhebung des Viermächterechts die Rechtsgrundlage entzogen worden. Dies würde auch der Rechtsauffassung der drei Westmächte selbst entsprechen, die andernfalls die partielle Aufhebung des Überleitungsvertrages nicht im Notenwechsel hätten vereinbaren müssen. Es hätte ansonsten keinen Sinn ergeben, zunächst im „2+4"-Vertrag uneingeschränkt die Normen aufzuheben und 14 Tage später eine Beschränkung beizufügen. Zudem läge der unveränderten Fortgeltung der Normen des Überleitungsvertrages das ursprüngliche Vertragsgesetz vom 24. März 1955 zugrunde, so daß es nicht mehr auf das Schicksal des Besatzungsrechts ankomme. Der Überleitungsvertrag sei Vertragsrecht und somit nicht vom Schicksal des Viermächterechts berührt.[435]

b. Wertung der Rechtsprechung

aa. Intention der Alliierten

Das BVerfG[436] stützt im Fall Liechtenstein seine Argumentation zur Fortgeltung des Überleitungsvertrages darauf, daß die Alliierten den Überleitungsvertrag nicht mit dem „2+4"-Vertrag für beendet gesehen hätten. Diese Annahme des BVerfG ist aber an keiner Stelle belegt worden, sondern konnte nur aus dem Sinn des Notenwechsels geschlossen werden. Es würde dem BVerfG auch kaum gelingen, die Rechtsauffassung der Alliierten anhand von Dokumenten darzulegen.[437]
Erkennbar war für die amerikanische Verhandlungsdelegation bei den „2+4"-Gesprächen nur, daß auch das Dreimächterecht neu verhandelt werden mußte. Je-

---

434 BVerfGE, BvR 2 1981/97 = VIZ 1998, S.202 = AöR 1998, S.198
435 Vgl. Teil B, Punkt IV
436 BVerfGE, BvR 2 1981/97 = VIZ 1998, S.202 = AöR 1998, S.198
437 Vgl. Fn.495 und Fn.849

doch konnte dies nicht alles im Rahmen der „2+4"-Gespräche stattfinden, zumal die Sowjetunion bei den dreiseitigen Verträgen kein Mitspracherecht hatte. Während der „2+4"-Gespräche wurde über den Überleitungsvertrag deshalb nicht debattiert.[438] Jedenfalls war es den Alliierten bewußt, daß es ein politischer Widerspruch gewesen wäre, das Dreimächterecht uneingeschränkt behalten zu wollen, nachdem man das Viermächterecht beendet hatte.

Folgt man der Ansicht des BVerfG, so hätte das wiedervereinigte Deutschland nach dem „2+4"-Vertrag ohne eine ausdrückliche Regelung immer noch unter dem Einfluß der westalliierten Besatzung gestanden, dies war aber dem Vernehmen nach nicht der Wille der westlichen Alliierten bei Abschluß des „2+4"-Vertrages.[439] Auch die Sowjetunion ging sicherlich nach Beendigung der Viermächterechte von einer Beendigung der Dreimächterechte aus, denn warum sollte die Sowjetunion ihre Rechte beenden, während die westlichen Alliierten ihre Rechte behielten. Somit bleibt zu vermuten, daß die westlichen Alliierten das westalliierte Besatzungsrecht auf jeden Fall mit dem Vollzug der Wiedervereinigung beenden wollten.

bb. Verhältnis Dreimächterecht – Viermächterecht

Das BVerfG verkennt aber nicht nur die Intention der westlichen Alliierten, sondern läßt zudem das Verhältnis zwischen dem Dreimächterecht und dem Viermächterecht außer Betracht. Wird die Beziehung des Dreimächterechts zum Viermächterecht im Verlauf der Jahre gesehen, so sprechen für eine Annahme der Beendigung des Dreimächterechts durch Entziehung der Rechtsgrundlage gewichtige Gründe.

Nach dem Verständnis für die in Teil A und Teil B gemachten Ausführungen war das Dreimächterecht nur eine nähere Ausgestaltung des Viermächterechts. Nur die Teilung Deutschlands hatte die drei Westmächte gezwungen, ihre aus dem Viermächterecht erwachsenden Rechte und Verantwortlichkeiten gemeinsam, aber eben ohne die Sowjetunion für die Bundesrepublik näher auszugestalten.[440]

Auch inhaltlich zeigte sich stets ein Zusammenhang zwischen dem Dreimächte- und dem Viermächterecht. Die im Dreimächterecht geregelten Fragen über die Abwicklung der Reparationsschuld resultierten noch aus dem Kriegszustand mit Deutschland. Weder die Bundesrepublik noch die DDR befand sich aber allein

---

[438] Dem Vernehmen nach ein ehemaliger amerikanischen Regierungsvertreter, der mit der Sache vertraut ist.

[439] Dem Vernehmen nach Robert Zoellick.

[440] Vgl. v. Goetze, Rechte der Alliierten, S.2164: Von Seiten der Westmächte wurde die individuelle Wahrnehmung der gesamthänderischen Kompetenzen der Westmächte aber gerechtfertigt, weil die Sowjetunion die gemeinsame Verwaltung rechtswidrigerweise eingestellt hatte. Allerdings erzwangen die Effektivität und die Schutzfunktion des Besatzungsrechts eine faktische Wahrnehmung dieser Viermächtekompetenzen.

mit den Siegermächten im Kriegszustand. Die Regelungen zur Abwicklung der Reparationsschuld mußten somit Deutschland als Ganzes betreffen. Deshalb ging der Klageausschluß in Art. 3 des 6.Teils des Überleitungsvertrages auch auf das Viermächterecht AHK-Gesetz Nr.63[441] und die Potsdamer Beschlüsse[442] zurück. Die AHK-Gesetze und die Potsdamer Beschlüsse wurden schließlich mit dem „2+4"-Vertrag aufgehoben. Folglich besteht ein enger inhaltlicher Zusammenhang zwischen dem Dreimächterecht und dem Viermächterecht.

Das Dreimächterecht zeigte seine enge Verknüpfung zum Viermächterecht auch dadurch, daß im Überleitungsvertrag das Kontrollratsrecht nicht aufgehoben werden durfte. Außerdem standen viele Normen unter einem zeitlichen Vorbehalt, z.B. 6.Teil des Überleitungsvertrages, der nur bis zum Abschluß eines Friedensvertrages, d.h. der Beendigung der Viermächterechte, gelten sollte. Zudem machten die Westmächte bei den diversen Genehmigungsschreiben[443] zu den Verträgen deutlich, daß sie das Viermächterecht als Grundlage für das Dreimächterecht anerkannten. Weder die Drei Westmächte noch die Sowjetunion haben somit zu einem Zeitpunkt eine einseitige Aufgabe ihrer Rechte und Verantwortlichkeiten erkennen lassen. Vielmehr hatte der Viermächtestatus, welcher zunächst nur im Kriegsvölkerrecht eingebettet war, eine konsensuale Bestätigung erfahren.[444] Stets war also das Viermächterecht die Grundlage für das Dreimächterecht.[445]

Eine andere Ansicht ließe sich nur vertreten, wenn die Vorbehaltsrechte im Überleitungsvertrag eine vertragliche Grundlage gehabt hätten. Wie bereits festgestellt wurde, wurde das alliierte Besatzungsrecht nach Abschluß des Überleitungsvertrages nicht als Rechtsquelle akzeptiert, sondern als ein bis auf weiteres unabänderliches Faktum.[446]

Durch Aufhebung des Viermächterechts ist somit die Rechtsgrundlage für das Dreimächterecht erloschen, da das Dreimächterecht untrennbar mit dem Viermächterecht verbunden war.

cc. Gegensatz Souveränität – fortbestehendes Dreimächterecht

Zugleich könnte das Erlangen der vollen Souveränität im Gegensatz zum fortbestehenden Dreimächterecht stehen, so daß auch deshalb vom Erlöschen des Dreimächterechts ausgegangen werden könnte. Nach Art. 7 II des „2+4"-Vertrages sollte die Bundesrepublik „demgemäß volle Souveränität über ihre inneren und äußeren Angelegenheiten" erhalten. Damit müssen aber auch die Verträge mit den

---

441 Text: ABl. AHK, S.1107

442 Text: Rauschning, Rechtsstellung Deutschlands, Nr.6

443 z.B. Genehmigungsschreiben zum Beitritt der UNO; Text: Blumenwitz, Dokumente, H/III/2, S.116

444 Ress, Grundlagen und Entwicklungen, Rd.116 f.

445 Vgl. Bulletin, 19. September 1952, S.1271

446 Vgl. Teil B, Punkt IV 2

drei Westmächten ihre Bedeutung verlieren, die die Souveränität eines Staates einschränken.[447] Da der Überleitungsvertrag ein solcher Vertrag ist[448], müßte somit auch der Überleitungsvertrag beendet worden sein. Da die Souveränität durch das Bestehen des Überleitungs- und Deutschlandvertrages beeinträchtigt wurde, konnte die volle Souveränität demzufolge nur ohne diese beiden Verträge hergestellt werden.[449] Somit steht eine Aufrechterhaltung des Dreimächterechts im „offensichtlichen Gegensatz" zur Feststellung des Art. 7 II des „2+4"-Vertrages.[450]
Die Rechtsprechung argumentiert, daß durch eine Abmachung über den Fortbestand des Dreimächterechts die Konsequenz der Souveränität – nämlich die vollständige Aufhebung des Dreimächterechts – umgangen werden sollte. Es wäre nie die Intention gewesen, mit der Souveränität sämtliches Besatzungsrecht zu beseitigen. Art. 7 des „2+4"-Vertrag betreffe einen anderen Regelungsbereich.[451]
Dieser Auffassung ist aber nicht zu folgen. Zum einen ist davon auszugehen, daß bei der Einräumung der vollen Souveränität keine Besatzungsrechte zurückbehalten wurden. Zum anderen spricht die Aussage, daß die Konsequenz der Souveränität umgangen werden sollte, insbesondere dafür, daß mit Herstellung der Souveränität ansonsten die Grundlage für die Dreimächterechte weggefallen war und sich Souveränität und fortbestehendes Dreimächterecht eben widersprechen.

dd. Fehlender Hinweis auf Vorbehalt des Dreimächterechts

Zudem spricht auch für den Wegfall der Rechtsgrundlage des Dreimächterechts, daß an keiner Stelle im „2+4"-Vertrag auf das in Zukunft bestehende Besatzungsrecht hingewiesen wurde. Gemäß Art. 2 I lit.d WVRK bedeutet

> „Vorbehalt eine wie auch immer formulierte oder bezeichnete ... abgegebene einseitige Erklärung, durch die der Staat bezweckt, die Rechtswirkung einzelner Vertragsbestimmungen in der Anwendung auf diesen Staat auszuschließen oder zu ändern".

Gemäß Art. 19 WVRK kann ein solcher Vorbehalt vereinbart werden, er muß jedoch nicht vereinbart werden. Der Rechtssicherheit wegen wäre es aber wünschenswert gewesen, wenn bereits in Art. 7 des „2+4"-Vertrages auf das fortbestehende Dreimächterecht hingewiesen worden wäre.

---

447 Vgl. Gornig, Zwei-plus-Vier-Vertrag, S.105; Fiedler, Wiedererlangung, S.690
448 Vgl. Teil B, Punkt IV 2
449 Gornig, Völkerrechtswidrigkeit von Vertreibungen, S.32; Gornig, Zwei-plus-Vier-Vertrag, S.105; Fiedler, Wiedererlangung, S.690
450 Ebenso Tomuschat, Vertreibung, S.53
451 OLG Köln, VIZ 1998, S.214

Wie oben bereits erwähnt wurde[452] wird mit endgültiger Beendigung der Besetzung und Wiedererlangung der vollen Souveränität das Besatzungsrecht nicht automatisch nichtig, sondern es steht zur freien Disposition des nun souveränen Staates.
Diesem Grundsatz entsprechend enthält Art. 7 des „2+4"-Vertrages keine ausdrückliche Regelung zum Fortbestand des Dreimächterechts. Auch die Erklärung der Bundesregierung[453] sowie die Erklärung des Bundesaußenministers[454] zum „2+4"-Vertrag enthalten keinen Hinweis auf eine Zurückbehaltung von Besatzungsrecht und damit einer Einschränkung der Souveränität, bzw. daß solche Regelungen der Disposition der Bundesrepublik entzogen wären.[455]
Auch nach Ansicht der Rechtsprechung[456] ist die Ermangelung eines Vorbehaltes unschädlich, da der „2+4"-Vertrag zeitlich vorher abgeschlossen worden war und die Fortgeltungsklausel in der Note deshalb nicht mehr notwendig gewesen sei. Dem ist jedoch entgegenzuhalten, daß es gerade die Eigenschaft eines Vorbehalts mit sich bringt, daß er zeitlich vorneweg vereinbart wird und die eigentliche Vereinbarung immer noch erfolgen muß.

Nach Auffassung der Bundesregierung waren die drei westlichen Mächte Initiatoren des Notenwechsels gewesen. Anläßlich einer Antwort auf eine parlamentarische Anfrage erklärte die Staatsministerin Seiler-Albring, daß Frankreich, Großbritannien und die USA zum Schutze ihrer eigenen Interessen zu einer Streichung gewisser Regelungen im Überleitungsvertrag nicht bereit waren.[457] Daraus müßte gefolgert werden, daß bereits zu diesem Zeitpunkt den westlichen Alliierten bewußt gewesen ist, daß sie nicht auf bestimmte Normen des versteinerten Besatzungsrechts verzichten wollten. Es ist befremdlich, daß vor diesem Hintergrund keine Einschränkung oder ein Hinweis auf das Dreimächterecht erfolgt ist. Wenn fortgeltendes Besatzungsrecht der Dispositionsfreiheit der Bundesrepublik entzogen werden sollte, so hätte im „2+4"-Vertrag bei der Einräumung der „vollen" Souveränität auf diese Einschränkung hingewiesen werden können. Hätte also eine Ausnahmeregelung zu Art. 7 II geschaffen werden sollen, so hätte man einen Vorbehalt gemäß Art. 2 I lit.d WVRK in den „2+4"-Vertrag schreiben sollen.
Es ist aber festzuhalten, daß es keine Vorbehaltspflicht gibt. Gleichwohl würde sich bei einem politischen Disput diese Säumnis insofern auswirken, daß die Ge-

---

[452] Vgl. Teil B, Punkt III 2a
[453] Bulletin, 21. September 1990, S.1185 ff.
[454] Bulletin, 14. September 1990, S.1157/1159
[455] Vgl. hierzu auch Wittkowski, Staatensukzession, S.216, der zu Recht darauf hinweist, daß höchstens der gemeinsame Brief des DDR-Ministerpräsidenten de Maizière und Außenminister Genscher zu den Enteignungen in der SBZ 1945 – 1949 als Ausnahme angesehen werden kann.
[456] OLG Köln, VIZ, 1998, S.213-218
[457] BT-Drucks. 12/5054, S.2

währung der vollen Souveränität sich gegen den in schwächerer äußerer Form festgehaltenen Fortbestand von Dreimächterecht durchsetzen würde.[458]

ee. Schnelligkeit bei Abwicklung des Dreimächterechts

Auch die Schnelligkeit, mit der das Dreimächterecht „abgehandelt“ wurde, deutet darauf hin, daß die Bundesregierung selbst davon ausging, daß das Dreimächterecht zum Zeitpunkt der Wiedervereinigung und mit Inkrafttreten des „2+4“-Vertrages wegfallen würde.
Mit der Note vom 27./28. September 1990[459] wurde das Schicksal des Überleitungsvertrages geregelt. Dieser Vertrag sollte vor dem Inkrafttreten des „2+4“-Vertrages abgeschlossen sein,[460] denn gemäß Ziffer 2 des Notenwechsel sollte der Überleitungsvertrag mit dem Deutschlandvertrag gleichzeitig suspendiert werden und außerkrafttreten. Der Deutschlandvertrag wiederum sollte gemäß Ziffer 1 des Notenwechsels mit dem „2+4“-Vertrag suspendiert werden und außerkrafttreten.[461] Somit mußte innerhalb weniger Tage eine Einigung erzielt werden. Fraglich ist, warum es diesen Anlaß zur Eile gab, denn wären sich die Alliierten und die Bundesregierung sicher gewesen, daß das Dreimächterecht von der Aufhebung des Viermächterechts nicht betroffen worden wäre, so hätte es hierzu keinen Grund gegeben. Somit kann gemutmaßt werden, daß die Vertragspartner selbst von einem Wegfall der Rechtsgrundlage ausgingen.

c. Zwischenergebnis

Ausgehend von dem bisherigen Verständnis über das Verhältnis von Dreimächterecht zu Viermächterecht ist das Dreimächterecht konkludent beendet worden.[462] Ein Fortbestehen des Dreimächterechts hätte im Gegensatz zur Wiedererlangung der vollen Souveränität gemäß Art. 7 II des „2+4“-Vertrages gestanden. Deshalb ist die Ansicht der Rechtsprechung abzulehnen und davon auszugehen, daß dem Dreimächterecht bereits mit Aufhebung des Viermächterechts, d.h. zum Zeitpunkt der Wiedervereinigung, seine Rechtsgrundlage entzogen wurde.

---

[458] Fiedler, Wiedererlangung, S.690
[459] BGBl 1990 II, S.1386 ff
[460] Möglicherweise wurde auch gerade deshalb kein Zustimmungsgesetz gemäß Art. 59 II GG eingeholt.
[461] Vgl. Wittkowski, Staatensukzession, S.214 f.: Im Gegensatz zum Aufenthaltsvertrag beinhaltete der Deutschlandvertrag aber eben keine Beendigungsklausel für das gesamte Regelungswerk und deshalb wurde das Außerkrafttreten ausdrücklich in einem Notenwechsel vereinbart.
[462] Ebenso Wittkowski, Staatensukzession, S.214; Brand, Souveränität, S.255; Gornig, Zwei-plus-Vier-Vertrag, S. 105; Blumenwitz, Staatennachfolge, S.63; Blumenwitz, Souveränität, S.390; Fiedler, Wiedererlangung, S.690

4. Aufhebung des Überleitungsvertrages durch die Note vom 27./28. September 1990[463]

Ausdrücklich wurde das Schicksal der dreiseitigen Verträge in verschiedenen Noten geregelt. In der Note zwischen der Regierung der Bundesrepublik Deutschland und den Regierungen der Französischen Republik, der Vereinigten Staaten von Amerika und des Vereinigten Königreichs Großbritannien und Nordirland vom 27./28. September 1990 wurde eine Regelung für den Deutschland- und den Überleitungsvertrag getroffen. Da der Notenwechsel als Verwaltungsabkommen zustande gekommen war, konnte er bereits am 28. September 1990 wirksam werden.

5. Aufhebung des Truppenvertrages durch die Note vom 25. September 1990[464]

Parallel zur Aufhebung der Überleitungsvertrages wurde auch das Schicksal anderen westalliierten Besatzungsrechts geregelt.
Für das Aufenthaltsrecht der Westmächte gab es auf dem Gebiet der Bundesrepublik seit Abschluß des Truppenvertrages im Rahmen der Pariser Verträge eine doppelte Rechtsgrundlage.[465] Zum einen sollten sich nach Art. 4 I des Deutschlandvertrages die Rechte und Pflichten der alliierten Streitkräfte aus dem Truppenvertrag von 1954[466] ergeben. Das Recht zu Manövern und Übungen im Bundesgebiet unterlag nach diesem Vertrag keinen wesentlichen Beschränkungen. Zum anderen gab es das originäre, außervertragliche Truppenstationierungsrecht der Vier Mächte, welches zu den Viermächterechten akzessorisch gewesen ist.[467] Mit Einsetzen der Wirkung des „2+4"-Vertrages 1990 endete das Truppenstationierungsrecht, da es nur bis zur Regelung eines Friedensvertrages gelten sollte. Somit bestand nach dem Ende der Siegerrechte das ius ad praesentiam noch auf der vertraglichen Grundlage des Truppenvertrages. Daher mußte eine neue Basis gefunden werden, um eine weitere militärische Präsenz auf deutschem Boden zu erlauben.[468]

---

463 BGBl 1990 II, S.1386 ff.

464 BGBl 1990 II, S.1390 ff

465 Raap, Verbündete Streitkräfte, S.17 mit weiteren Nachweisen

466 Vertrag über den Aufenthalt ausländischer Streitkräfte in der Bundesrepublik Deutschland vom 23. Oktober 1954; Text: BGBl 1955 II, S.321; BR-Drucks. 657/90 „Für den Aufenthaltsvertrag (=Truppenvertrag) wird in einem gesonderten Notenwechsel festgestellt, daß er in seinem bisherigen räumlichen Geltungsbereich nach Maßgabe bestimmter Voraussetzungen fortgilt."

467 Raap, Verbündete Streitkräfte, S.19

468 Zelikow/Rice, Germany unified, S.353; Resultat war das Abkommen zur Änderung des Zusatzabkommens vom 3. August 1959 in der durch das Abkommen vom 21. Oktober 1971 und die Vereinbarung vom 18. Mai 1981 geänderten Fassung zu dem Abkommen zwischen den

Im Rahmen der Wiedervereinigung bestanden die westlichen Alliierten auf einen allmählichen Rückzug ihrer Soldaten. Es war offensichtlich, daß mit dem Tag der deutschen Einheit die Soldaten im Gebiet der Bundesrepublik nicht abgezogen würden.[469] Deshalb waren sich die Verhandlungsführer bewußt, daß diese Verträge neu ausgehandelt werden mußten.[470]
Mit der Aufhebung des Deutschlandvertrages entfiel aber auch die Rechtsgrundlage für das vorbehaltene Stationierungsrecht. Deshalb wurde im Notenwechsel vom 25. September 1990 zwischen der Bundesrepublik Deutschland und den Regierungen Belgiens, Großbritanniens, Kanadas, den Niederlanden und den USA vereinbart, daß der Truppenvertrag mit einigen Ergänzungen in Kraft bleibt. Jedoch wurde allen Vertragsparteien – im Gegensatz zum Notenwechsel vom 27./28. September 1990 - ein Rücktritts- oder Beendigungsrecht unter Einhaltung einer Frist von 2 Jahren eingeräumt.[471] Das Aufenthaltsrecht basierte von nun an also nicht mehr auf Siegerrechten, sondern auf völkervertragsrechtlicher Grundlage.[472]

6. Zwischenergebnis

Die Beendigung des Dreimächterechts wurde ausdrücklich in verschiedenen Noten geregelt. Jedoch wurden nicht alle Normen des Dreimächterechts aufgehoben, sondern es gab auch einige wichtige Ausnahmen, z.B. bezüglich des Überleitungsvertrages. Da zum Zeitpunkt der Aufhebung des Viermächterechts das Dreimächterecht erloschen wäre, haben die jeweiligen Notenwechsel bezüglich der Aufhebung des Dreimächterechts nur deklaratorischen Charakter.
Für die Aufrechterhaltung bestimmter Normen des Überleitungsvertrages war der Notenwechsel hingegen maßgeblich, da diese Normen spätestens mit Aufhebung des Viermächterechts ihre Rechtsgrundlage weggefallen wären. Insofern bleibt zu

---

Parteien des Nordatlantikvertrages über die Rechtsstellung ihrer Truppen hinsichtlich der in der Bundesrepublik Deutschland stationierten ausländischen Truppen; BGBl 1994 II, S.2598

469 Aussage eines ehemaligen amerikanischen Regierungsvertreters, der mit diesen Problemen vertraut ist.

470 Zelikow/Rice, Germany unified, S.354

471 Bentzien: Ablösung, S.389: Auch bezüglich der Sowjetunion basierte das Stationierungsrecht auf besatzungsrechtlicher Grundlage. Wegen des völkerrechtlichen Unterganges der DDR wurde das Truppenstationierungsrecht diesbezüglich in Art. 4 des „2+4"-Vertrages geregelt.

472 Bentzien, Ablösung, S.393; Zelikow/Rice, Germany Unified, S.354 f.: Die Alliierten konzentrierten sich bei diesem Prozeß im wesentlichen auf drei Verträge, während andere Fragen auf einfacherem und informellerem Weg gelöst wurden: Es wurde der Truppenstationierungsvertrag von 1954 erneuert, ein neuer Stationierungsvertrag für Berlin ausgehandelt und ein Vertrag geschlossen, der die de facto Ausweitung der NATO SOFA auf die ehemalige DDR vorsah. Sicherlich war der Truppenstationierungsvertrag dabei aber das wichtigste Problem der Alliierten.

prüfen, ob die Aufrechterhaltung des westalliierten Besatzungsrechts mit dem Verfassungs- und Völkerrecht in Einklang zu bringen ist.

III. Das fortgeltende Dreimächterecht gemäß der Note vom 27./28. September 1990

1. Fortbestehende Normen nach Ziffer 3 des Notenwechsels

Während die meisten Regelungen des Überleitungsvertrages aufgehoben wurden, blieben folgende Bestimmungen des Überleitungsvertrags in Kraft:

- Erster Teil: Art. 1 I S.1 bis „Rechtsvorschriften aufzuheben oder zu ändern", sowie Absatz III, IV, V. Demnach ist die Bundesrepublik nun befugt die „von den Besatzungsbehörden erlassenen Rechtsvorschriften aufzuheben oder zu ändern. Insbesondere dürfen jetzt auch die Vorschriften, die durch den alliierten Kontrollrat erlassen wurden, aufgehoben werden. Andererseits bleiben aber alle Rechte und Pflichten, die durch gesetzgeberische, gerichtliche oder Verwaltungsmaßnahmen begründet oder festgestellt worden sind, in jeder Hinsicht nach deutschem Recht in Kraft.
- Erster Teil: Art. 2 I. Demnach bleiben „alle Rechte und Verpflichtungen, die durch gesetzgeberische, gerichtliche oder Verwaltungsmaßnahmen der Besatzungsbehörden ... begründet oder festgestellt worden sind," in Kraft.
- Erster Teil: Art. 3 II, III. Diese Paragraphen beziehen sich darauf, daß deutsche Gerichte nicht zuständig sind in strafrechtlichen Verfahren, die sich auf Handlungen vor Inkrafttreten des Überleitungsvertrages beziehen, wenn deutsche Gerichte auch vor Inkrafttreten nicht zuständig waren.
- Erster Teil: Art. 5 I, III, und Art. 7 I. Nach dieser Vorschrift bleiben alle Urteile und Entscheidungen, die von einem Gericht oder gerichtlichen Behörden der drei Mächte gefällt wurden, in Kraft.
- Erster Teil: Art. 8. Nach dieser Regelung sollen Mitglieder der Gerichte des Besatzungsregimes in bezug auf Handlungen, die sie in Ausübung ihres Amtes vorgenommen haben, auch nach Ablauf der Amtsdauer Immunität gegen die gerichtliche Verfolgung in der Bundesrepublik haben.
- Dritter Teil: Art. 3 V lit. a des Anhangs und Art. 6 III des Anhangs. Hierbei handelt es sich um Normen über die Satzung des Obersten Rückerstattungsgerichts.
- Sechster Teil: Art. 3 I, III. Nach dieser Vorschrift darf die Bundesrepublik keine Einwendungen gegen Maßnahmen erheben,

> „die gegen das deutsche Auslands- oder sonstige Vermögen durchgeführt" wurden, oder das „beschlagnahmt worden ist für Zwecke der Reparation oder Restitution oder auf Grund von Abkommen, die die

Drei Mächte mit anderen alliierten Staaten, neutralen Staaten oder ehemaligen Bundesgenossen Deutschlands geschlossen haben oder schließen werden."

Neben diesem Einwendungsverzicht gibt es auch noch einen Klagestopp bezüglich „Ansprüche und Klagen gegen Personen, die auf Grund der in I bezeichneten Maßnahmen Eigentum erworben oder übertragen haben ...".[473]

- Siebenter Teil: Art. 1 und Art. 2. Dabei geht es um die Übernahme gewisser Garantien für verschleppte Personen und Flüchtlinge. Insbesondere verpflichtet sich die Bundesrepublik für die Gräber alliierter Soldaten Sorge zu tragen.
- Neunter Teil: Art. 1. Nach dieser Vorschrift dürfen

„ vorbehaltlich der Bestimmungen einer Friedensregelung mit Deutschland ... deutsche Staatsangehörige, die der Herrschaftsgewalt der Bundesrepublik unterliegen, gegen die Staaten, welche die Erklärung der Vereinten Nationen vom 1. Januar 1942 unterzeichnet haben oder ihr beigetreten sind oder mit Deutschland im Kriegszustand waren oder in Art. 5 des 5.Teils dieses Vertrages genannt sind, sowie gegen deren Staatsangehörige keine Ansprüche irgendwelcher Art erheben wegen Maßnahmen, welche von den Regierungen dieser Staaten oder mit ihrer Ermächtigung in der Zeit zwischen dem 1. September 1939 und dem 5. Juni 1945 wegen des bestehenden Kriegszustandes getroffen worden sind; auch darf niemand derartige Ansprüche vor einem Gericht in der Bundesrepublik geltend machen."

Diese Vorschrift steht dabei im engen Zusammenhang mit Art. 3 des 6. Teils. Während es sich aber bei Art. 1 des 9. Teils um sämtliche Kriegsmaßnahmen handelt, bezieht sich Art. 3 des 6. Teils konkret auf die Maßnahmen gegen das deutsche Auslands- oder sonstiges Vermögen.[474]

- Zehnter Teil: Art. 4; bei dieser Vorschrift geht es um die Wahrung ausländischer Interessen in Deutschland. Es wird bestätigt, daß der Kriegszustand an sich nach deutschem Recht die Verpflichtung von Vorkriegsschulden und vor dem Kriegszustand erworbene Rechte nicht berührt.
- Außerdem sollen Absatz VII der Schreiben des Bundeskanzlers an jeden der drei Hohen Kommissare vom 23. Oktober 1954 betreffend Erleichterungen für Botschaften und Konsulate sowie die Bestätigungsschreiben der Hohen Kommissare vom 23. Oktober 1954 in Kraft bleiben.

---

[473] Vgl. zur ausführlichen Auslegung dieser Norm, Teil B, Punkt VIII

[474] Raschhofer, Deutsche Reparationsregelung, S.502

2. Rechtsnatur der fortbestehenden Normen

Fraglich ist nach Aufhebung des Viermächterechts und dem Großteil der Normen des Dreimächterechts, welche Rechtsnatur die noch bestehenden Normen des Überleitungsvertrages haben. Es wurde bereits festgestellt, daß die Normen bis 1990 als Besatzungsrecht zu verstehen sind. Die Vorbehaltsrechte wurden nämlich nicht auf eine vertragliche Grundlage gestellt, sondern sie wurden als politisches Faktum akzeptiert.[475] Somit waren sie stets als Besatzungsrecht verstanden worden.
Mit dem Notenwechsel wurden diese Rechte aber auf eine völkervertragliche Grundlage gestellt.[476] Wie bereits festgestellt wurde, entfiel mit dem Viermächterecht auch die Basis für weiteres Besatzungsrecht, denn nach der Wiedervereinigung konnte nicht länger Besatzungsrecht bestehen, so daß es sich bei den nun vorbehaltenen Rechten nur um Vertragsrecht handeln kann.[477]

3. Revision der fortbestehenden Normen

Fraglich ist aber auch, ob die nun fortbestehenden Normen unverändert hingenommen werden mußten, oder ob die Bundesregierung auf Veränderungen hätte drängen können. Gemäß Art. 10 des Deutschlandvertrages durften die Unterzeichnerstaaten die Bestimmungen des Überleitungsvertrages überprüfen

> „a) auf Ersuchen eines von ihnen im Falle der Wiedervereinigung Deutschlands oder einer unter Beteiligung oder mit Zustimmung der Staaten, die Mitglieder dieses Vertrages sind, erzielten internationalen Verständigung über Maßnahmen zur Herbeiführung der Wiedervereinigung Deutschlands oder der Bildung einer europäischen Föderation oder
> b) in jeder Lage, die nach Auffassung aller Unterzeichnerstaaten aus einer Änderung grundlegenden Charakters in den zur Zeit des Inkrafttretens des Vertrags bestehenden Verhältnisses entstanden ist.
> In beiden Fällen werden sie in gegenseitigem Einvernehmen diesen Vertrag und die Zusatzverträge in dem Umfang ändern, der durch die grundlegende Änderung der Lage erforderlich oder ratsam geworden ist."

---

[475] Vgl. Teil B, Punkt IV 2

[476] Dies ist wohl auch unstreitig.

[477] A.A.: Die Rechtsprechung nimmt im Fall Liechtenstein an, daß die Normen im Überleitungsvertrag schon immer Vertragsrechte waren und deshalb keine Umwandlung, sondern eine Aufrechterhaltung stattgefunden hat.

Im Rahmen einer parlamentarischen Anfrage wurde die Frage gestellt, welche Gründe für die Bundesregierung maßgebend waren, nicht wenigstens eine Revision des Überleitungsvertrages zu erwägen. Nach Ansicht der Bundesregierung waren die in Art. 10 aufgestellten Anforderungen nicht gegeben, da eine nach Auffassung aller Unterzeichnerstaaten notwendige Änderung grundlegenden Charakters der zur Zeit des Inkrafttretens des Vertrages bestehenden Verhältnisse nicht eingetreten sei.[478] Diese Antwort ist jedoch unbefriedigend, da nach Buchstabe a) ein Ersuchen möglich war. Die Bundesrepublik Deutschland hätte somit zumindest versuchen können, die Bestimmungen zu ändern. Folglich kann vermutet werden, daß die Bundesregierung kein beträchtliches Interesse hatte, eine Änderung der noch fortgeltenden Normen herbeizuführen.

IV. Zustandekommen und Einordnung des Notenwechsel vom 27./28. September 1990

Der bereits mehrfach erwähnte Notenwechsel ist vertragliche Grundlage für die fortbestehenden vertraglichen „Besatzungsrechte". Deshalb ist diese Vereinbarung näher zu untersuchen.

1. Politische Intention

Fraglich ist zunächst, welche Interessen die einzelnen Verhandlungspartner daran gehabt haben konnten, einige Besatzungsrechte beizubehalten.

Ursprünglicher Sinn der Normen des Überleitungsvertrages war es, sicherzustellen, daß die durchgeführten Maßnahmen als rechtmäßig und endgültig anerkannt werden und alle Personen, die Vermögensgegenstände erworben haben, vor jeder Gefahr geschützt werden, diese Gegenstände gegen die früheren Eigentümer verteidigen zu müssen.[479]

Im Zuge der Wiedervereinigung wollten die USA, daß ein Schlußstrich unter die Maßnahmen gezogen wird, die unmittelbar mit dem Krieg in Verbindung standen. So sollten nicht alte Wunden aufgerissen werden, und nachdem Deutschland den Krieg verloren hatte, sollten die damit unmittelbar in Verbindung stehenden Maßnahmen nicht wieder untersucht werden. Hierbei sei nicht im Vordergrund gestanden, die drei Mächte zu begünstigen, sondern es ging darum, den Streit über

---

478 Antwort von Staatsministerin Adam-Schwaetzer auf die parlamentarische Anfrage des Abgeordneten Rossmanith (CDU/CSU), BT-Drucks. 11/4911, S.2; im übrigen hat sich die Bundesregierung überhaupt nur sehr zurückhaltend zur rechtlichen Bedeutung des Überleitungsvertrages geäußert. Sie hat lediglich klargestellt „daß einige Bestimmungen des Überleitungsvertrages im Interesse der Rechtssicherheit weiter gelten müssen"; vgl. Denkschrift zu dem Übereinkommen in bezug auf Berlin vom 25. November 1990; BGBl 1990 II, S.1274 f.

479 Lieberknecht, Enteignung, S.573

Eigentumsfragen zu beenden. Zudem wäre es sowieso schwierig gewesen, an einem anderen bestimmten Punkt einen Schlußstrich zu ziehen.[480] Darüber hinaus wollten sie sich dadurch vor möglichen deutschen Regreßforderungen schützen.[481] Zudem könnten die USA gefürchtet haben, daß ehemalige Soldaten in Gerichtsverfahren verwickelt und unrechtmäßiges Verhalten ihrerseits festgestellt werden könnte. Dieses hätte dem Ansehen des amerikanischen Militärs schaden können. Ähnliche Intentionen können auch der französischen und der britischen Regierung unterstellt werden.[482] Insgesamt gesehen wollten sich die Alliierten somit nicht nachträglich für ihre Reparationspolitik verantworten müssen.[483] Bei den Gesprächen mit deutschen Regierungsvertretern wurde auch klar, daß sie Verständnis für die Wünsche der Alliierten in diesem Zusammenhang hatten.
Auch nach Ansicht der Rechtsprechung[484] wollten die vertragsschließenden Parteien die Konsequenz aus der „Endgültigkeit und Unanfechtbarkeit der durch die Liquidation deutschen Auslandseigentums durch ausländische Staaten für Zwecke der Reparation geschaffenen Rechtsverhältnisse für die Bundesrepublik und die betroffenen Privatpersonen" ziehen. Dadurch sollte allerdings nur der Rechtszustand hingenommen werden, eine Anerkennung der Enteignungsakte sollte deshalb noch nicht erfolgen.[485]

Dennoch ist nicht erwiesen, daß die amerikanische Regierung auf den Abschluß eines Vertrages zur Aufrechterhaltung bestimmter Besatzungsnormen gedrängt hat[486], sondern vielmehr ist auch zu vermuten, daß dies ein Bestreben der deutschen Regierung war.[487] Intention könnte auch hier gewesen sein, daß alte Konfiskationsmaßnahmen nicht überprüft werden sollten, denn dies hätte zu einer Verschlechterung der politischen Beziehungen zu gewissen Ländern, z.B. der Tschechischen Republik, führen können. Zudem hätten damit auch neue Reparationsfragen entstehen können und es wurde vermutlich die Schaffung neuen Un-

---

[480] Zustimmend Vertreter der amerikanischen Regierung, die mit dieser Materie vertraut sind.

[481] Bauer, Vier-Mächte-Rechte, S.223

[482] Dabei ist jedoch zu beachten, daß die Franzosen und die Briten beim Wiedervereinigungsprozeß keine große Rolle gespielt haben. Bezeichnend dafür ist die erste Pressekonferenz der Außenminister bei den „2+4"-Gesprächen, wo den französischen, britischen und ostdeutschen Vertretern keine einzige Frage gestellt wurde; vgl. Zelikow/Rice, Germany Unified, S.367

[483] Tomuschat, Vertreibung, S.54

[484] OLG Köln, VIZ 1998, S.215

[485] a.A. Ambrosch-Keppeler, Anerkennung, S.25: Sie sieht im Überleitungsvertrag eine Anerkennung extraterritorialer Enteignungen.

[486] Das OLG Köln behauptet, daß die Westmächte ohne Fortbestehen der Normen den Überleitungsvertrag nicht aufgehoben hätten, können diese These aber nicht belegen; vgl. OLG Köln, VIZ 1998, S.214; vgl. auch Staatsministerin Seiler-Albring, BT-Drucks. 12/5054, S.2 Diese Aussage wurde jedoch von amerikanischer Seite so nicht bestätigt, zudem wurde oben bereits festgestellt, daß auch die Deutschen ein erhebliches Interesse an dem Fortbestand der Normen hatten.

[487] Dem Vernehmen nach Robert Zoellick, vgl. hierzu Fn.490

rechts durch die Beseitigung alten Unrechts befürchtet. Deshalb sollte auch das Beibehalten bestimmter Normen des 1.Teils des Überleitungsvertrages der Rechtssicherheit dienen.[488] Es sollte gewährleistet werden, daß alliierte Rechtsakte bis zu einer Aufhebung durch die deutschen Behörden in Kraft bleiben.[489] Darüber hinaus ist zu vermuten, daß die Bundesregierung den Wiedervereinigungsprozeß keinesfalls gefährden wollte und kaum Verhandlungsspielraum besaß und deshalb auch nicht darauf drängte, sämtliches Dreimächterecht zu beseitigen.

2. Zustandekommen der Note

Da die „2+4"-Verhandlungen innerhalb von sechs Monaten abgeschlossen wurden, beschränkten sich die beteiligten Verhandlungspartner nur auf die ihnen wesentlich erscheinenden Fragen.[490] Es war den Alliierten aber bewußt, daß es noch alliierte Rechte und andere Themen gab, die noch auf den Weg gebracht werden mußten und die in Regierungsabkommen unterzeichnet werden sollten.[491] Es wurde bereits erwähnt[492], daß nur die drei westlichen Mächte Unterzeichner des Überleitungsvertrages waren und eine Verhandlung im Rahmen der „2+4"-Gespräche nicht in Betracht kam, da bei diesen Verhandlungen die sowjetische Delegation stets beteiligt war. Deshalb wurden dem Vernehmen nach gewisse Probleme, z.B. das Fortbestehen der Normen des Überleitungsvertrages, auf höchster Ebene nicht verhandelt.[493] Während jedoch die Bundesregierung behauptet, der Notenwechsel sei auf Initiative der westlichen Alliierten entstanden,[494] sind dem Vernehmen nach zumindest von amerikanischer Seite hierzu keine Bestrebungen ausgegangen.[495] Fest steht lediglich, daß es schwierige Verhandlungen

---

488 Vgl. BR-Drucks. 658/90

489 Bauer, Vier-Mächte-Rechte, S.222

490 Stern, Zwei-Plus-Vier, S.526: Seiner Ansicht nach herrschte am Ende der „2+4"-Gespräche zwischen den beteiligten Parteien weitestgehend Einigkeit bezüglich des Überleitungsvertrages.

491 Michael Young, Legal issues relating to future status of Germany, Hearing before the Committee of Foreign Relations, United States Senate, 101st Congress, 2nd Session, 12.Juli 1990, S.Hrg.101-899, S.5

492 Vgl. oben, Punkt II 3b

493 Auch in den Dokumenten zur Deutschlandpolitik, Sonderedition aus den Akten des Bundeskanzleramtes 1989/1990, sind keine Hinweise auf den Notenwechsel vom 27./28. September 1990 zu finden.

494 Diesen Eindruck erweckt zumindest Staatsministerin Seiler-Albring in einer Antwort auf eine parlamentarische Anfrage, BT-Drucks. 12/5054, S.2

495 Nach den Erinnerungen von Robert Zoellick sollten alle Viermächterechte, außer denjenigen, die mit dem souveränen Deutschland ausgehandelt wurden, durch eine endgültige Friedensvereinbarung beendet werden. Diese Beendigung beinhaltete auch die Beendigung der Dreimächterechte. Jedoch war er davon ausgegangen, daß das völlig souveräne Deutschland keine Nachkriegsmaßnahmen rückgängigmachen würde, wie z.B. die Reparationen.

zum Überleitungsvertrag gab und daß sowohl die Bundesrepublik als auch die westlichen Alliierten ein maßgebliches Interesse an der Fortgeltung der Normen des Überleitungsvertrages hatten.
Während die politischen Verhandlungen zum „2+4"-Vertrag nahezu ohne Mitarbeit der Rechtsabteilung des Auswärtigen Amtes getätigt wurde, mußte die Rechtsabteilung die schwierigen Fragen des Notenwechsels aushandeln.[496]

3. Der Notenwechsel als völkerrechtlicher Vertrag oder als Auslegungsvereinbarung des „2+4"-Vertrages

Bevor auf die Rechtmäßigkeit des Notenwechsel eingegangen werden kann, muß zunächst untersucht werden, ob der Notenwechsel überhaupt ein Vertrag im völkerrechtlichen Sinn ist.
Gemäß Art. 2 lit.a WVRK „bedeutet Vertrag eine in Schriftform geschlossene und vom Völkerrecht bestimmte internationale Übereinkunft zwischen Staaten, gleichviel ob sie in einer oder in mehreren zusammengehörigen Urkunden enthalten ist und welche besondere Bezeichnung sie hat." Da der Notenwechsel vom 27./28. September 1990 diesen Anforderungen entspricht, liegt somit ein Vertrag vor.[497]
Trotzdem muß untersucht werden, ob der Notenwechsel ein eigenständiger Vertrag oder lediglich eine Auslegungsvereinbarung über Art. 7 des „2+4"-Vertrages ist. Wäre es eine Auslegungsvereinbarung, so müßte Art. 7 so ausgelegt werden, daß nur das Viermächterecht, nicht aber das Dreimächterecht beendet werden sollte.
Nach Art. 31 III lit.a WVRK ist generell auch eine „spätere Übereinkunft zwischen den Vertragsparteien über die Auslegung des Vertrags" möglich. Die Annahme, daß es sich auch bei dem Notenwechsel um eine reine Interpretationsvereinbarung handelt, scheitert jedoch aus mehreren Gründen:
Zuerst ist festzustellen, daß sich die Auslegung nur auf Art. 7 I beziehen kann, denn Absatz II hat, wie oben bereits festgestellt wurde,[498] nur deklaratorische Bedeutung und ist deshalb nicht auslegungsbedürftig.
Zudem müßte der Notenwechsel eine „spätere Übereinkunft" sein. Der Notenwechsel sollte gemäß Ziffer 2 i.V.m. Ziffer 1 gleichzeitig mit dem „2+4"-Vertrag suspendiert werden und außerkrafttreten.[499] Somit liegt keine „spätere Übereinkunft" vor.

---

[496] Czaja, Unterwegs, S.775
[497] BVerfGE 90, 286 [359]: Grundsätzlich kann auch ein Notenwechsel ein völkerrechtlicher Vertrag sein, auf die Form eines Vertrages oder die Bezeichnung kommt es nämlich nicht an.
[498] Vgl. Fn.409
[499] Ob der Notenwechsel tatsächlich als Regierungsabkommen ohne Zustimmung der Legislative in Kraft treten konnte, ist für diese Frage unerheblich.

Darüber hinaus müßte eine „Übereinkunft zwischen den Vertragsparteien“ vorliegen. Signatoren des „2+4“-Vertrages waren die Vier Mächte und die beiden deutschen Staaten. Der Notenwechsel hingegen wurde von den westlichen Alliierten und der Bundesrepublik unterzeichnet. Ein multilateraler Vertrag kann jedoch nur durch alle Staaten gemeinsam ausgelegt werden. Es ist auch nicht verständlich, warum die Beendigung der Viermächterechte später - ohne Beteiligung der Sowjetunion - einschränkend ausgelegt werden sollte.[500]
Überdies gibt es auch rechtsstaatliche Bedenken bei der Annahme einer Interpretationsvereinbarung. Der „2+4“-Vertrag wurde gemäß Art. 59 II GG durch ein Zustimmungsgesetz[501] ratifiziert. Obwohl der Notenwechsel zu dieser Zeit schon unterzeichnet worden war, war er nicht Bestandteil des Ratifikationsverfahrens. Damit wurde deutlich zum Ausdruck gebracht, daß der Notenwechsel nicht als verbindliche Interpretationsvereinbarung für den „2+4“-Vertrag gelten sollte.
Folglich ist der Notenwechsel keine Auslegungsvereinbarung im Sinne des Art. 31 III lit.a WVRK, sondern ein selbständiger Vertrag im Sinne des Art. 2 I lit.a WVRK.[502]

4. Der Notenwechsel als Auslegungsvertrag oder Beendigungsvertrag für den Überleitungsvertrages

Fraglich ist, welche Auswirkungen der Notenwechsel auf den Überleitungsvertrag hat. Gemäß Ziffer 1 des Notenwechsels sollte der Überleitungsvertrag außerkrafttreten. Dabei könnte es sich sowohl um eine Beendigungserklärung als auch um eine Auslegungsvereinbarung bezüglich des Überleitungsvertrages handeln.
Hierzu müssen die Auslegungsinstrumente des Art. 31 WVRK beachtet werden. Demnach ist zunächst der Wortlaut einer Norm ausschlaggebend. Nach dem Wortlaut des Notenwechsels sollte gemäß Ziffer 2 der Überleitungsvertrag vorbehaltlich einiger Bestimmungen gleichzeitig mit dem Deutschlandvertrag suspendiert werden und außerkrafttreten. Auch in der englischen und französischen Fassung wurde von einer Beendigung der Verträge gesprochen.
Bei der Betrachtung des Notenwechsel sind die gesamten Umstände zu beachten, die zum Abschluß geführt haben. Wie bereits festgestellt wurde, sollte durch Art. 7 des „2+4“-Vertrages das gesamte Besatzungsrecht beendet werden. Es kann angenommen werden, daß schon aus Gründen der Rechtssicherheit in einem anderen Vertrag eine spezielle Vereinbarung über die Beendigung des Dreimächterechts gefunden werden sollte. Nach der Intention der Vertragsunterzeichner sollte dadurch sichergestellt werden, daß der Überleitungsvertrag bis auf bestimmte Nor-

---

[500] A.A.: Tomuschat, Vertreibung, S.55: Seiner Ansicht nach handelt es sich um asymmetrische Rechtswirkungen. Die Folgen der deutschen Einheit hätten in bezug auf den Überleitungsvertrag eben nur mit den Drei Mächten geklärt werden können.
[501] Gesetz vom 11. Oktober 1990, BGBl 1990 II, S.137
[502] OLG Köln, VIZ 1998, S.214

men beendet werden sollte. Selbst wenn das Fortbestehen bestimmter Normen eine wichtige Rolle spielt, so ging damit dennoch die Beendigung des Überleitungsvertrages einher.
Unbeachtlich ist die Tatsache, daß die Rechtsgrundlage für die Dreimächterechte mit Aufhebung des Viermächterechts weggefallen wäre, und somit keine ausdrückliche Beendigung durch den Notenwechsel nötig war. Das BVerfG[503] sieht hierin zwar einen Widerspruch, da es unsinnig wäre, erst eine Aufhebung und zwei Wochen später hierzu Ausnahmen zu vereinbaren, Ausnahmen konnten jedoch aufgrund der unterschiedlichen Regelungstatbestände nicht im „2+4"-Vertrag vereinbart werden.
Der Notenwechsel ist somit als ein Beendigungsvertrag für den Überleitungsvertrag zu verstehen, aber nicht als Auslegungsvereinbarung für den „2+4"-Vertrag.

5. Der Notenwechsel als Vertrag zugunsten Dritter

Zudem muß untersucht werden, welchen Geltungsbereich der Notenwechsel haben sollte, d.h. ob es ein Vertrag zugunsten Dritter oder eine inter partes Regelung sein sollte.
Aufgrund der extensiven Auslegung des Art. 3 des 6.Teils des Überleitungsvertrages durch die Rechtsprechung[504] betrifft die Norm nicht nur die Vertragspartner USA, Großbritannien und Frankreich, sondern auch Drittstaaten. Nach Ansicht der Rechtsprechung sind auch Einwendungen gegen Kriegsfolgemaßnahmen anderer Siegerstaaten nicht möglich. Der Notenwechsel würde nämlich für die fortbestehenden Normen keine inter partes Regelung vorschreiben. Infolgedessen könnte der Notenwechsel ein Vertrag zugunsten Dritter sein.

a. Überleitungsvertrag als Vertrag zugunsten Dritter

Damit der Notenwechsel drittbegünstigend wäre, müßten die Normen des Überleitungsvertrages drittbegünstigend sein, da der Notenwechsel lediglich die Normen des Überleitungsvertrages aufrecht erhält. Deshalb muß zuerst untersucht werden, ob der Überleitungsvertrag überhaupt drittbegünstigend sein sollte.
Nach einer Ansicht in der Literatur ist der Überleitungsvertrag ein Vertrag zugunsten Dritter. Er enthalte begünstigende Bestimmungen für einen Kreis von Staaten, wozu z.B. auch die Tschechoslowakei gehörte. Zu den begünstigten Staaten zählten darüber hinaus aber auch die „Vereinten Nationen" im Sinne des AHK-Gesetzes Nr.54. Die begünstigenden Normen finden sich dabei im 6., 9. und 10. Teil des Überleitungsvertrages.[505]

---

[503] Fall Liechtenstein, BVerfG 2 BvR 1981/97 = VIZ 1998, S.202 = AöR 1998, S.198
[504] Vgl. Teil B, Punkt IX
[505] Raschhofer, Deutsche Reparationsregelung, S.500, 503

Für eine Drittbegünstigung könnte zudem sprechen, daß der Überleitungsvertrag bewirken sollte, daß die Kriegsfolgemaßnahmen für die Bundesrepublik unantastbar bleiben. Da Deutschland den Krieg zu verantworten hatte, könnten die westlichen Alliierten beschlossen haben, daß keine Maßnahme der Siegermächte von deutschen Gerichten überprüft würde. Die Bundesrepublik sollte sich heraushalten, zumal sie sowieso ihr Recht verwirkt hatte, über Kriegstaten anderer zu urteilen. Für solch einen umfassenden Ausschluß wäre aber auch ein Ausschluß gegenüber anderen Siegermächten notwendig gewesen.
Es ist jedoch davon auszugehen, daß die Vertragspartner Drittstaaten überhaupt keine Rechte einräumen wollten. Da nur die drei Westmächte und die Bundesrepublik Signatarstaaten sowohl der Note als auch des Überleitungsvertrages sind, kann sich die Bundesrepublik auch nur gegenüber diesen drei Vertragspartnern verpflichtet haben, den Einwendungsverzicht und den Klagestopp einzuhalten.[506] Ein Indiz hierfür ist schon darin zu sehen, daß in Art. 3 I des 6.Teils des Überleitungsvertrages von den Enteignungen „aufgrund von Abkommen der Drei Mächte“ die Rede ist. Bereits Erich Kaufmann hat in seiner Zeit als Völkerrechtsberater im Auswärtigen Amt 1952 bestätigt, daß Art. 3 des 6.Teils des Überleitungsvertrages nur als eine Verpflichtung gegenüber den Drei Mächten verstanden werden solle und könne.[507] Eine Verpflichtung, daß Art. 3 auch gegenüber Drittstaaten Anwendung finden muß, kann somit nicht bestehen, denn Art. 3 regelt nur die Beziehungen zwischen der Bundesrepublik und den drei Westmächten.[508] Bei Abschluß des Überleitungsvertrages wollten die Alliierten noch nicht die reparationsrechtlichen Regelungen als schrankenlose Verträge zugunsten von Drittstaaten konzipieren[509], denn schließlich war zu diesem Zeitpunkt auch noch nicht das ganze Ausmaß der Enteignungen bekannt. Nur der Zugriff der drei Westmächte auf deutsche Auslands- und Inlandswerte sollte geschützt werden.[510] Art. 3 sollte somit ausschließlich die Vertragspartner in ihrer Rechtsstellung begünstigen.[511]

Trotzdem wurde der Überleitungsvertrag von der Bundesrepublik drittbegünstigend ausgelegt. Bezüglich Polens wurde z.B. vertreten, daß die Alliierten niemals

---

506 Ebenso Klein, Diplomatischer Schutz, S.76; Klein, BVerfG und Ostverträge, S.24; Blumenwitz, Offenhalten Polen, S.64 ff.; Mosheim, Reparationen, S.697; Wenk, Konfiszierte Privatvermögen, S.112

507 Kaufmann, Reparationen, Bulletin, 19. September 1952, S.1270; Bulletin, 25. Mai 1952, S.654

508 Blumenwitz, Offenhalten Polen, S.66

509 Blumenwitz, Offenheit der Vermögensfrage, S.164

510 Mosheim, BB 1952, S.697; ebenso dem Vernehmen nach ehemalige Vertreter der amerikanischen Regierung.

511 Vgl. von der Beck, SBZ, S.174: Deshalb durfte sich die Bundesrepublik bis zum Abschluß des „2+4“-Vertrages und den dort eingegangen völkerrechtlichen Verpflichtungen auf die Völkerrechtswidrigkeit der Konfiskationsakte in der SBZ berufen. Dabei ist fraglich, warum man sich gegenüber der Sowjetunion auf die Völkerrechtswidrigkeit berufen durfte, gegenüber anderen „Nichtvertragsstaaten“ dies aber abgelehnt wurde.

daran gedacht hätten, die durch polnische Behörden vorgenommenen Enteignungsmaßnahmen mit der Reparationsfrage in Verbindung zu bringen.[512] Dennoch hat in einer parlamentarischen Anfrage 1974/1975 der damalige Staatssekretär im Bundesjustizministerium de With erklärt, daß es gemäß Art. 3 des Überleitungsvertrages verwehrt sei, Maßnahmen gegen die Enteignungen auf polnischem Gebiet vorzunehmen.[513] Der Einwendungsverzicht sei eine „rechtliche Schranke"[514] bei der Geltendmachung von Rechten. Diese Ansicht ist aber abzulehnen, da das Vermögen nicht zu den genannten Zwecken konfisziert worden ist.[515] Zudem wäre es ein Widerspruch gewesen, auf der einen Seite in verschiedenen Freundschaftsverträgen Vermögensfragen offen zu halten, andererseits aber einen Rechtsschutz durch endgültige Festlegung des Überleitungsvertrages auszuschließen.[516] Insbesondere war die Bundesrepublik auch nicht zur Respektierung der verschiedenen Feindvermögensgesetze verpflichtet.
Das gleiche müßte dann aber auch für andere Drittstaaten gelten, wenn die Konfiskationen in diesen Staaten auch nicht unter das deutsche Auslandsvermögen subsumiert werden können. Wird somit festgestellt, daß die in anderen Staaten erfolgten Enteignungen nicht zu den Konfiskationen, Reparationsenteignungen des Art. 3 des 6.Teils des Überleitungsvertrages zu zählen sind, so ist die Bundesrepublik gegenüber diesen Staaten nicht verpflichtet, auf Einwendungen zu verzichten oder Klagen abzuweisen.

b. Auslegung des Notenwechsels durch die Rechtsprechung

Obwohl der Notenwechsel kein Vertrag zugunsten Dritter sein sollte, wird in der Praxis ein solcher angenommen. Die Rechtsprechung hat im Fall Liechtenstein[517] eine Überprüfung der Konfiskationen durch die Tschechoslowakei aufgrund des Art. 3 des 6.Teils des Überleitungsvertrages abgelehnt, obwohl sich das Gericht nur auf Entscheidungen stützt, bei denen die Konfiskationen immer nur durch die Drei Mächte selbst vorgenommen wurden.[518] Durch diese ausufernde Rechtsprechung des BGH und die Bestätigung durch das BVerfG kann der enteignende Staat selbst entscheiden, welches Vermögen er als deutsches Vermögen ansieht.

---

512 Klein, Diplomatischer Schutz, S.76 mit weiteren Nachweisen; Wenk, Konfiszierte Privatvermögen, S.110

513 Erklärung Staatssekretär beim Bundesminister der Justiz, de With, in einer parlamentarischen Fragestunde. BT-Steno. 7/9534 –9536; BT-Steno. 7/10949 – 10954; de With übersah dabei jedoch, daß die Konfiskationen auf der Potsdamer Konferenz von niemandem mit der Reparationsfrage in Verbindung gebracht worden war und deshalb der Überleitungsvertrag diesbezüglich keine Anwendung finden sollte; vgl. Klein, BVerfG und Ostverträge, S.23

514 de With, BT-Steno. 7/9534 ff.; 7/10949

515 Blumenwitz, Offenhalten Polen, S.64 f. mit ausführlicher Darstellung

516 Ebenso Wenk, Konfiszierte Privatvermögen, S.109

517 OLG, VIZ 1998, S.214 ff.; BVerfG 2 BvR 1981/97 = VIZ 1998, S.202 = AöR 1998, S.198

518 Seidl-Hohenveldern, Nachwirkung der Kontrollratsgesetzgebung, S.984

Damit werden aber Drittstaaten durch diesen Vertrag begünstigt, da auch gegen ihre Enteignungen keine Maßnahmen erhoben werden dürfen. Da es nur auf diese Auslegung der Rechtsprechung ankommt, liegt demnach von Seiten der Rechtsprechung eine Drittbegünstigung vor.

c. Die Voraussetzungen des Art. 36 WVRK für eine drittbegünstigende Auslegung

Fraglich ist aber, ob die völkerrechtlichen Voraussetzungen für eine drittbegünstigende Auslegung des Notenwechsels vorliegen. Gemäß Art. 36 WVRK wird ein Drittstaat

> „durch eine Vertragsbestimmung berechtigt, wenn die Vertragsparteien beabsichtigen, durch die Vertragsbestimmungen dem Drittstaat ... ein Recht einzuräumen, und der Drittstaat dem zustimmt."

Die Zustimmung wird dabei solange vermutet, wie das Gegenteil nicht erkennbar ist.
Bezüglich der Drittbegünstigung der fortbestehenden Normen liegt zwar keine ausdrückliche Zustimmung von Drittstaaten vor, aber das Gegenteil ist auch nicht erkennbar. Deshalb kommt es im wesentlichen darauf an, ob die Vertragsparteien des Notenwechsels beabsichtigten, Drittstaaten zu begünstigen.[519]

Zumindest den Mitarbeitern des Auswärtigen Amtes muß bewußt gewesen sein, daß die Regelungen des Überleitungsvertrages zugunsten Dritter ausgelegt werden. Deshalb konnten sie im Notenwechsel inter partes Regelungen in Erwägung ziehen. Dies ist jedoch nicht geregelt worden, so daß dies dafür sprechen könnte, daß der Notenwechsel drittbegünstigend sein sollte.
Es ist aber zu berücksichtigen, daß eine Unterscheidung zwischen den Intentionen der Bundesrepublik und der westlichen Alliierten zu treffen ist. Die Bundesrepublik könnte daran interessiert gewesen sein, eine drittbegünstigende Regelung zu schaffen, denn ansonsten hätten nachbarschaftliche Beziehungen, z.B. zur Tschechischen Republik, gefährdet werden können. Für die Bundesrepublik gab es deshalb keine Motivation, eine von der praktizierten Rechtsprechung[520] abweichende Regelung zu schaffen. Zu differenzieren ist davon aber die Intention der Vertragspartner, der westlichen Alliierten.
Kurz vor der Wiedervereinigung konnte es den Westalliierten nur darum gehen, ihre eigenen Maßnahmen und Entscheidungen außer Streit zu stellen. Sie können aber nicht das geringste Interesse daran gehabt haben, einen Drittstaat zu begünstigen, da sie für dortige Konfiskationen keine Verantwortung trugen. Somit wird

---

[519] Vgl. Teil B, Punkt IX 3
[520] Vgl. Teil B, Punkt IX

durch die extensive Auslegung der Gerichte eine Drittbegünstigung geschaffen, die von den drei westlichen Alliierten so sicherlich nicht gewollt war.[521] Gleichwohl ist zu berücksichtigen, daß die USA beim Wiedervereinigungsprozeß immer darauf bedacht waren, daß nicht eine Prozeßflut von anderen Staaten ausgelöst wird.[522]
Da sich die Bundesrepublik stets darauf beruft, daß die Alliierten auf die Beibehaltung der Normen des Überleitungsvertrages bestanden hätten[523], muß auch ihr Wille bezüglich der Wirkung inter partes maßgeblich sein. Folglich muß festgehalten werden, daß die Vertragsparteien nicht beabsichtigten, Drittstaaten durch die Vertragsbestimmungen zu berechtigten, da die Absicht eines einzelnen Vertragspartners nicht ausreichend ist. Somit darf der Notenwechsel nicht drittbegünstigend ausgelegt werden.

6. Zwischenergebnis

Zusammenfassend kann gesagt werden, daß nicht eindeutig festzulegen ist, welche der Vertragsparteien den Notenwechsel initiiert hat. Fest steht nur, daß beide Vertragsparteien hieran ein Interesse hatten. Zudem ist der Notenwechsel ein völkerrechtlicher Vertrag, der vornehmlich den Überleitungsvertrag beenden sollte. Jedoch führt der Notenwechsel nicht zu einer inter partes Wirksamkeit der fortbestehenden Normen, sondern der Vertrag wird drittbegünstigend ausgelegt, obwohl dies nicht der Intention der Alliierten entspricht.

V. Vereinbarkeit des Notenwechsels mit Verfassungsrecht und sonstigem Bundesrecht

Bei Abschluß eines völkerrechtlichen Vertrages muß die Bundesrepublik zunächst das deutsche Verfassungsrecht beachten und dabei die Interessen der betroffenen Staatsbürger berücksichtigen.[524] Durch den Notenwechsel soll dauerhaft ein Klagestopp bezüglich der Kriegsfolgemaßnahmen verhängt werden. Dadurch wurde den Betroffenen in Deutschland das Recht genommen, sich gegen die Maßnahmen zu wehren. Eine solche Beschränkung kann aber nur durch Rechtsnormen erfolgen, die Bestandteil der verfassungsmäßigen Ordnung im Sinne von Art. 2 I GG sind. Dies bedeutet, daß der Notenwechsel bereits „formell der Verfassung gemäß" sein muß.[525]

---

521 Aussage eines ehemaligen amerikanischen Regierungsvertreters, der mit diesen Problemen vertraut ist: Es könne nämlich z.B. der Liechtensteiner Bilderstreit den USA ganz egal sein.
522 Dem Vernehmen nach Robert Zoellick.
523 Vgl. Fn.848
524 Wittkowski, Staatensukzession, S.218
525 Elfes-Urteil, BVerfGE 6, 32 (3. Leitsatz)

1. Doppelte Ratifizierung, Art. 59 II GG

Die Note wurde vom Auswärtigen Amt entworfen und an die Botschafter der drei Westmächte geschickt. Zusammen mit den Antwortnoten der Botschafter, die das Einverständnis ihrer Regierungen zum Ausdruck bringen, bildet der Notenwechsel eine völkerrechtliche Vereinbarung zwischen den vier Regierungen.[526]
Die Note ist auf deutscher Seite „nur" von dem beamteten Staatssekretär im Auswärtigen Amt unterzeichnet worden und wurde ohne Ratifizierung durch den Gesetzgeber in Form eines Regierungsabkommens zwischen den beteiligten Staaten getroffen. Dem Vernehmen nach wurde bezüglich der Note Rücksprache mit dem Auswärtigen Ausschuß getroffen, eine förmliche Zustimmung des Bundestages wurde jedoch nicht eingeholt. Vermutlich wurde aber auch keine Möglichkeit der Parlamentsbeteiligung gesehen, da ein Zustimmungsgesetz mindestens ein halbes Jahr in Anspruch genommen hätte und diese Zeit nicht zur Verfügung stand, denn die Note sollte schon vor der Wiedervereinigung bzw. vor Erlangen der vollen Souveränität abgeschlossen sein.[527] Die westlichen Verbündeten hatten auch ein Interesse daran, diesen Vertrag noch vor der Wiedervereinigung abzuschließen, denn nach der Wiedervereinigung hätten sie kein Druckmittel mehr gegen die Bundesregierung gehabt und die Bundesregierung hätte eventuell noch versuchen können, inhaltlich die Note zu verändern. Die kurze Zeit bis zum Inkrafttreten des „2+4"-Vertrages reichte aber eben nicht aus, um ein Zustimmungsgesetz einzuholen. Somit hatte die Bundesregierung vermutlich keine andere Wahl, als ohne Zustimmungsgesetz diesen Vertrag zu schließen. Da sich das Parlament aber auch nicht über diese Vorgehensweise beschwert hat, könnte die Parlamentsbeteiligung für eine „Formalität" gehalten werden.

Problematisch ist aber, ob die Beibehaltung einiger Vorbehaltsrechte durch einen schlichten Notenwechsel zwischen einem Staatssekretär und den jeweiligen Botschaftern der drei Westmächte ohne Parlamentszustimmung vereinbart werden konnte. Zum Zeitpunkt des Abschlusses des Notenwechsels waren die Dreimächterechte noch in Kraft, da die Viermächterechte durch den „2+4"-Vertrag noch nicht aufgehoben waren. Während die Aufhebung des Dreimächterechts im Notenwechsel auch nur deklaratorischer Art ist, ist die Beibehaltung bestimmter Rechte eine Ausnahme zum Wegfall der Rechtsgrundlage. Deshalb muß die Rechtmäßigkeit überprüft werden.

---

[526] Die Botschafter waren Boidevaix, Mallaby und Walters.
[527] Vgl. oben, Punkt II 3b ee

a. Voraussetzungen

Vom juristischen Standpunkt aus ist die Vorgehensweise bei der Entstehung des Notenwechsels fragwürdig, da gemäß Art. 59 II S.1 GG ein Bundesgesetz erforderlich gewesen sein könnte. Demnach bedürfen

> „Verträge, welche die politische Beziehungen des Bundes regeln oder sich auf Gegenstände der Bundesgesetzgebung beziehen, der Zustimmung oder der Mitwirkung der jeweils für die Bundesgesetzgebung zuständigen Körperschaften in der Form eines Bundesgesetzes".

Folglich müssen Verträge, die in Rechtspositionen des Bürgers eingreifen, vom Parlament ratifiziert werden. Somit ist bei formellen Verwaltungsabkommen nach dem Inhalt zu ermitteln, ob ein Zustimmungsgesetz erforderlich ist.
Entbehrlich wäre diese Zustimmung gemäß Art. 59 II S.2 GG nur, wenn ein (nicht politisches) Verwaltungsabkommen vorläge. Folglich gibt es im Rahmen des Art. 59 GG drei Arten völkerrechtlicher Verträge zu unterscheiden: Den politischen Vertrag, den gesetzesinhaltlichen Vertrag und das Verwaltungsabkommen.

aa. politischer Vertrag

Zunächst könnte die Note vom 27./28. September 1990 ein politischer Vertrag sein, da die Modifikation der souveränen Handlungsfreiheit ein politischer Akt der Bundesregierung sein könnte.[528]
Für die Entscheidung, ob ein politischer Vertrag vorliegt, ist das Gewicht des Vertrages für die Bundesrepublik entscheidend.[529] Dabei darf der Begriff des politischen Vertrages nicht zu weit gefaßt werden, da ansonsten die meisten Verträge zwischen Staaten darunter zu subsumieren wären. Nach der Rechtsprechung des BVerfG[530] ist deshalb nicht schon dann ein politischer Vertrag gegeben, wenn er sich allgemein mit öffentlichen Angelegenheiten, dem Gemeinwohl oder den Staatsgeschäften befaßt. Hinzukommen müsse vielmehr, daß die Existenz des Staates, seine territoriale Integrität, seine Unabhängigkeit, seine Stellung oder sein maßgebliches Gewicht in der Staatengemeinschaft durch den Vertrag selbst berührt werden.[531] Beispiele für politische Verträge sind Bündnisse, Friedensverträ-

---

[528] Tomuschat, Vertreibung, S.53

[529] Rojahn in v.Münch, GG, Art. 59 Rd.22

[530] BVerfGE 1, 351(372 ff.) = NJW 1952, 970 ff.; 6 ,309; 36, 1; 90,286; Rojahn in v.Münch, GG, Art. 59 Rd.22: Abgelehnt wurde die Einordnung als politischer Vertrag erst drei Mal: Petersberger Abkommen 1, 351; Kehler-Hafenabkommen 1, 372; Deutsch-Französisches Wirtschaftsabkommen 1, 372

[531] Stern, Staatsrecht I, S.503; Rosengarten, Völkerrechtliche Verträge, S.21 und S.34: Diese Definition des BVerfG ist kritisiert worden, denn es wird gefürchtet, daß die enge Auslegung des politischen Vertrages zu einer Umgehung der Parlamente führen könnte. Seiner Meinung nach

ge, Schiedsverträge, Garantiepakte und Abkommen über die politische Zusammenarbeit.[532]
Darüber hinaus muß die „politische Beziehung" durch den Vertrag „geregelt" worden sein. Der Vertrag muß eine Regelung dieser politischen Beziehung selbst bezwecken, eine nur sekundäre oder sogar ungewollte Auswirkung auf die Beziehung ist nicht ausreichend. Somit liegt keine Regelung vor, wenn nur eine Auswirkung auf die innenpolitischen, wirtschaftlichen oder sozialen Verhältnisse gegeben ist.[533] Daher ist zu prüfen, ob die Note vom 27./28. September 1990 eine politische Beziehung regelt:
Die Note wurde zwischen den Regierungen der Bundesrepublik und den drei westlichen Alliierten geschlossen. Es sollte dadurch das Fortbestehen von Normen des Überleitungsvertrages festgehalten werden,[534] welche der Bundesrepublik im wesentlichen einen Einwendungsverzicht und Klagestopp gemäß Art. 3 III des 6.Teils des Überleitungsvertrages auferlegten. Deshalb wird vertreten, daß ein hochpolitischer Vertrag vorliegt.[535] Es ist aber zu bedenken, daß durch diese Regelungen weder der Bestand der Bundesrepublik noch die Stellung oder das Gewicht innerhalb der Staatengemeinschaft betroffen ist. Zudem stellt der Eingriff in die Souveränität noch keine Bedrohung der Unabhängigkeit der Bundesrepublik dar. Es bedarf aber keiner eindeutigen Klärung der Frage, wenn sich die Zustimmungsbedürftigkeit aufgrund anderer Überlegungen ergibt.

bb. Verwaltungsabkommen im gesetzlichen Bereich

Gemäß Art. 59 II GG ist auch dann eine Zustimmung notwendig, wenn Gegenstände der Bundesgesetzgebung betroffen sind. Durch Art. 59 II GG soll das Parlament davor geschützt werden, daß die Regierung einen unkontrollierten Eingriff in die Legislativgewalt der gesetzgebenden Organe vornimmt.[536] Zu den gesetzesinhaltlichen Verträgen gehören deshalb solche Verträge, deren Bestimmungen unmittelbar Rechte oder Pflichten für den einzelnen begründen, abändern oder aufheben sollen.[537] Da aber nach dieser Definition nahezu jede Regelung gesetze-

---

sollten deshalb auch nicht nur hochpolitische, sondern auch außenpolitisch wichtige Verträge einer Zustimmung bedürfen.

532 Rosengarten, Völkerrechtliche Verträge, S.20: deshalb wurden z.B. der Deutschlandvertrag und der „2+4"-Vertrag als machtpolitische Verträge eingestuft.

533 BVerfGE 1, 372 ff. (382); Dünisch, Mundatwald, S.160; Geiger, Grundgesetz und Völkerrecht, S.134

534 Ob es sich hierbei um eine konstitutive oder eine deklaratorische Regelung handelt, ist an diesem Punkt nicht von Relevanz.

535 Blumenwitz, Staatennachfolge, S.67; Wittkowski, Staatensukzession, S.219

536 Dünisch, Mundatwald, S.161

537 Rojahn in v.Münch, GG, Art. 59, Rd.25; BVerfGE 90, 286 [360 f.]: Eine Änderung liegt aber nur dann vor, wenn die Vertragsparteien dies ausdrücklich wollen, nicht etwa, wenn nur eine andere Vertragsauslegung vereinbart wird.

sinhaltlicher Natur ist, muß dieser Begriff enger ausgelegt werden. Es dürfen deshalb nur Gegenstände betroffen sein, die nicht nur möglicherweise der Legislative zufallen, sondern solche, die bereits in formellen Gesetzen geregelt sind oder einer gesetzlichen Regelung bedürfen.[538] Maßgebend ist für die Einordnung aber nicht der Zuständigkeitskatalog des Grundgesetzes. Vielmehr geht es um die Unterscheidung der Kompetenz zwischen der Bundesregierung und einer gesetzgebenden Körperschaft. Da die Bundesregierung nicht ohne Zustimmung Verträge schließen können soll, die sie innerstaatlich nicht ohne die Legislative erfüllen kann, ist eine Vollzugsordnung dann Gegenstand der Bundesgesetzgebung, wenn die Verordnung nicht ohne Mitwirkung der gesetzgebenden Körperschaft ergehen kann.[539]
Da im Überleitungsvertrag eine gesetzesinhaltliche Regelung vorliegt, ist allein fraglich, ob sie noch vom Zustimmungsgesetz zum Überleitungsvertrag gedeckt sein konnte oder der Überleitungsvertrag maßgeblich geändert bzw. ergänzt wurde.

Zu unterscheiden davon sind die Verwaltungsabkommen, die durch einzelne Vereinbarungen den Sachbereich der Gesetzgebung berühren. Verwaltungsabkommen sind völkerrechtliche Verträge, die nicht politische Beziehungen regeln oder zu deren innerstaatlichen Durchführung kein Gesetzgebungsakt erforderlich ist.[540] Dabei kann zwischen Regierungs- und Resortabkommen unterschieden werden, sogenannte executive agreements.[541] Die Note könnte ein Regierungsabkommen sein, denn diese sind völkerrechtliche Vereinbarungen, bei denen die vertragsschließenden Parteien Regierungen verschiedener Staaten sind.[542] Gemäß Art. 77 II GGOII ermächtigt der Bundesaußenminister die Person, die den Vertrag für die Bundesrepublik abschließen soll.[543] Somit konnte auch ein beamteter Staatssekretär ermächtigt werden.
Werden in diesem Verwaltungsabkommen nur Angelegenheiten berührt, die bereits in einem Staatsvertrag enthalten sind, die Verpflichtungen des Staatsvertrages nur deklaratorisch wiedergeben oder auf die Geltung des Staatsvertrages lediglich verweisen, so bedarf dieses Verwaltungsabkommen keiner gesetzlichen Zustimmung. Somit werden durch diese Verwaltungsabkommen zwar Angelegenheiten geregelt, die zur Gesetzgebung gehören, die aber eine bundesgesetzli-

---

[538] Maunz, GG Kommentar, Art. 59 Rd.17; BVerfGE 1, 389: Nach dem BVerfG müßte ein Vertrag vorliegen, in dem der „Bund durch Vertrag Verpflichtungen übernimmt, deren Erfüllung allein durch Erlaß eines Bundesgesetzes möglich ist."
[539] BVerfGE 1, 390
[540] Stern, Staatsrecht I, S.503; ebenso Geiger, Grundgesetz und Völkerrecht, S.138; dagegen Schmidt-Bleibtreu/Klein, GG, Art. 59 Rd.23: Die beiden Alternativen stünden nicht in einem alternativen, sondern einem kumulativen Verhältnis.
[541] Maunz, GG Kommentar, Art. 59 Rd.39
[542] Schmidt-Bleibtreu/Klein, GG, Art. 59 Rd.25
[543] Zuleeg, GG - Alternativkommentar, Art. 59 Rd.70

che Regelung nicht erfordern, weil sie bereits durch einen zustimmungsbedürftigen Staatsvertrag gesetzlich geregelt wurden.[544] Es könnte bezüglich des Notenwechsels somit ein Zustimmungsgesetz entbehrlich sein, wenn ein Verwaltungsabkommen im gesetzlichen Bereich in Betracht kommt, welches lediglich auf einen zustimmungsbedürftigen Vertrag verweist.
Somit dürfte das Regierungsabkommen lediglich deklaratorischer Natur sein, da ansonsten ohne ein Zustimmungsgesetz eine Kompetenzüberschreitung vorläge.[545]

(1) Deklaratorisch

Nach Ansicht des OLG Köln[546] gab es keine gesetzesinhaltlichen Änderungen, da durch die Note keine Rechte genommen wurden, die vorher existiert hätten.[547] Die gesetzesinhaltlichen Regelungen wären somit noch vom Zustimmungsgesetz zum Überleitungsvertrag[548] gedeckt. Auch das BVerfG[549] geht davon aus, daß der Notenwechsel nur klarstellend sei und eine bereits geltende, völkerrechtliche Regelung fortbestehen würde. Der „2+4"-Vertrag hätte nur Rechte der Vier Mächte aufgehoben und deshalb sei das Dreimächterecht nicht betroffen gewesen. Die gemäß Art. 7 II des „2+4"-Vertrages „demgemäß" erlangte Souveränität sei lediglich Konsequenz. Der Überleitungsvertrag hätte somit auch nach Inkrafttreten des „2+4"-Vertrages weiterbestanden. Somit sei der Notenwechsel nur klarstellend bezüglich der bereits innerstaatlich geltenden Normen und es wäre kein Zustimmungsgesetz nach Art. 59 II S.1 GG notwendig gewesen.
Auch in der Literatur wird vertreten, daß das Zustimmungsgesetz zum Überleitungsvertrag die innerstaatliche Rechtsgrundlage für die fortbestehenden Normen des Überleitungsvertrages sei. Mit der partiellen Aufhebung der Beschränkungen mit Zustimmung der Bundesrepublik am 27./28. September 1990 hätten bis zu diesem Zeitpunkt die Normen des Überleitungsvertrages in ununterbrochener zeitlicher Kontinuität gegolten. Deshalb habe es hier nur eine deklaratorische Feststellung gegeben und nicht etwa eine Neubegründung.[550]

---

[544] Härle, Völkerrechtliches Verwaltungsabkommen, S.106

[545] z.B. Abkommen über Zollerleichterungen im Touristenverkehr mit zwei Zusatzprotokollen; Text: BGBl 1956 II, S.1886; weitere Beispiele bei Härle, Völkerrechtliches Verwaltungsabkommen, S.106 f.

[546] OLG Köln, VIZ 1998, S.213 ff.

[547] BVerfG, Entscheidung vom 5. Juni 1992, 1613/91 = NJW 1992, S.3223: Bezüglich der polnischen Vertriebenen wurde festgestellt, daß die bestehenden, aber von polnischer Seite nicht anerkannten Rechtspositionen kaum Hoffnung auf Rückgängigmachung geben und deshalb kaum durchsetzbar sind. Diese Situation ist vergleichbar mit der hier vorliegenden Situation.

[548] BGBl 1955 II, S.213

[549] BVerfG 2 BvR 1981/97 = VIZ 1998, S.202 = AöR 1998, S.198

[550] Tomuschat, Vertreibung, S.54

Diese Ansicht verkennt jedoch, daß die Rechte nicht vertraglich begründet worden waren, auch nicht in dem Zustimmungsgesetz.[551] Vielmehr beruhten die Rechte auf vierseitigen Vereinbarungen. Somit kann es keine deklaratorische Aufrechterhaltung der Rechte geben.

(2) Konstitutiv

In der Regel ist ein Gesetzesvorbehalt gegeben, wenn ein sonst zugänglicher Klageweg versperrt wird.[552] Deshalb muß überprüft werden, ob die Aufrechterhaltung der Normen des Überleitungsvertrages aus verschiedenen Gründen konstitutiv ist.

(2.1.) Ausdehnung des territorialen Geltungsbereiches

Die Notwendigkeit eines Zustimmungsgesetzes gemäß Art. 59 II GG könnte sich aufgrund der Ziffer 4a des Notenwechsels ergeben. Durch den Notenwechsel sollte die Fortgeltung des Überleitungsvertrages zwischen der Bundesrepublik Deutschland und den drei Westmächten geregelt werden. Da sich das Dreimächterecht somit nur auf das Gebiet der „alten" Bundesrepublik beziehen konnte, kann sich auch der Notenwechsel nur auf dieses Gebiet beziehen. Gemäß Ziffer 4a des Notenwechsels wird die Bundesregierung „sämtliche angemessenen Maßnahmen ergreifen [..], um sicherzustellen, daß die weiterhin gültigen Bestimmungen des Überleitungsvertrags auf dem Gebiet der gegenwärtigen DDR und in Berlin nicht umgangen werden".
Zunächst muß untersucht werden, welche Auswirkung diese Regelung haben soll. Da die fortgeltenden Vorschriften auch in der ehemaligen DDR nicht ausgehebelt werden sollen, ist dies eine Umschreibung dafür, daß diese Vorschriften dort auch Anwendung finden sollen. Würde z.B. eine konfiszierte Antiquität vom ehemaligen Eigentümer bei einem Händler in Leipzig aufgefunden, so würde Ziffer 4a bewirken, daß der Eigentümer auch nicht in Leipzig auf Herausgabe der Antiquität klagen könnte. Folglich gelten im Gebiet der ehemaligen DDR die gleichen Einschränkungen wie in den alten Bundesländern. Der Überleitungsvertrag sollte zwar nicht direkt, aber indirekt in der ehemaligen DDR Anwendung finden, denn die fortgeltenden Bestimmungen betreffen großenteils die Fortgeltung von den Besatzungsakten, und diese sollen auch für die DDR-Bürger gelten.[553] Somit wurde de facto durch den Notenwechsel das westalliierte „versteinerte" Besatzungsrecht auch auf die ehemalige DDR mitübertragen, da die Formulierung „nicht umgangen werden" gleichsam die faktische Anwendung der Vorschriften bedeutet.

---

[551] Vgl. Teil B, Punkt IV
[552] Vgl. Tomuschat, Vertreibung, S.53
[553] Blumenwitz, Staatennachfolge, S.69; Wittkowski, Staatensukzession, S.221

Es könnte vertreten werden, daß Ziffer 4a so zu verstehen sei, daß auf dem Gebiet der ehemaligen DDR kein Ergebnis möglich sein sollte, welches auf dem Gebiet der „alten“ Bundesrepublik unmöglich wäre. Im Vordergrund stünde nicht, daß der Überleitungsvertrag in den Neuen Bundesländern anwendbar ist, sondern daß kein anderes Ergebnis entstehen sollte. Vor einem Gericht auf dem Gebiet der Neuen Bundesländer würde deshalb nicht der Überleitungsvertrag herangezogen werden, sondern das Gericht würde sich auf das Territorialitätsprinzip berufen und auf die hoheitliche Maßnahme eines fremden Staates verweisen, die nicht überprüft werden könnte.
Zum einen ist diese Ansicht durch die Rechtsprechung noch nicht bestätigt worden, zum anderen wäre den Gerichten eine faktische Anwendung des Art. 3 des 6.Teils des Überleitungsvertrages trotzdem möglich.[554] Zudem kann eine hoheitliche Maßnahme eines fremden Staates auch auf dem Gebiet der ehemaligen DDR nur dann wirksam sein, wenn sie mit wesentlichen Grundsätzen der Bundesrepublik Deutschland vereinbar ist.[555] Dies bedeutet jedoch, daß eine Überprüfung der Enteignungsmaßnahme vorgenommen würde. Eine Überprüfung der Enteignungsmaßnahmen könnte nur vermieden werden, wenn sich auch die Gerichte in der ehemaligen DDR auf Art. 3 des 6.Teils des Überleitungsvertrages berufen. Daher ist zu befürchten, daß Art. 3 des 6.Teils des Überleitungsvertrages faktisch auch auf dem Gebiet der ehemaligen DDR Anwendung findet.

Damit ist aber noch nicht die Frage geklärt, ob die faktische Ausdehnung auf das Gebiet der ehemaligen DDR gleichzusetzen ist mit der Ausdehnung auf dieses Gebiet de iure und deshalb eine gesetzesinhaltliche Änderung vorliegt. Es kann vertreten werden, daß es keinen wesentlichen Unterschied zwischen einer Anwendung de facto und de iure gibt, so daß keine Zustimmung der Legislative erforderlich sei.
Es kann im wesentlichen aber nicht darauf ankommen, ob ein Gesetz de iure oder nur de facto gilt. Entscheidend ist lediglich, welche Bedeutung diese Norm haben soll und demnach sollen die Normen auch in der ehemaligen DDR Anwendung finden. Die Anwendung führt jedoch zu rechtsstaatlichen Bedenken. Zum einen durfte weder im Rahmen der beweglichen Vertragsgrenzen einfach eine Ausdehnung auf das Gebiet der ehemaligen DDR stattfinden, noch durfte solch eine gesetzesinhaltliche Veränderung ohne ein Zustimmungsgesetz vorgenommen werden.[556] Infolgedessen ist es unerheblich, ob die Normen nur de facto oder de iure Anwendung finden, wesentlich ist nur, daß sie Anwendung finden.
Im übrigen muß den Verfassern der Note selbst bewußt gewesen sein, daß die Ausdehnung auf das Gebiet der ehemaligen DDR eines Zustimmungsgesetzes be-

---

554 In diesem Zusammenhang ist auf den sogenannten Botschaftsfall zu verweisen, zu dem unten unter Punkt XII 5 Stellung genommen wird.
555 Vgl. unten, Punkt VIII 2
556 Blumenwitz, Souveränität, S.391

darf. Ansonsten hätte es keinen Grund für die umständliche Formulierung in Ziffer 4a gegeben. Auch dies spricht demnach für eine Gleichstellung von de iure und des facto. Zudem kann es nicht im Sinne des Rechtsstaates sein, wenn Vertragspartner nur eine faktische Geltung normieren, um die Voraussetzungen einer Geltung de iure zu umgehen.

Folglich liegt in Ziffer 4a des Notenwechsels eine gesetzesinhaltliche Regelung vor. Demnach haben deutsche Staatsbürger auf dem Gebiet der ehemaligen DDR die gegen ihr Vermögen gerichteten Konfiskationen ebenso wie Staatsbürger auf dem Gebiet der alten Bundesländer hinzunehmen, obwohl sie vorher noch nicht einmal in den Anwendungsbereich des Überleitungsvertrages fielen.[557]

(2.2.) Ausdehnung des temporalen Geltungsbereiches

Am deklaratorischen Charakter des Notenwechsels ist auch deshalb zu zweifeln, weil der zeitliche Anwendungsbereich der fortbestehenden Normen des Überleitungsvertrages ausgedehnt wurde.[558]
Obwohl die Vorbehaltsrechte im Zustimmungsgesetz nur als politisches Faktum hingenommen wurden, wird von der Rechtsprechung das Zustimmungsgesetz zum Überleitungsvertrag[559] als Rechtsgrundlage für die nun fortgeltenden Rechte gesehen.
Dabei wird jedoch übersehen, daß sich das Zustimmungsgesetz nur auf die vorübergehende Regelung der Probleme bezog, nicht aber auf eine endgültige Festlegung des Besatzungsrechts.[560] Die Bundesregierung hatte selbst in der Erklärung zum Überleitungsvertrag festgestellt, daß die von den Alliierten durchgeführten Reparationen nur bis zu einer endgültigen Regelung der Reparationsfrage gelten würden. In einem vorgesehenen Reparationsabkommen hätte dann entschieden werden müssen, ob die Bundesrepublik oder der enteignende Staat für die Entschädigungsansprüche aufkommt.[561]
Nach Ansicht des OLG Köln[562] sei ein Zustimmungsgesetz dennoch nicht notwendig, da durch die temporale Ausdehnung keine materielle Änderung vorgenommen worden sei. Die Aussicht auf eine Rückgängigmachung des Einwendungsverzichts und des Klagestopps in Art. 3 des 6 Teils des Überleitungsvertrages durch einen Friedensvertrag hätte nämlich kein größeres materielles Gewicht

557 Blumenwitz, Staatennachfolge, S.69; Wittkowski, Staatensukzession, S.221 f.; Fiedler, Wiedererlangung, S.690
558 Wenk, Konfiszierte Privatvermögen, S.106
559 BGBl 1955 II, S.213
560 Wittkowski, Staatensukzession, S.219 f.
561 Vgl. Teil B, Punkt III 2e; Wolff, Abgeltung, S.79; Kimminich, Warschauer Vertrag, S.487
562 OLG Köln, VIZ 1998, S.213 ff.

als die Aussicht auf den Abschluß eines entsprechenden Vertrages durch das nunmehr souveräne Deutschland.
Ebenso wird in der Literatur vertreten, daß zumindest die Vorschriften des Art. 3 des 6. Teils stets einen zeitlich unbegrenzten Verzicht beinhaltet hätten. Dies würde sich daraus ergeben, daß sich niemals eine andere politische Situation eingestellt hätte, in der die Bundesrepublik so viel Einfluß auf die westlichen Alliierten gehabt hätte, daß diese Vorschrift rückgängig gemacht worden wäre.[563] Zudem wird vertreten, daß der Notenwechsel nur nochmals bekräftige, daß die durch den „2+4"-Vertrag der Bundesrepublik jetzt zugestandene Souveränität nur ex nunc gelte und nicht bedeuten könne, daß die Maßnahmen der Alliierten rückwirkend in Frage gestellt werden dürften.[564]

Folgende Überlegungen könnten Aufschluß darüber geben, ob die dauerhafte Festschreibung des Art. 3 des 6.Teils des Überleitungsvertrages als materielle Änderung anzusehen ist:
Gemäß Art. 1 des 6.Teils des Überleitungsvertrages sollten die Vorbehaltsrechte dieses Teils – insbesondere Art. 3 des 6.Teils - nur bis zu einem Abschluß eines Friedensvertrages gelten. Somit sollten die Bestimmungen nur vorübergehend gelten. Vor Unterzeichnung des „2+4"-Vertrages ist kein die Reparationsfrage betreffendes Abkommen geschlossen worden. Der „2+4"-Vertrag sollte jedoch „abschließend" in bezug Deutschland sein. Der „2+4"-Vertrag schloß somit aus, daß die typischen Regelungen eines Friedensvertrages jemals geregelt würden. Dementsprechend sollte auch kein Friedensvertrag folgen, der die Frage der Reparationen geklärt hätte.
Fraglich ist, ob darin eine Umgehung des Art. 1 zu sehen ist. Der Abschluß eines Friedensvertrages ist keine absolute Bedingung, denn alternativ können die Fragen „vorher durch diese Frage betreffende Abkommen geregelt werden". D.h., daß es vorher auch zu einer Regelung hätte kommen können, in der die dauerhafte Fortgeltung dieser Normen geregelt worden wäre. In Art. 1 ist somit keine Bedingung festgehalten, daß die Normen des 6.Teils nicht auch dauerhaft festgeschrieben werden können, es ist lediglich festgehalten, daß entweder eine Reparationsabkommen oder ein Friedensvertrag die endgültigen Regelungen vornehmen soll, und bis dahin von einer vorübergehenden Regelung auszugehen ist.
Der Notenwechsel könnte nun als ein diese Fragen betreffendes Abkommen angesehen werden. Durch dieses Abkommen sind die vorübergehenden Regelungen in dauerhafte Regelungen umgewandelt worden. Diese Umwandlung müßte jedoch eine Änderung der materiellen Rechtslage bedeuten, denn zunächst wurde tatsächlich von einer vorübergehenden Regelung ausgegangen und die Umwandlung in eine dauerhafte Regelung wurde nur als Option vorgesehen.

---

[563] Raschhofer, Deutsche Reparationsregelung, S.504
[564] Tomuschat, Vertreibung, S.54

Zudem ist folgendes zu bedenken: Während die ehemaligen Feindstaaten Deutschlands bisher damit rechnen mußten, daß im Falle einer Wiedervereinigung Art. 3 des 6.Teils des Überleitungsvertrages wegfallen würde und somit auch Klagen in der Bundesrepublik gegen Konfiskationsmaßnahmen angestrengt würden, können sich diese Staaten nun in Sicherheit wiegen. Somit liegt eine materielle Änderung vor.

Es ist zwar zutreffend, daß die Bundesrepublik während der Zeit der Besatzungsmacht nicht in der Lage gewesen war, etwas an diesen Vorschriften zu ändern. Zur Zeit der Wiedervereinigung hätte die Bundesregierung aber gewissen Druck ausüben können. Schließlich hatten auch die westlichen Alliierten ein Interesse an einer schnellen Abwicklung der Wiedervereinigung. Auch jetzt hat die Bundesrepublik die Möglichkeit, die Abänderung der Note zu fordern oder sogar die Note nicht einzuhalten.[565] Aus politischen Gründen ist eine Nichteinhaltung des Notenwechsels jedoch nicht denkbar. Auch eine Rückgängigmachung ist nicht wahrscheinlich, denn welche Motivation sollte es für irgendeinen der Vertragspartner in Zukunft geben, die Nachkriegsereignisse noch einmal zu überprüfen. Damit hat diese Regelung ein anderes materielles Gewicht erlangt und es liegt eine gesetzesinhaltliche Regelung vor.[566]

(2.3.) Veränderte Rechtsgrundlage der bestehenden Besatzungsrechte

Problematisch ist die Annahme eines rein deklaratorischen Charakters der Note auch im Hinblick auf die Rechtsnatur der alliierten Rechte im Überleitungsvertrag.

Die nun fortgeltenden Normen im Überleitungsvertrag von 1955 sind nur als politisches Faktum hingenommen worden, das Zustimmungsgesetz zum Überleitungsvertrag konnte deshalb keine Rechtsgrundlage für diese Normen sein.[567] Auch in den Debatten zum Überleitungsvertrag wurde stets davon ausgegangen, daß die jetzt fortbestehenden Normen nur bis zum Abschluß eines Friedensvertrages gelten würden. Somit ist der Deutsche Bundestag von der vorübergehenden Natur der Rechte ausgegangen. Zudem wurde zu Art. 2 des Deutschlandvertrages erklärt, daß „die Vorbehalte als gegebene Tatsache zu Kenntnis" genommen werden, ohne zu „ihrer rechtlichen Grundlagen Stellung zu nehmen".[568] Rechtsgrundlage für die alliierten Besatzungsrechte waren deshalb die vierseitigen Vereinbarungen der Besatzungsmächte, insbesondere die Berliner Erklärung bzw. das Potsdamer Abkommen. Die vierseitigen Vereinbarungen der Besatzungsmächte

---

565 Unkomplizierter wäre es, wenn die Rechtsprechung die Normen nicht so extensiv handhaben würde, aber dies ist nach dem Fall Liechtenstein nicht zu erwarten.

566 Ähnlich Fiedler, Wiedererlangung, S.690; Blumenwitz, Offenhalten Polen, S.62

567 Vgl. Teil B, Punkt IV 2

568 BT-Drucks. 1/3500, Anlage 4, S.7

sollten aber zum Zeitpunkt der Wiedervereinigung durch Art. 7 I des „2+4"-Vertrages aufgehoben werden. Folglich wäre die Rechtsgrundlage für die fortgeltenden Normen des Überleitungsvertrages entzogen worden. Es hätte somit keine Vorbehalte mehr gegeben, die als gegebene Tatsache zur Kenntnis genommen werden konnten. Daher mußten die Vorbehaltsrechte auf eine neue vertragliche Grundlage gestellt werden.
Durch eine Veränderung der vertraglichen Grundlage verändert sich aber auch der rechtliche Charakter der Normen. Es bestehen fortan keine, aus dem Siegerrecht abzuleitenden Besatzungsrechte fort. Alle Beschränkungen der Souveränität basieren vielmehr auf einer völkervertragsrechtlichen Grundlage.[569] Die fortgeltenden Normen haben somit eine andere Normqualität erhalten. Sie sind kein Besatzungsrecht mehr, sondern eine vertraglich vereinbarte Regelung zur Nachbefolgung des Besatzungsrechts.[570] Da die Bestimmungen auf eine andere rechtliche Grundlage gestellt wurden, sind sie nicht mehr „versteinertes" Besatzungsrecht, sondern haben innerstaatlich den Charakter einer Rechtsverordnung des Bundes.[571] Demzufolge hat der Notenwechsel konstitutive Wirkung, ein Zustimmungsgesetz wäre somit gemäß Art. 59 II GG erforderlich gewesen.

(2.4.) Wegfall der Entschädigungsklausel

Zudem liegt eine gesetzesinhaltliche Regelung vor, da die bisherige Entschädigungsklausel des Art. 5 des 6.Teils des Überleitungsvertrages nach der Note nicht fortbestehen soll. Gemäß Art. 5 verpflichtete sich die Bundesrepublik

> „Vorsorge zu treffen, daß die früheren Eigentümer der Werte, die auf Grund der in Art. 2 und 3 dieses Teils bezeichneten Maßnahmen beschlagnahmt worden sind, entschädigt werden."

Folglich war diese Regelung das Pendant zu dem Einwendungsverzicht in Art. 3. Unabhängig von der Frage, ob diese Norm eine Entschädigungspflicht gegenüber dem Betroffenen begründet,[572] hat Art. 3 durch die Aufhebung von Art. 5 ein anderes materielles Gewicht erhalten. Vor der Note vom 27./28. September 1990 war mit dem Einwendungsverzicht untrennbar die Hoffnung verbunden, daß die betroffenen Privateigentümer entschädigt werden.[573] In Ziffer 4 c des Notenwechsels bestätigte die Bundesrepublik nur, daß die festgelegten Grundsätze in bezug auf die innere Rückerstattung nicht beeinträchtigt würden, eine Verpflichtung zur

569 Bentzien, Ablösung, S.393
570 Vgl. oben, Punkt III 2; Blumenwitz, Verfassungskollisionsrecht, Rd.44
571 Blumenwitz, Offenhalten Polen, S.62; Blumenwitz, Staatennachfolge, S.37
572 Zu dieser Frage ausführlich unten, Punkt XI
573 Bisher wurde nur ein Lastenausgleich, z.B. bezüglich der Sudetendeutschen, vorgenommen. Im Fall des Fürsten ist von und zu Liechtenstein noch nicht einmal ein Lastenausgleich gewährt.

Entschädigung besteht somit aber nicht mehr. Der Wegfall der Entschädigungsklausel war daher auch Grund für einen zustimmungsbedürftigen Vertrag.

(2.5.) Erheblicher Eingriff in Souveränität

Eine Zustimmung der gesetzgebenden Körperschaften gemäß Art. 59 II GG könnte auch erforderlich sein, weil ein fühlbarer Eingriff in die Souveränität vorliegt.[574] Die Souveränität beinhaltet die Fähigkeit des Staates, alle wesentlichen Funktionen selbst auszuüben.[575] Auch die Frage der Gerichtsbarkeit gehört zu den wesentlichen Funktionen des Staates. Nach Ansicht der Rechtsprechung kann der nationale Gesetzgeber zur Erreichung höherrangiger Ziele auf innerstaatlichen Rechtsschutz gegen Akte fremder Hoheitsgewalten verzichten.[576] Problematisch ist aber, ob eine Einschränkung des Rechtsweges durch ein Regierungsabkommen ohne Parlamentszustimmung erfolgen kann. Die Zulassung des Rechtsweges ist ein wichtiger Grundsatz für die gesamte Rechtsordnung. Aus diesem Grund ist der Kerngehalt des Art. 19 IV GG auch verfassungsänderungsfest.[577] Deshalb kann bei Beschneidung elementarer Bestandteile des Rechtsstaates nach Art. 79 III GG durch ein einfaches Regierungsabkommen keine Regelung herbeigeführt werden.[578] Somit liegt ein erheblicher Eingriff in die Souveränität vor, der ein Zustimmungsgesetz erfordert hätte.

cc. Zwischenergebnis

Sowohl der territoriale als auch der temporale Geltungsbereich der fortbestehenden Normen wurde ausgedehnt. Zudem wurde die Rechtsgrundlage der bestehenden Normen verändert und ein erheblicher Eingriff in die Souveränität vorgenommen. Darüber hinaus ist der Zusammenhang zum Wegfall der Entschädigungsklausel zu sehen. Somit ist der Notenwechsel vom 27./28. September eine gesetzesinhaltliche Regelung, eine Zustimmung der Legislative wäre deshalb gemäß Art. 59 II GG notwendig gewesen.

---

574 Einen ähnlichen Gedanken verfolgt Weber, Anmerkung, S.190: Er überlegt, ob eine parlamentarische Zustimmung aufgrund des Eingriffscharakters in zentrale Grundrechtspositionen nötig ist, läßt es aber dahinstehen, da dies an der Wirksamkeit im Außenverhältnis nichts ändert.

575 Verdross, Völkerrechtliche und politische Souveränität, S.705; vgl. zur Souveränität unten, Punkt X

576 OLG Köln, VIZ 1998, S.215

577 Jarass/Pieroth, GG, Art. 19 Rd.19

578 Im Fall Liechtenstein konnte darüber hinaus angenommen werden, daß der gesetzliche Richter gemäß Art. 101 I 1 GG entzogen war, da die ordentlichen Gerichte gemäß Art. 100 II die Entscheidung des BVerfG hätten einholen müssen.

b. Innerstaatliche Wirkung des Verstoßes gegen Art. 59 II GG

Der Notenwechsel vom 27./28. September 1990 hätte aufgrund der soeben genannten Gründe einer Zustimmung durch den Bundesgesetzgeber bedurft. Da eine förmliche Zustimmung fehlt, verstößt der Vertrag gegen Art. 59 II S.1 GG und ist somit innerstaatlich nicht anwendbar. Die Fehlerhaftigkeit bedeutet innerstaatlich, daß vor allem der Klagestopp des Art. 3 III dem Rechtsunterworfenen nicht entgegengehalten werden kann.[579]
Nach Ansicht der Rechtsprechung hingegen wäre bei Notwendigkeit eines Zustimmungsgesetzes heute der gesamte Überleitungsvertrag noch wirksam, da die Fortgeltung einiger Normen für die Aufhebung des Überleitungsvertrages eine ersichtliche Voraussetzung gewesen sei. Deshalb sei in diesem Fall auch die Aufhebung der Normen von einer Zustimmung abhängig, es könne nicht nur das Fortbestehen von einer Zustimmung abhängig sein.[580] Bei dieser Ansicht wird jedoch übersehen, daß das Dreimächterecht mit Aufhebung des Viermächterechts erloschen wäre und der Überleitungsvertrag deshalb mit der Wiedervereinigung Deutschlands seine Rechtsgrundlage sowieso verloren hätte. Somit fehlt bis heute die innerstaatliche Implementierung des Notenwechsels.

c. Völkerrechtliche Wirkung eines Verstoßes gegen Art. 59 II GG

Fraglich ist es, welche Auswirkung die Überschreitung der innerstaatlichen Kompetenz auf die völkerrechtliche Gültigkeit der Note hat. Früher wurde hierzu die Irrelevanztheorie vertreten, nach der die innerstaatliche Kompetenzüberschreitung stets unbeachtlich sein sollte. Nach der Relevanztheorie hingegen sollte die Überschreitung in jedem Fall bedeutend sein.[581] Beachtlich sind heute die Regelungen in der Wiener Vertragsrechtskonvention, denn hier wird eine vermittelnde Ansicht zwischen Relevanz- und Irrelevanztheorie vertreten.[582] Nach Art. 27 WVRK kann sich eine Vertragspartei generell nicht auf innerstaatliches Recht berufen, um einen Vertrag nicht zu erfüllen. Darüber hinaus ist nach Art. 46 WVRK eine innerstaatliche Kompetenzüberschreitung unbeachtlich, es sei denn, daß die Verletzung offenkundig war. Offenkundig ist die Verletzung gemäß Absatz II, wenn sie für jeden Staat objektiv erkennbar war. Somit ist zu prüfen, ob im Verstoß gegen Art. 59 II S.1 GG ein offenkundiger Verstoß zu sehen ist.
Die Notwendigkeit eines Zustimmungsgesetzes gemäß Art. 59 II GG war nicht objektiv erkennbar. Deshalb kann nicht von einem schweren und offenkundigen Verstoß ausgegangen werden und somit ist der Notenwechsel völkerrechtlich gül-

[579] Tomuschat, Vertreibung, S.53
[580] OLG Köln, VIZ 1998, S.214
[581] Grewe, Auswärtige Gewalt, Rd.61
[582] Stern, Staatsrecht I, S.506 f.

tig. Die Vertragspartner können folglich auf eine Einhaltung des Notenwechsels bestehen.[583]

d. Verfassungskonforme Auslegung

Schon aufgrund der formellen Verfassungswidrigkeit ist der Notenwechsel innerstaatlich unwirksam. Die Verträge werden dadurch aber nicht völkerrechtlich nichtig, so daß eine innerstaatliche Umgestaltung der Rechtslage notwendig ist. Daher muß der Notenwechsel verfassungskonform ausgelegt werden. Zwar bedarf es bei einer Auslegung der Zustimmung der Vertragspartner, es ist aber davon auszugehen, daß die Alliierten einer verfassungskonformen Auslegung zustimmen würden. Die Alliierten können kein Interesse daran haben, daß sich Deutschland auf die innerstaatliche Unwirksamkeit der Note beruft. Schließlich würden dann neue Verhandlungen zwischen den Alliierten notwendig, da das unabhängige Dreimächterecht nach Auffassung der Rechtsprechung noch existieren würde.[584]
Da die Alliierten ein Interesse am Fortbestand gewisser Normen des Überleitungsvertrages hatten, werden die Alliierten auch nicht die Ansicht teilen, daß das Dreimächterecht sowieso mit Aufhebung des Viermächterechts erloschen wäre.[585]
Die Alliierten würden einer verfassungskonformen Auslegung auch zustimmen, da die drei Westmächte die Bundesrepublik nicht endgültig schlechter stellen wollten, als dies zuvor unter den Vier Mächten unter Einschluß der Sowjetunion der Fall gewesen ist. Schließlich gab es zur Zeit der Viermächtevorbehalte noch die begründete Hoffnung, daß das gesamte Besatzungsrecht aufgehoben werden würde und durch einen wirksamen Notenwechsel konnten nach Ansicht der Rechtsprechung zumindest Teile des Dreimächterechts aufgehoben werden.[586]
Der Notenwechsel könnte somit als bloße administrative Regelung mit einer Ordnungsfunktion unterhalb der Parlamentsebene ausgelegt werden, mit der Folge, daß ein parlamentarisches Zustimmungsverfahren nicht erforderlich wäre. Als Konsequenz hieraus wird gesehen, daß die Legislative den Vertrag abändern könne, und wenn sie nicht aktiv wird, daß sich die Bundesrepublik entschädigungspflichtig macht.[587]

---

[583] Ebenso Weber, Anmerkung, S.190

[584] Blumenwitz, Staatennachfolge, S.69; Seidl-Hohenveldern, Völkerrecht, Rd.249 f.; Wittkowski, Staatensukzession, S.220 Fn.120 der darauf hinweist, daß die Vertragspartner dieser Auslegung zustimmen müßten, da sich die Bundesrepublik ansonsten gemäß Art. 46 WVRK auf die Ungültigkeit des Notenwechsel berufen könnte.

[585] Vgl. oben, Punkt II 3

[586] Die richtige Auffassung, daß die Aufhebung des Überleitungsvertrages lediglich deklaratorisch ist, soll hier außer Betracht bleiben.

[587] Vgl. hierzu bei OLG Köln, VIZ 1998, S.214

e. Zwischenergebnis

Der Briefwechsel vom 28./29. September 1990 ist als Verwaltungsabkommen mit gesetzesinhaltlicher Regelung einzuordnen. Deshalb wäre eine Zustimmung der Legislative gemäß Art. 59 II GG erforderlich gewesen. Jedoch kann der Vertrag als administrative Regelung mit reiner Ordnungsfunktion ausgelegt werden. Als Rechtsverordnung unterliegen die Normen nun allein dem deutschen Gesetzgeber und er kann diese aufheben oder ändern.[588] Da aber keine der beteiligten Parteien ein Interesse daran haben könnte, diese Normen in Zukunft rückgängig zu machen, wird es wahrscheinlich zu keiner Abänderung kommen.

2. Verstoß gegen Art. 14 GG

a. Eingriff durch das Zustimmungsgesetz zum Überleitungsvertrag

Damit ein Verstoß des Notenwechsels gegen Art. 14 GG geprüft werden kann, sollte zunächst festgestellt werden, ob bereits das Zustimmungsgesetz zum Überleitungsvertrag[589] gegen Art. 14 GG verstoßen haben könnte. Gemäß Art. 14 III GG ist auch eine Legalenteignung möglich.

Zunächst muß überprüft werden, ob ein Eingriff vorliegt. Ein Eingriff läge vor, wenn durch das Zustimmungsgesetz Rechtspositionen genommen worden wären. Problematisch ist somit, was die Vermögensverluste bewirkt hat.

Einer Ansicht nach hatte die Bundesregierung durch den Verzicht auf diplomatischen Schutz die früheren Eigentümer ihrer Eigentumstitel bzw. der möglichen Entschädigungsrechte beraubt. Die Rechtswidrigkeit der Reparationsmaßnahmen sei durch den Verzicht auf die sich daraus ergebenden Rechte geheilt worden. Daher sei erst dadurch der volle Rechtsverlust eingetreten.[590] Das Zustimmungsgesetz zum Überleitungsvertrag käme deshalb einem Enteignungsgesetz gleich. Deshalb hätte auch eine Junktimklausel im Sinne des Art. 14 III GG geregelt sein müssen.[591]

Einer anderen Ansicht nach war die Endgültigkeit der Enteignungen schon vor Abschluß des Überleitungsvertrages sehr wahrscheinlich, da die Alliierten fest entschlossen waren, an den durchgeführten Maßnahmen festzuhalten.[592] Das

---

588 Blumenwitz, Offenhalten Polen, S.61; Blumenwitz, Staatennachfolge, S.37

589 BGBl 1955 II, S.213

590 BVerfGE 41 126 (141)

591 Hahn, Staatsvertraglicher Verzicht, S.61 f.; vgl. auch BVerfGE 41, 126 (138); entweder ist die Junktimklausel aber wegen eines enteignungsgleichen Eingriffs entbehrlich, oder Art. 5 des 6.Teils des Überleitungsvertrages bzw. das Reparationsentschädigungsgesetz erfüllten die Voraussetzung einer Junktimklausel.

592 Schneider, Liquidation dt. Auslandvermögens, S.57: Seiner Ansicht nach war der Schaden schon vor dem Zustimmungsgesetz eingetreten, da die Rechte aufgrund der Haltung der Alliierten nichts mehr wert waren.

BVerfG entschied ebenso, daß das Zustimmungsgesetz kein unmittelbarer Eingriff in die Rechte der Betroffenen sei, da der Keim der Liquidation schon vorher von den Siegermächten gesetzt worden war,[593] denn bereits vor Abschluß des Überleitungsvertrages waren die Alliierten fest entschlossen, keine Einwendungen mehr gegen die Kriegsfolgemaßnahmen zuzulassen. Darüber hinaus hatte auch die damalige Bundesregierung geltend gemacht, daß bereits durch das AHK-Gesetz Nr.63[594] die Endgültigkeit und Unanfechtbarkeit für die Bundesrepublik und die betroffenen Personen sichergestellt war.[595] Bereits deshalb hätte es durch den Überleitungsvertrag keinen Rechtsverlust gegeben.[596] In der Literatur wird deshalb ein Fall der „überholenden Kausalität“ angenommen, denn der verursachte Schaden sei bereits durch die Besatzungsgesetze herbeigeführt worden. Damit sei der Überleitungsvertrag nicht kausal für den Rechtsverlust gewesen.[597]

Es ist jedoch zu überlegen, daß auch die mittelbare Enteignung für einen Eingriff ausreichend sein könnte. Im Völkerrecht besteht der Grundsatz, daß sich der Staat nicht nur durch eine unmittelbare Begehung, sondern auch durch eine mittelbare Beteiligung verantwortlich machen kann. Eine solche Beteiligung läge aber nur dann vor, wenn z.B. die Enteignung ökonomisch und faktisch erst im Ausland durchgeführt wird.[598] Voraussetzung wäre demzufolge, daß durch die mittelbare Regelung die Nutzung, Verfügung oder Verwertung von geschützten Eigentumspositionen in einem erheblichem Umfang behindert wird.[599] Ursächlich für die Vermögensverluste waren die Eingriffe der anderen Hoheitsgewalten, das Zustimmungsgesetz bewirkte nur, daß Einwendungen gegen die Enteignungen in der Bundesrepublik vorübergehend nicht durchgesetzt werden konnten. Folglich liegt kein Eingriff durch das Zustimmungsgesetz vor.

---

[593] Vgl. BVerfGE 6,290(296); auch Fuchs, Enteignungen, S.87

[594] Text: ABl. AHK, S.1107

[595] Aussage vor dem BVerfG zur Verfassungsmäßigkeit des Deutschlandvertrages; vgl. Wolff, Abgeltung, S.106

[596] Fuchs Enteignungen, S.73 f.; S.87: Das Verhalten der Bundesregierung wird nur als bedingtes Mitwirken bei der endgültigen Liquidation der Privatrechte gesehen, und zwar für den Fall, daß das fortgeltende Besatzungsrecht aufgehoben wird. Da die Aufhebung aber von den Alliierten abhängt, konnte die bedingte Mitwirkung nicht als entschädigungspflichtiger Eingriff der deutschen Staatsgewalt gedeutet werden.

[597] Fuchs, Enteignungen, S.72 f.

[598] Dahm, Anerkennung, S.80 f.; Die kriegsbedingten Konfiskationsmaßnahmen sind faktisch bereits durch die enteignenden Staaten vorgenommen worden. Das Zustimmungsgesetz führte „lediglich“ dazu, daß gegen die Maßnahmen dann in Deutschland nichts mehr unternommen werden konnte.

[599] Jarass/Pieroth, GG, Art. 14 Rd.22

b. Eingriff durch die Verzichtserklärung im Notenwechsel

Als möglicherweise mit Eingriffsqualität versehenes Handeln kommt die Legalisierung der Enteignungen durch ihre Hinnahme in der Dimension eines dauerhaften Verzichts auf private Rechtstitel oder deren Aufrechnung mit Reparationsansprüchen in Betracht.
Dieser dauerhafte Verzicht ist als ein eigenständiger Eingriff der deutschen Staatsgewalt in die Vermögensrechte der Betroffenen zu werten.[600] Erst durch die dauerhafte Verzichtserklärung ist den Siegerstaaten nämlich eine Art Eigentümerbefugnis der in Besitz genommenen Sachen eingeräumt worden, und dies kann mit einem hoheitlichen Eingriff in Vermögenspositionen gleichgesetzt werden.[601] Vor Abschluß des Notenwechsel vom 27./28. September 1990 bestand noch die Aussicht auf Ansprüche nach einer erfolgten Wiedervereinigung Deutschlands. Das subjektive Recht des Betroffenen, daß der Staat Vorkehrungen zur Verwirklichung von Grundrechtspositionen trifft, wird dabei als status positivus bezeichnet. Die Menschenwürde wird somit zum aktiven Verfassungsauftrag des Staates, positiv zu handeln.[602] Aufgrund des Umstandes, daß die Enteigneten zur Realisierung ihrer individuellen Rechtspositionen zwingend auf Handeln im zwischenstaatlichen Bereich angewiesen sind, erweist sich die Nichterfüllung innerstaatlich als ein Eingriff in den Schutzbereich.[603] Da durch den Notenwechsel der Verzicht dauerhaft normiert worden ist, ist er kausal für die endgültige Nichtdurchsetzbarkeit der Ansprüche. Dadurch ist den Betroffenen auch ein endgültiger Vermögensverlust erwachsen. In der Abänderung eines zeitlich begrenzten Einwendungsverzichts in einen zeitlich unbegrenzten Einwendungsverzicht liegt folglich ein Eingriff in eine Grundrechtsposition vor.[604]

3. Mögliche Verfassungsbeschwerde gegen Notenwechsel

Nachdem ein Verstoß gegen Verfassungsrecht durch den Notenwechsel festgestellt wurde, bleibt zu überprüfen, ob generell eine Verfassungsbeschwerde gegen den Notenwechsel möglich wäre, oder ob auch diesbezüglich ein Ausschluß aufgrund Art. 3 des 6.Teils des Überleitungsvertrages vorliegen könnte.
Das BVerfG[605] hat selbst entschieden, daß Verfassungsbeschwerden gegen deutsche Gesetze nicht nach Art. 3 ausgeschlossen seien. Fraglich ist, ob die Voraus-

---

600 Blumenwitz, Interessenausgleich, S.89; Lewald, Privatrecht, S.582; a.A. Wolff, Abgeltung, S.104

601 Vgl. Hahn, Staatsvertraglicher Verzicht, S.61

602 Häberle, Menschenwürde, Rd.74

603 Blumenwitz, Interessenausgleich, S.88

604 Ähnlich Blumenwitz, Offenhalten Polen, S.62: Blumenwitz sieht aber bereits im Zustimmungsgesetz einen Eingriff.

605 BVerfGE 24, 33 (46)

setzungen einer Verfassungsbeschwerde vorliegen. Zu den Gesetzen im Rahmen einer Verfassungsbeschwerde gehören neben den Bundesgesetzen und Landesgesetzen auch sonstige materielle Rechtssätze der Verwaltung.[606] Somit wäre auch der Notenwechsel als Regierungsabkommen ein zulässiger Beschwerdegegenstand. Zu prüfen wären aber im Einzelfall die Voraussetzungen einer Verfassungsbeschwerde. Problematisch wäre dabei nachzuweisen, daß der Beschwerdeführer selbst, gegenwärtig und unmittelbar durch den Notenwechsel betroffen ist. Der Notenwechsel läßt bestimmte Normen des Überleitungsvertrages jetzt auf unbestimmte Zeit fortbestehen. Auch wenn diese Normen dadurch eine andere materielle Qualität erfahren haben, ist doch fraglich, ob dieser Notenwechsel unmittelbar Rechte des Beschwerdeführers betrifft. Eine unmittelbare Betroffenheit würde voraussetzen, daß kein weiteres hoheitliches Handeln notwendig wäre. Da eine Verletzung aber erst durch einen abweisenden Gerichtsbeschluß vorliegen würde, wäre eine Verfassungsbeschwerde erst nach einem Gerichtsbeschluß zulässig.

4. Verstoß gegen Anlage I zu Art. 11 des Einigungsvertrages[607]

Durch den Notenwechsel sollte die Fortgeltung des Überleitungsvertrages zwischen der Bundesrepublik Deutschland und den drei Westmächten geregelt werden. Somit konnte sich der Vertrag ursprünglich nur auf das Gebiet der alten Bundesländer beziehen. Eine Ausdehnung auf das Gebiet der ehemaligen DDR war auch nicht möglich, da in der DDR das Alliierte Kontrollratsrecht bereits 1955 außer Kraft gesetzt worden war und somit in der DDR kein „versteinertes Besatzungsrecht“ bestand.

Wie oben bereits dargestellt wurde,[608] finden die Regeln gemäß Ziffer 4a des Überleitungsvertrages de facto auch Anwendung im Gebiet der ehemaligen DDR. Hierin könnte ein Verstoß gegen den Einigungsvertrag vorliegen. Gemäß Art. 11 des Einigungsvertrages sollten – bis auf wenige Ausnahmen – die völkerrechtlichen Verträge auch auf dem Gebiet der beitretenden Länder gelten. Eine dieser Ausnahmen[609] ist die Beschränkung des Überleitungsvertrages und des Deutschlandvertrages auf das Gebiet der alten Bundesrepublik. Sinn dieser Regelung war es, der innerstaatlichen Verpflichtung zur Nichtintegration der Neuen Länder in die Bündnisstrukturen der NATO bis zu einem endgültigen Abzug der Truppen der Sowjetunion im Jahr 1994, zu erfüllen.[610]

Der Bundestag stimmte dem Einigungsvertrag am 23. September 1990 zu, so daß der Notenwechsel insofern gegen den Einigungsvertrag verstoßen könnte, da der

---

[606] BVerfGE 40, 237 ff. (254f.)

[607] BGBl 1990 II, S.889

[608] Vgl. oben, Punkt V 1a bb

[609] in Anlage I zum Einigungsvertrag, Kapitel I Abschnitt 1 Nr.2

[610] Bauer, Vier-Mächte-Rechte, S.221

Notenwechsel erst nach der Zustimmung zum Einigungsvertrag entstand. Oben[611] wurde bereits erläutert, daß die faktische Ausdehnung des Vertrages gleichzusetzen ist mit einer Ausdehnung de iure. Folglich liegt eine Verletzung der Anlage 1 zu Art. 11 vor.
Die Geltung im Gebiet der ehemaligen DDR kann auch nicht dadurch gerechtfertigt werden, daß die Vereinbarung in der Note als speziellere Regelung zu Art. 11 des Einigungsvertrages gesehen wird. Die Regelungen der Note können bekanntermaßen nicht spezieller sein, weil die Vertragsparteien bei den Verträgen unterschiedlich waren.

Interessant ist auch ein Vergleich zum Aufenthaltsvertrag[612], der ebenfalls nach Anlage I keine Wirkung auf dem Gebiet der beitretenden Länder entfalten sollte, denn auch in diesem Fall betrifft die Regelungsmaterie die Beziehungen zu den Drei Mächten. Deshalb ist in den Noten vom 25. September 1990[613] in Ziffer 1 auch ausdrücklich festgestellt worden, daß der räumliche Geltungsbereich des Aufenthaltsvertrages von der „Herstellung der Einheit Deutschlands unberührt" bliebe. Fraglich ist, warum der Notenwechsel vom 25. September auf den Einigungsvertrag verweist, die Note vom 27./28. September 1990 aber nicht, zumal beide Notenwechsel von demselben Staatssekretär unterzeichnet worden sind.

5. Zwischenergebnis

Der Notenwechsel hat gemäß Art. 59 II GG eines Zustimmungsgesetzes bedurft. Zudem verstößt er aufgrund der Ausdehnung auf das Gebiet der ehemaligen DDR gegen Anlage I zu Art. 11 des Einigungsvertrages.

VI. Vereinbarkeit des Notenwechsels mit dem Völkerrecht

Der Notenwechsel ist eine völkerrechtliche Vereinbarung. Daher ist zu überprüfen, ob diese Vereinbarung mit den völkerrechtlichen Normen in Einklang zu bringen ist. Dabei soll zunächst aber nur auf den Notenwechsel ansich eingegangen werden, die fortbestehenden Normen werden im folgenden noch untersucht werden.[614]

---

[611] Vgl. oben, Punkt V 1a bb
[612] BGBl 1955 II, S.253
[613] BGBl 1990 II, S.1391 ff.
[614] Vgl. unten, Punkt VII, VIII, IX

1. Verhältnis zwischen Völkerrecht und Bundesrecht

Bei der Überprüfung von Verträgen oder einzelnen Normen am Völkerrecht ist zunächst darauf einzugehen, in welchem Verhältnis das Völkerrecht und das Bundesrecht zueinander stehen.
Nach der monistischen Theorie gehören das Völkerrecht und das Bundesrecht zu einer einheitlichen Rechtsordnung, wobei im Kollisionsfall das Völkerrecht vorgeht.[615] Nach dem gemäßigten Monismus geht das Völkerrecht zwar vor, das Bundesrecht bleibt aber bis zu seiner Aufhebung nach dem normalen Gesetzgebungsverfahren in Kraft.[616] Nach der Theorie des strengen Dualismus sind Völkerrecht und Bundesrecht hingegen zwei voneinander getrennte Rechtsordnungen, so daß es keine Kollisionsfälle geben kann.
Durchgesetzt hat sich der gemäßigte Dualismus[617], der eine strikte Trennung beider Rechtsordnungen vorsieht, der aber auch Beziehungen und Konfliktmöglichkeiten zwischen den beiden Rechtssystemen einräumt. Nach dieser Auffassung kann nicht verhindert werden, daß die Staaten innerstaatlich gültige Bestimmungen erlassen, die im Widerspruch zum geltenden Völkerrecht stehen. Zwar kann das völkerrechtswidrige Landesrecht die innerstaatlichen Organe binden, gleichzeitig stellt der Erlaß aber einen Verstoß gegen das Völkerrecht dar. Daher sind die innerstaatlichen Organe auch verpflichtet, eine Anpassung an das Völkerrecht vorzunehmen.[618]
Infolgedessen ist der Notenwechsel bezüglich seiner Völkerrechtskonformität zu untersuchen und gegebenenfalls eine Anpassung an das Völkerrecht vorzunehmen.

2. Doppelte Ratifizierung, Art. 54 b WVRK

Neben dem Erfordernis eines Zustimmungsgesetzes nach Art. 59 II GG könnte auch eine Parlamentsbeteiligung nach den Regeln des Völkerrechts erforderlich gewesen sein. Die Vorgehensweise zur Beendigung eines völkerrechtlichen Vertrages wird in Art. 54 b WVRK bestimmt. Nach Art. 54 b WVRK kann die Beendigung eines Vertrages „jederzeit durch Einvernehmen zwischen allen Vetragsparteien nach Konsultierung der anderen Vertragsstaaten" aufgehoben werden. Die gleiche Form wie beim Zustandekommen des Vertrages wird somit nicht gefordert. Deshalb ist für die Beendigung der Verträge nach dem Völkerrecht auch keine Zustimmung der gesetzgebenden Körperschaften erforderlich.

---

[615] Ipsen, Völkerrecht, §72 Rd.2
[616] Verdross/Simma, Völkerrecht, §71
[617] Zwar gibt Art. 25 GG auch Anzeichen für Monismus, das BVerfG hat aber den gemäßigten Dualismus unterstützt; vgl. BVerfGE 45, 83 (96)
[618] Ipsen, Völkerecht, §72 Rd.8 ff.

Der Notenwechsel beendete sowohl die Geltung des Deutschlandvertrages als auch des Überleitungsvertrages. Problematisch ist aber, ob der Notenwechsel tatsächlich ein Aufhebungsvertrag ist. Nach Ansicht der Rechtsprechung sollte der Überleitungsvertrag zwar nur teilweise durch den Notenwechsel aufgehoben werden, die Aufhebung wäre jedoch im Vordergrund gestanden und deshalb wäre eine Zustimmung nicht erforderlich.[619] Dabei wird jedoch übersehen, daß der Deutschland- und Überleitungsvertrag bereits durch die Beendigung der Viermächterechte obsolet geworden wäre und die Aufhebung nur deklaratorischen Charakter hatte, da wenige Tage später der Deutschlandvertrag und der Überleitungsvertrag sowieso ihre Rechtsgrundlage verloren hätten. Zwar war die Beendigung eine wesentliche Regelung, aber die Fortgeltung der Normen war eigentlicher Grund für den Notenwechsel. Folglich war eine Zustimmung der gesetzgebenden Körperschaften gemäß Art. 54 b WVRK nicht entbehrlich.

3. Verstoß gegen Siegerrecht der Sowjetunion oder Rechte der DDR

Weiterhin ist zu untersuchen, ob durch Ziffer 4a des Notenwechsels gegen das Siegerrecht der Sowjetunion verstoßen worden sein könnte. Da die Siegerrechte mit Wirkung zum 3. Oktober 1990 suspendiert wurden, wird vertreten, daß bei der freiwilligen Übernahme westalliierten Besatzungsrechtes keine Rücksicht auf das bald obsolete Siegerrecht genommen werden mußte.[620] Jedoch ist zu beachten, daß im Einigungsvertrag[621] gemäß Anlage I zu Art. 11 geregelt wurde, daß der Überleitungsvertrag nicht im Beitrittsgebiet Anwendung finden sollte. Diese Regelung sollte auch für die Zeit nach der Aufhebung der Siegerrechte gelten.
Der Einigungsvertrag war zwar ohne Beteiligung der Alliierten vereinbart worden, aber die Sowjetunion hatte im Rahmen des „2+4"-Vertrages ein maßgebliches Mitentscheidungs- und Vetorecht. Eine Ausdehnung westlichen Besatzungsrechts auf das Gebiet der ehemaligen sowjetischen Besatzungszone de iure hätte die Sowjetunion niemals zugelassen. Durch die faktische Erstreckung des westalliierten Besatzungsrechts auf das Gebiet der ehemaligen DDR in Ziffer 4a des Notenwechsel wurden die Siegerrechte der Sowjetunion daher bewußt umgangen.

Dahingegen kann kein Verstoß gegen Rechte der DDR angenommen werden. Mit Abschluß des Notenwechsels wurden zwar widersprechende Regelungen zum Einigungsvertrag geschaffen, der Notenwechsel hebt die Bestimmungen des Einigungsvertrages aber nicht auf. Ein Verstoß gegen den souveränen Erlaß eines Gesetzes durch die DDR ist darin deshalb nicht zu sehen. Der Notenwechsel kann

619 OLG Köln, VIZ 1998, S.214
620 Vgl. auch Wittkowski, Staatensukzession, S.223
621 Text: BGBl 1990 II, S.889

nämlich als administrative Regelung mit Ordnungsfunktion jederzeit von der Legislative, d.h. auch von Vertretern der Neuen Bundesländer, geändert werden.[622]

4. Verstoß gegen das völkerrechtliche Diskriminierungsverbot

Aufgrund der Beibehaltung des Art. 3 des 6.Teils des Überleitungsvertrages und der gleichzeitigen Aufhebung des Art. 5 des 6.Teils des Überleitungsvertrages durch den Notenwechsel vom 27./28. September 1990 könnte darüber hinaus eine Diskriminierung gegenüber den noch nicht entschädigten Betroffenen vorliegen.[623]

a. Art. 5 des 6.Teils des Überleitungsvertrages als Anspruchsgrundlage

Gemäß Art. 5 des 6.Teils des Überleitungsvertrages verpflichtete sich die Bundesrepublik „Vorsorge zu treffen, daß die früheren Eigentümer der Werte, die auf Grund der in Art. 2 und 3 dieses Teils bezeichneten Maßnahmen beschlagnahmt worden sind, entschädigt werden." Folglich war diese Regelung das Pendant zu dem Einwendungsverzicht in Art. 3. Fraglich ist aber, ob sich aus dieser Norm direkte Entschädigungspflichten gegenüber jedem einzelnen Betroffenen ergaben. Das BVerfG[624] hat in Übereinstimmung mit dem BGH[625] einen Entschädigungsanspruch aus Art. 5 verneint. Diese Norm gelte nur im Verhältnis zwischen den vertragsschließenden Staaten, eine Rechtspflicht gegenüber dem einzelnen Bürger ergebe sich hieraus nicht. Die Bundesrepublik habe sich nur verpflichtet, eine innerstaatliche Regelung zu erlassen, durch die erst Ansprüche auf bestimmte Entschädigungsleistungen begründet werden sollten.[626] Im Völkerrecht gäbe es nämlich keine Regelung, wonach der besetzte Staat unabhängig von einer innerstaatlichen Regelung verpflichtet wäre, die von der Besatzungsmacht verursachten Schäden zu begleichen.[627] Da insbesondere Art und Ausmaß der Entschädigung nicht geregelt waren, hatte die Norm dieser Ansicht nach auch keine präjudizielle Wirkung.[628] Somit würde Art. 5 des 6.Teils des Überleitungsvertrages lediglich eine zwischenstaatliche Verpflichtung darstellen, für eine Entschädigung zu sorgen.[629]

---

[622] Vgl. auch Wittkowski, Staatensukzession, S.223

[623] Die in Ziffer 4 c des Notenwechsels formulierte Bestätigung zur Beachtung der festgelegten Grundsätze in bezug auf die innere Rückerstattung kann nicht als Pflicht zu Entschädigungsleistungen verstanden werden.

[624] BVerfGE 41, 126

[625] BGHZ 52, 371 (383 f.)

[626] BVerfGE 41, 126 (168 f.)

[627] BVerfGE 41, 126 (160)

[628] Fuchs, Enteignung, S.90

[629] BT-Drucks. 1/3500, S.46; Blumenwitz, Folgen, S.228

Diese von den Gerichten vertretene Ansicht ignoriert den bei Unterzeichnung des Art. 5 des 6.Teils des Überleitungsvertrages vorhandenen Willen der Vertragspartner. Nach den Ausführungen der Bundesregierung bei Entstehung des Überleitungsvertrages sollte nach Art. 5 eine grundsätzliche Entschädigungsverpflichtung der Bundesrepublik gegenüber den früheren deutschen Eigentümern im Rahmen des Grundgesetzes und ihrer Leistungsfähigkeit festgehalten werden.[630] Nach Ende des Zweiten Weltkriegs war die Bundesrepublik verpflichtet, den Siegermächten Reparationen zu leisten. Für die Leistung dieser Reparationen wurde auch privates Vermögen herangezogen. Aus verschiedenen Erklärungen der Besatzungsmächte ging aber hervor, daß die Reparationsgeschädigten eine adäquate und effektive Entschädigung durch die Bundesrepublik erhalten sollten.[631] In Art. 5 des 6.Teils des Überleitungsvertrages hat die Bundesrepublik ihre Entschädigungspflicht schließlich anerkannt. Von der Bundesregierung wurde es bei Unterzeichnung des Überleitungsvertrages jedenfalls als eine Pflicht angesehen, die Bürger mit einer Entschädigung zu befriedigen.[632] Deshalb muß angenommen werden, daß diese Vereinbarung den Geschädigten einen unmittelbaren Rechtsanspruch auf eine genügende Entschädigung durch eine gesetzliche Regelung gewährt. Durch das Zustimmungsgesetz[633] zu den Pariser Verträgen liegt auch eine diese Pflicht begründende innerstaatliche Regelung vor. Deshalb basierten sowohl das Lastenausgleichsgesetz[634] als auch das Reparationsentschädigungsgesetz[635] auf dieser Verpflichtung.

b. Entschädigung einiger Betroffener

Mit dem Reparationsentschädigungsgesetz vom 12. Februar 1969[636] wurde eine gesetzliche Regelung für die Entschädigung der durch die Reparationsmaßnahmen Betroffenen erlassen. Dieses Gesetz sah Entschädigungsregelungen für Verluste vor, die durch Enteignung deutschen Vermögens im Ausland entstanden waren. Problematisch war bei den Verhandlungen zu diesem Gesetz, in welcher Höhe

---

[630] Bulletin, 26. Mai 1952, S.654

[631] Kaufmann, Reparationsschäden, S.27

[632] Scheel, BT-Steno., 2/3794: In seiner Rede hat Scheel Art. 5 des 6.Teils des Überleitungsvertrages mit Art. 74 E des Friedensvertrages zwischen Italien und den westlichen Alliierten verglichen. Demnach wurde ein Gesetz beschlossen, welches Personen eine Entschädigung gewährte.

[633] BGBl 1955 II, S.213

[634] BGBl 1952 I, S.446: Dieses Gesetz berücksichtigte die Repartionsschäden noch nicht, sondern behielt eine Regelung besonderen Gesetzen vor. Nach der Präambel des Gesetzes sollte die Gewährung und Annahme von Leistungen auch keinen Verzicht auf die Geltendmachung von Ansprüchen darstellen.

[635] Gesetz zur Abgeltung von Reparations-, Restitutions-, Zerstörungs- und Rückerstattungsschäden, BGBl 1969 I, S.105

[636] BGBl 1969 I, S.105

entschädigt werden sollte. Die Bundesregierung hatte sich in Art. 5 des 6.Teils des Überleitungsvertrages zu einer hundertprozentigen Entschädigung verpflichtet, während die nach dem Verfassungsrecht maßgebliche Entschädigungsregelung - Art. 14 GG - lediglich eine angemessene Entschädigung vorsieht.[637]
Entschädigt werden nach dem Reparationsentschädigungsgesetz u.a. Schäden außerhalb des Deutschen Reiches, die durch Maßnahmen fremder Staaten gegen das deutsche Vermögen, insbesondere auf Grund der Feindvermögensgesetzgebung entstanden sind. Schadensberechtigte sind aber nur deutsche Staatsangehörige. Zu den Schäden werden auch nur wirtschaftlichen Güter gezählt, Kunstgegenstände z.B. können nicht geltend gemacht werden. Zudem gewährt das Reparationsentschädigungsgesetz nur einen Ausgleichsanspruch, nicht aber einen Ersatzanspruch in Höhe der wirtschaftlichen Nachteile.[638] Somit konnten bereits einige Betroffene nach diesem Gesetz entschädigt werden.

Darüber hinaus haben einige Betroffene ihre Vermögensgegenstände sogar zurückbekommen: Die Siegermächte wollten das deutsche Vermögen in den neutralen Ländern zu Reparationszwecken verwenden. Zunächst weigerten sich die neutralen Staaten, Gegenstände den Alliierten zu überlassen, auf Druck erklärten sie sich aber bereit, das deutsche Auslandsvermögen freizugeben. Grundsätzlich war dabei eine Entschädigung der deutschen Eigentümer vereinbart, dies wurde jedoch später durch Verträge der Bundesrepublik Deutschland mit den neutralen Staaten modifiziert. Im Rahmen eines Abkommen zwischen der Bundesrepublik und der Schweiz z.B. wurde deutsches Eigentum zu guten zwei Dritteln den betreffenden deutschen Eigentümern zurückgegeben.[639] Auch im deutsch-österreichischen Vermögensvertrag von 1957[640] wurde das deutsche Eigentum, soweit es natürlichen Personen gehörte, bis zu einem gewissen Wert den deutschen Eigentümern zurückgegeben. Somit konnten einige Betroffene sogar ganz entschädigt werden.

c. Mögliche Arten der Diskriminierung

aa. Mißachtung der Ehre und Würde

Es gibt eine Anzahl von Betroffenen, z.B. auch der Fürst von und zu Liechtenstein, die noch nicht entschädigt wurden.
Nach dem Notenwechsel vom 27./28. September 1990 besteht weiterhin der Einwendungsverzicht und der Klagestopp. Somit besteht für viele Betroffenen nach wie vor keine Möglichkeit, ihre Ansprüche gegen die enteignenden Staaten

637 Diemer-Nicolaus, BT-Drucks., 5. Wahlperiode, 151. Sitzung, 26.1.1968, S.7757
638 Fuchs, Enteignung, S.93
639 BGBl 1953 II, S.15
640 BGBl 1958 II, S.130

durchzusetzen. Der als Ausgleich für diesen Verzicht und Klagestopp normierte Art. 5 des 6.Teils des Überleitungsvertrages ist jetzt aufgehoben worden. Somit ist der Anspruch auf Entschädigung bereits aufgehoben worden, bevor manche Betroffene entschädigt wurden oder ihnen die Möglichkeit eröffnet wurde, Ansprüche gegen die Alliierten zu erheben. Da einige Betroffene entschädigt wurden, während andere Betroffene bis heute noch keine Entschädigung erhalten haben, liegt demzufolge eine Diskriminierung vor.
Nach dem Völkerrecht besteht keine generelle Verpflichtung, andere Staaten und ihre Staatsangehörigen gleich zu behandeln. Es besteht somit kein allgemeines Diskriminierungsverbot. Jeder Staat hat aber einen Anspruch auf Achtung der nationalen Ehre und Würde und muß als gleichwertiges Mitglied der Staatengemeinschaft anerkannt werden.[641] Insbesondere Staatsangehörige eines neutralen Staates hätten deshalb durch die Bundesrepublik entschädigt werden müssen, denn Sinn der Neutralität ist es, daß man nicht in die Konflikte der Kriegsparteien hineingezogen wird. Wird diese Neutralität im Krieg verletzt, so muß hierfür eine Entschädigung erfolgen. Da sich die Bundesrepublik allgemein verpflichtet hatte, für diese Entschädigungen aufzukommen, müßte somit die Bundesrepublik diese Entschädigung vornehmen. Zumindest durch die Nichtentschädigung Betroffener aus neutralen Staaten wird die nationale Ehre und Würde dieses Staates infolgedessen verletzt.

bb. Mißachtung des Entschädigungsregimes im 6.Teil des Überleitungsvertrages

Insbesondere besteht aber ein völkerrechtliches Diskriminierungsverbot, da eine starke Wechselbezüglichkeit zwischen dem Einwendungsverzicht/Klagestopp und der Entschädigungsverpflichtung besteht. Es liegt somit ein Regime vor, aus dem sich wechselseitige Rechte und Pflichten ergeben.[642]
Der Einwendungsverzicht und der Klagestopp waren sowohl für die Alliierten als auch die Bundesrepublik nur deshalb hinnehmbar, weil sich die Bundesrepublik gleichzeitig verpflichtete, die Betroffenen zu entschädigen. Anders gesagt bestand die Verpflichtung zur Entschädigung durch die Bundesrepublik, weil es den Betroffenen nicht möglich war, vor Gericht ihre Ansprüche geltend machen. Daher kann gefolgert werden, daß zwischen diesen beiden Normen eine so enge Verknüpfung vorlag, daß diese Bestimmungen nicht getrennt voneinander betrachtet werden sollten.
Dieses Regime erfordert auch eine Gleichbehandlung aller Betroffenen, da in Art. 5 des 6.Teils des Überleitungsvertrages keine Einschränkungen erkennbar

---

[641] Jaenicke in Strupp/Schlochauer, Diskriminierung, S.391 f.
[642] Vergleichbar ist dies mit einem völkerrechtlichen Subsystem, in dem spezifische Rechte und Pflichten mit speziell für den Fall der Verletzung dieser Normen vorgesehenen Verantwortlichkeitsfolgen verknüpft sind; Marschik, Subsysteme, S.21

sind. Da Zweck des Vertrages und Wille der Parteien eine Gleichbehandlung aller Betroffenen voraussetzten, liegt folglich ein Diskriminierungsverbot vor.[643]
Da nicht alle von den Konfiskationsmaßnahmen Betroffenen entschädigt wurden und nach dem Notenwechsel für die Betroffenen auch keine Möglichkeit mehr besteht, Entschädigungen von der Bundesrepublik zu verlangen, verstößt der Notenwechsel gegen das völkerrechtliche Verbot der Diskriminierung.

5. Zwischenergebnis

Der Notenwechsel ist mit den allgemeinen Regeln des Völkerrechts nicht vereinbar. Auch nach den Regeln des Völkerrechts wäre eine Zustimmung der gesetzgebenden Körperschaften zu dem Vertrag notwendig gewesen. Zudem verstößt der Notenwechsel gegen Siegerrechte der Sowjetunion. Darüber hinaus verstößt er gegen das völkerrechtliche Diskriminierungsverbot. Wenn sich die beteiligten Vertragsstaaten an die Regeln des Völkerrechts gebunden fühlen, müßten sie somit eine Anpassung des Notenwechsels vornehmen.

VII. Vereinbarkeit des durch den Notenwechsel aufrechterhaltenen Art. 3 des 6.Teils des Überleitungsvertrages mit Verfassungsrecht

Nicht nur der Notenwechsel ist mit dem Verfassungsrecht und dem Völkerrecht schwerlich in Einklang zu bringen, sondern auch bezüglich Art. 3 des 6.Teils des Überleitungsvertrages, der aufgrund des Notenwechsels nun dauerhaft fortgelten soll, bestehen Zweifel über die Verfassungskonformität.

1. Überprüfbarkeit der fortbestehenden Rechte am Verfassungsrecht

Zunächst ist das jetzige Konkurrenzverhältnis von Besatzungsrecht und Verfassungsrecht zu untersuchen.[644] Bis zum Zeitpunkt der Wiedervereinigung überlagerten das absolut und das bedingt versteinerte Besatzungsrecht das Verfassungsrecht.[645] Wie bereits erläutert wurde, sind die nun fortbestehenden Bestimmungen kein „versteinertes Besatzungsrecht" mehr, sondern haben innerstaatlich den Charakter einer Rechtsverordnung.[646]
Durch die Aufhebung des Viermächterechts und wesentlicher Teile des Dreimächterechts ist die Grundlage dafür weggefallen, daß das verbleibende Besatzungsrecht einen über der Verfassung übergeordneten Stand hat. Art. 1 I S.1 HS.

[643] Vgl. Jaenicke in Strupp/Schlochauer, Diskriminierung, S.391
[644] Zur Überprüfbarkeit des Besatzungsrechts bis zur Wiedervereinigung vgl. Teil B, Punkt VII
[645] Waitz von Eschen, Völkerrechtliche Kompetenz, S.153
[646] Blumenwitz, Offenhalten Polen, S.61; vgl. oben, Punkt III 2

1 des 1.Teils des Überleitungsvertrages, der in Kraft geblieben ist, regelt ausdrücklich die Befugnis der deutschen Staatsorgane, das Besatzungsrecht aufzuheben. Die für die Ausnahmen dieser Verfügungsgewalt maßgeblichen Bestimmungen sind hingegen beseitigt. Kein Besatzungsrecht kann demnach noch Vorrang vor den Anforderungen des Grundgesetzes beanspruchen, es ist vielmehr seinerseits uneingeschränkt an dessen Anforderungen zu messen. Gerade deshalb muß dies auch für die Regelungen gelten, die, im Einklang mit dem Notenwechsel, zu Grundrechtsbeeinträchtigungen führen.[647]
Zudem ist zu bedenken, daß bei der Veränderung von einem zeitlich begrenzten in einen zeitlich unbegrenzten Eingriff die Vertiefung eines möglichen Eingriffs in Grundrechtspositionen vorliegen kann. Auch diese Vertiefung wäre nun im vollem Umfang am Grundgesetz zu messen.
Darüber hinaus ist zu beachten, daß die fortbestehenden Normen Bestandteil einer Rechtsverordnung sind und somit am Maßstab des höherrangigen Verfassungsrechts geprüft werden können bzw. müssen.[648] Außerdem sollte gemäß Art. 7 des „2+4"-Vertrages die Souveränität nach der Wiedervereinigung nicht mehr eingeschränkt sein, so daß auch aus diesem Grund der möglicherweise einschränkende Art. 3 des 6.Teils des Überleitungsvertrages am Grundgesetz gemessen werden kann.[649]

2. Verstoß gegen Art. 14 GG

Wie bereits mehrmals erläutert wurde, besteht aufgrund des Art. 3 vor deutschen Gerichten gegen sämtliche Kriegsfolgemaßnahmen ein Klagestopp und ein Einwendungsverzicht. Deshalb kann gegen die Enteignungen deutschen Feindvermögens als auch des ausländischen Vermögens kein Schutz verlangt werden. Aufgrund dieses Einwendungsverzichts und Klagestopps könnte ein Verstoß gegen Art. 14 GG vorliegen, da unabhängig von der Art und Weise der Enteignungen keine Einwendungen vor deutschen Gerichten geltend gemacht werden können.[650]

a. Lex rei sitae

Ein Verstoß gegen Art. 14 GG wäre dann denkbar, wenn die durch Art. 3 des 6.Teils des Überleitungsvertrages aufrechterhaltenen Enteignungen selbst gegen Verfassungsgrundsätze verstoßen hätten. Die Eigentumsordnung wird jedoch stets durch den territorial zuständigen Staat geregelt. In diesem Rahmen gilt die lex rei sitae, d.h. das Eigentum bestimmt sich nach dem Recht des Ortes, an dem es sich

[647] Stern, Staatsrecht III, Band 2, S.298
[648] Blumenwitz, Offenhalten Polen, S.62
[649] Blumenwitz, Verfassungskollisionsrecht, S.488
[650] Die Frage, ob die Umwandlung in einen dauerhaften Verzicht gegen Art. 14 GG verstößt wurde bereits oben behandelt, vgl. Punkt V 2

befindet.[651] Somit sind für die Enteignungen durch einen anderen Hoheitsstaat auch nur dessen Gesetze anwendbar. Die Enteignungen können aber ohnedies im Rahmen eines Gerichtsverfahrens nicht überprüft werden, da die Enteignungen durch fremde Hoheitsträger vorgenommen worden sind und gemäß Art. 14 GG können nur Enteignungen durch deutsche Staatsorgane überprüft werden.[652] Inwieweit die ausländischen Enteignungen dennoch aufgrund der deutschen Rechtsordnung überprüft werden können, soll erst im Rahmen des ordre public erörtert werden.[653]

b. Temporale Kollision

Zudem ist zu bedenken, daß durch Art. 3 des 6. Teils des Überleitungsvertrages ein Klageverzicht und ein Klagestopp für Maßnahmen ausgesprochen wird, die zum Zeitpunkt des Inkrafttretens des Überleitungsvertrages am 5. Mai 1955 abgeschlossen waren. Vornehmlich geht es deshalb um unmittelbare Kriegsfolgemaßnahmen, die bis zum Zeitpunkt der Errichtung des Grundgesetzes am 23. Mai 1949 vollendet waren. Diese Vorgänge, die sich jedoch vor Entstehung des Grundgesetzes ereignet haben, können nach der Rechtsprechung des BVerfG[654] nicht unter den Schutz des Art. 14 GG fallen. Folglich handelt es sich um ein Problem des intertemporalen Rechts auf Verfassungsebene.

Fraglich ist aber, ob ein Sachverhalt in der Vergangenheit als abgeschlossen angesehen werden kann. Völkerrechtswidrige Enteignungen lassen sich aus Sicht des Völkerrechts nicht zeitlich begrenzen, denn auch jetzt entfalten die Enteignungen noch Wirkung. Schließlich kann die Wirksamkeit einer völkerrechtswidrigen Enteignung nicht von der Geltung des Verfassungsrechts abhängig sein. Sie wirken auch nicht erga omnes, sondern bedürfen einer abschließenden Klärung. Wenn diese Enteignungen, trotz ihrer Verstöße gegen Menschenrechte, nicht unter den Schutz des Grundgesetzes fallen, so verstecken sich die Gerichte hinter einer temporalrechtlichen Regelung und verhelfen dadurch den Enteignungen zur Wirksamkeit.

Darüber hinaus könnte die Rechtsprechung durch die Übernahme der tschechoslowakischen Enteignungsmaßnahmen in der „zweckorientierten Auslegung" des Art. 3 des 6.Teils des Überleitungsvertrages erst einen Entscheidungsspielraum für die materielle Überprüfung der Einwendungen eröffnet haben.[655]

---

[651] Heldrich in Palandt, BGB, Anhang II zu Art. 38 EGBGB, Rd.2; Wenk, Konfiszierte Privatvermögen, S.131

[652] BT-Drucks. 7/2465, S.4: Außenminister Genscher hat bestätigt, daß Art. 14 GG auf die Konfiskation des deutschen Vermögens durch fremde Staaten nicht angewandt werden kann.

[653] vgl. unten Punkt VIII

[654] BVerfGE 15, 126 (140 ff.); 41, 126(168); 84, 90 (122); vgl. Beschluß des BVerfG 2 BvR 1981/97 = VIZ 1998, S.202 = AöR 1998, S.198

[655] Weber, Anmerkung, S.194

Wenn die Enteignungen nicht an Art. 14 GG direkt zu messen sind, so ist der Ansicht zuzustimmen, die zumindest eine grundrechtskonforme Bewältigung der Probleme fordert.[656] Somit beurteilt sich die Rechtmäßigkeit der Enteignungsakte nach den Gesetzen des enteignenden Staates, eine direkte Überprüfung an Art. 14 GG scheidet hingegen aus.[657]

3. Verstoß gegen Art. 3 I GG

Wegen der Aufrechterhaltung des Einwendungsverzichts und Klagestopps wäre auch ein Verstoß gegen Art. 3 I GG denkbar.
Eine Verletzung des Art. 3 I GG kann vorliegen, wenn ohne sachlichen Grund wesentlich Ungleiches gleich behandelt wird.[658] Beim Vergleich von Sachverhalten verzichtet das BVerfG[659] dabei gelegentlich auf eine intensive Prüfung und stellt darauf ab, daß die „Rechtsanwendung bei verständiger Würdigung der das Grundgesetz beherrschenden Gedanken nicht mehr verständlich ist und sich daher der Schluß aufdrängt, daß sie auf sachfremden Erwägungen beruht.“ Dies bedeutet, daß zwischen der Norm und der Rechtsfolge überhaupt kein Zusammenhang feststellbar sein darf.[660] Aus Art. 3 des 6.Teils des Überleitungsvertrages kann in einer weiten Auslegung gefolgert werden, daß sämtliche Kriegsfolgemaßnahmen von deutschen Gerichten nicht überprüft werden können. Dies kann auf der Überlegung beruhen, daß Deutschland als Verantwortlicher im Zweiten Weltkrieg sich nicht in Streitigkeiten über kriegsfolgenbedingte Maßnahmen einmischen sollte. Schon deshalb kann nicht von einer Willkür der Gerichte gesprochen werden,[661] so daß eine umfassende Abwägung im Rahmen des Art. 3 I GG vorgenommen werden muß.
Eine umfassende Abwägung soll im folgenden am Beispiel des Fürsten von und zu Liechtenstein vorgenommen werden. Im Fall Liechtenstein wurde das deutsche und das liechtensteinische Auslandsvermögen gleich behandelt. Gleichsam kann festgestellt werden, daß das Feindstaatenvermögen und neutrales Vermögen gleich behandelt wurden. Somit liegt hier eine Gleichbehandlung ungleicher Gruppen vor.
Fraglich ist nun, ob diese ungleichen Gruppen gleich behandelt werden durften. Nach der Auslegung im Lichte der Ziele und des Zweckes des Art. 3 sollte die Überprüfung der Beschlagnahme des Vermögens deutscher Staatsangehöriger den

[656] Blumenwitz, Interessenausgleich, S.91 f.
[657] Kegel, Internationales Privatrecht, S.854 f.; BVerfGE 84,90
[658] Jarass/Pieroth, GG, Art. 3 Rd.5 f.
[659] BVerfGE 70, 93 (97); 4, 1(7); 80, 48 (51)
[660] Vgl. Kirchhof, Gleichheitssatz, Rd.243 f.; BVerfGE 71, 39 (58): Es muß ein innerer Zusammenhang zwischen den vorgefundenen Verschiedenheiten und der differenzierenden Regelung bestehen; BVerfGE 4, 1 (7): Nur in diesem Zusammenhang darf das BVerfG eine Prüfung vornehmen.
[661] a.A. Weber, Anmerkung, S.195

deutschen Gerichten entzogen sein.[662] Deutschland hatte den Krieg verloren und die Vermögenswerte, die zum Zwecke der Reparation enteignet worden waren, sollten nicht mehr zurückgegeben werden. Unter die Kriegsfolgemaßnahmen sollte somit ein Strich gezogen werden. Jedoch sollte dies nur bezüglich des deutschen Feindvermögens gelten, denn zum einen war nur die Bundesrepublik Deutschland Vertragspartner der westlichen Alliierten und zum anderen ist nach dem Wortlaut des Art. 3 I des 6.Teils des Überleitungsvertrages nur das deutsche Vermögen betroffen.[663]
Nach der Rechtsanwendung des Art. 3 des 6.Teils des Überleitungsvertrages werden aber nicht nur die Klagen von ehemaligen Eigentümern deutscher Vermögenswerte abgewiesen, sondern auch auf Staatsangehörige neutraler Staaten wird der Einwendungsverzicht und Klagestopp angewandt, obwohl der Wortlaut der Norm hierzu keinen Anlaß gibt.[664]
Bei der Bewertung, was deutsches Vermögen ist, kann nur die Staatsangehörigkeit entscheidend sein, da Kriterien wie Nationalität, ethnische oder sprachliche Zugehörigkeit völkerrechtlich irrelevant sind.[665] Liechtenstein bestand bis zum 19. Jahrhundert mit dem Attribut „deutsch", dies kann jedoch nicht die politische und völkerrechtliche Selbständigkeit Liechtensteins zum Zeitpunkt der Konfiskationen beeinflussen. Deshalb kann liechtensteinisches Vermögen nicht als „deutsches" Vermögen konfisziert werden. Die „zweckorientierte Auslegung" des Überleitungsvertrages ist somit ein Eingriff in die Souveränität Liechtensteins und in seine Rechtsstellung als neutraler Staat, zu dessen Respektierung der Staat Liechtenstein Anspruch hätte.[666]
Als Rechtfertigung für die Gleichbehandlung könnte unter Umständen vorgebracht werden, daß eine Gleichbehandlung notwendig wäre, um die guten Beziehungen zu den Siegerstaaten nicht zu gefährden. Die Befürchtung der Verschlechterung bilateraler Beziehungen kann jedoch nicht dafür ausschlaggebend sein, ob neutrales Vermögen dem Feindstaatenvermögen gleichgesetzt wird.
Zudem ist zu bedenken, daß ein ausländischer Staatsangehöriger gegenüber deutschen Staatsangehörigen schlechter gestellt ist. Ein deutscher Staatsangehöriger könnte sich noch auf den diplomatischen Schutz[667] gegen den Drittstaat berufen, während diese Möglichkeit einem anderen Staatsangehörigen verwehrt ist.

Die Neutralität eines Staates erfordert somit in diesem Fall eine andere Behandlung. Wenn neutrales Vermögen deutschem Vermögen gleichgesetzt wird, liegt

---

[662] Weber, Anmerkung, S.191: Er bezieht jedoch das Vermögen der Staatsangehörigen anderer Feindstaaten mit ein.
[663] Vgl. oben, Punkt IV 5
[664] Ebenso Weber, Anmerkung, S.191
[665] Fassbender, Liechtenstein, S.218; Fassbender, Klageausschluß, S.1446
[666] Weber, Anmerkung, S.190 f.
[667] Vgl. unten, Punkt IX 3

somit eine nicht gerechtfertigte Gleichbehandlung ungleicher Sachverhalte vor. Folglich liegt ein Verstoß gegen Art. 3 I GG vor.

4. Verstoß gegen Art. 19 IV GG

Problematisch ist auch, ob durch die Festsetzung des Art. 3 des 6.Teils des Überleitungsvertrages ein Verstoß gegen die Rechtsschutzgarantie nach Art. 19 IV GG vorliegt.[668] Es wird nach Art. 19 IV GG ein effektiver Rechtsschutz verlangt, wobei es nicht dem einfachen Recht überlassen werden kann, in welchem Umfang der Rechtsschutz ermöglicht wird.[669] Der Rechtsschutz wird dabei gegenüber der durch das Grundgesetz konstituierten öffentlichen Gewalt gesichert. Demgemäß ist auch die Entscheidung der Bundesregierung, ob gegen Kriegsfolgemaßnahmen Rechtsschutz gewährt wird, eine Maßnahme der öffentlichen Gewalt.[670]
Nach Ansicht der Rechtsprechung unterlagen sowohl die Maßnahmen der Besatzungsmächte als auch die Akte der deutschen Behörden auf Befehl der Besatzungsmächte nicht der Rechtsweggarantie des Art. 19 IV GG, denn Art 19 IV GG garantiere den Rechtsweg nur gegen Eingriffe der öffentlichen Gewalt im Geltungsbereich des Grundgesetzes.[671] Darüber hinaus sei der nationale Gesetzgeber bei Vorliegen von außenpolitischen Zwängen nicht gehindert, den innerstaatlichen Rechtsschutz gegen grundrechtsverletzende Akte fremder Hoheitsgewalten zur Erreichung eines als höherrangig erachteten Zieles auszuschließen, da es eben einen innerstaatlichen Rechtsschutz nur gegen deutsche Hoheitsakte gebe.[672]
Diese Ansicht verkennt jedoch, daß Art. 19 IV GG ein elementares Recht in einem Rechtsstaat ist. Auch die Aufrechterhaltung der Enteignungen kann als Eingriff gewertet werden, so daß es sich um einen Eingriff im Geltungsbereich des Grundgesetzes handelt.[673] Darüber hinaus sollte nur bei sehr gewichtigen außenpolitischen Überlegungen der Rechtsweg dem Einzelnen entzogen werden. Bezüglich des Art. 3 des 6.Teils des Überleitungsvertrages wird jedenfalls übersehen, daß nicht die Überprüfung fremder Hoheitsakte im Vordergrund steht. Vielmehr geht es um den Schutz des Eigentums, der auf gerichtlichem Wege durchgesetzt werden soll. Zudem geht es nicht notwendigerweise um die Überprüfung der Maßnahmen der Besatzungsmächte, sondern – wie im Fall Liechtenstein – um die Maßnahmen anderer Kriegsfeinde. Da somit keine gewichtigen außenpolitischen Überlegungen für einen Einwendungsverzicht sprechen, steht Art. 19 IV GG der Regelung des Art. 3 des 6.Teils des Überleitungsvertrages entgegen.

---

[668] BVerfGE 35, 382 [401]: Art. 19 IV GG gilt auch für Ausländer uneingeschränkt.
[669] Pieroth/Schlink, Grundrechte, Rd.1080
[670] Ebenso Wenk, Konfiszierte Privatvermögen, S.173
[671] Schmidt-Bleibtreu/Klein, GG, Art 19 Rd.20
[672] OLG Köln, VIZ 1998, S.215
[673] Vgl. oben Punkt V 2 und VII 2

5. Zwischenergebnis

Die nun fortbestehenden Normen des Überleitungsvertrages können am Verfassungsrecht gemessen werden. Während eine direkte Überprüfung an Art. 14 GG scheitert, kann ein Verstoß gegen Art. 3 I GG und Art. 19 IV GG festgestellt werden.

VIII. Vereinbarkeit des durch den Notenwechsel aufrechterhaltenen Art. 3 des 6.Teils des Überleitungsvertrages mit internationalem und nationalem ordre public

Die Aufrechterhaltung des Art. 3 des 6.Teils des Überleitungsvertrages ist jedoch nicht nur verfassungsrechtlich bedenklich. Aufgrund des Einwendungsverzichts und des Klagestopps werden die ausländischen Konfiskationen aufrechterhalten, auch wenn diese rechtsstaats- oder völkerrechtswidrig sind. Wie ein Gericht mit einer Konfiskation durch eine ausländische Hoheitsgewalt zu verfahren hat, ist ein Problem des internationalen Rechts. Der Aufrechterhaltung einer rechtsstaatswidrigen und völkerrechtswidrigen Enteignung gemäß Art. 3 des 6.Teils des Überleitungsvertrag könnte deshalb der internationale und der nationale ordre public entgegenstehen.
Da auch diese Problematik nur einem konkreten Beispiel aufgezeigt werden kann, soll wiederum der Fall Liechtenstein als Beispiel dienen.

1. Problem der Anerkennung intraterritorial durchgeführter Enteignungen

Rechtswidrige Eingriffe in das Eigentum sind sowohl im Krieg als auch im Frieden zu einem alltäglichen Vorgang geworden.[674] Es ergibt sich aber die Frage, wie eine intraterritorial durchgeführte Enteignung extraterritoriale Anerkennung finden kann. Für den Fall Liechtenstein muß daher geklärt werden, ob die Enteignungen in der Tschechoslowakei in der Bundesrepublik als wirksam betrachtet werden müssen.
Bei völkerrechtskonformen Maßnahmen gebietet der Respekt für die Souveränität des anderen Staates die Anerkennung des hoheitlichen Handelns. Problematisch ist jedoch die Anerkennung bei völkerrechtswidrigen Akten.
Von Teilen der Literatur und der Rechtsprechung wird vertreten, daß seit Inkrafttreten des Überleitungsvertrages die Rechtmäßigkeit und Wirksamkeit der unter Art. 3 I des 6.Teils des Überleitungsvertrages zu subsumierenden Maßnahmen

[674] Dahm, Anerkennung, S.68

nicht mehr in Zweifel gezogen werden dürfen.[675] Dieser absoluten Ansicht kann jedoch nicht ohne weiteres gefolgt werden. Eine grundsätzliche Pflicht zur Anerkennung der Hoheitsakte fremder Staaten würde nämlich die Souveränität des anerkennenden Staates verletzen. Gleichwohl würde eine grundsätzliche Nichtanerkennung die Zuständigkeit des fremden Staates über innere Angelegenheiten nicht respektieren.[676] Somit besteht im Völkerrecht weder eine unmittelbare Pflicht zur Anerkennung noch zur Nichtanerkennung völkerrechtswidriger Hoheitsakte.[677]

a. Verschiedene Lösungsansätze

Da das Völkerrecht somit keine Lösung zu der Frage anbietet, inwiefern völkerrechtswidrige Akte eines Hoheitsträgers von anderen Hoheitsträgern zu beachten sind, wurden im Laufe der Zeit verschiedene Lösungsansätze entwickelt.

aa. Act of State – Doktrin

Bezüglich der intraterritorialen Konfiskationen wurde lange Jahre, zumindest im angelsächsischen Bereich, die Act of State - Doktrin[678] vertreten. Demnach müssen Gerichte eines fremden Staates Konfiskationen als hoheitliche Maßnahmen eines fremden Staates behandeln und anerkennen.[679] Gegen die Wirksamkeit solcher Akte können Einwendungen nach dieser Theorie nur auf diplomatischen Wege geltend gemacht werden.[680]
Die Act of State - Doktrin ist aber aus mehreren Gründen abzulehnen: Zum einen ist die Act of State - Doktrin keine völkerrechtliche Regel, sondern lediglich eine innerstaatliche Regelung zur Anerkennung ausländischer Maßnahmen.[681] Zum

---

[675] Fuchs, Enteignungen, S.71; Raschhofer, Deutsche Reparationsregelung, S.502; im Fall Liechtenstein wurde zudem argumentiert, daß auch im Rahmen einer Urteilsanerkennung gemäß § 328 ZPO nicht überprüft werden würde, ob das ausländische Gericht sein Recht richtig angewandt hat. Diese Ansicht verkennt jedoch, daß es nicht darum geht, ob die Feindvermögensgesetzgebung richtig angewandt wurde, sondern darum, ob diese Feindvermögensgesetzgebung mit völkerrechtlichen Normen in Einklang zu bringen ist. Somit soll die innerstaatliche Rechtmäßigkeit einer Entscheidung des anderen Staates nicht abgesprochen werden; LG Köln, IPrax 1996, S.421

[676] Verdross/Simma, Völkerrecht, §1021

[677] Verdross/Simma, Völkerrecht, §1178: Seiner Ansicht nach kann deshalb das Ergebnis von einer Rechtmäßigkeitsprüfung abhängig gemacht werden; Steinberger, Allgemeine Regeln des Völkerrechts, Rd.38 f.; Klein, BVerfG und Ostverträge, S.22; Ambrosch-Keppeler, Anerkennung, S.17

[678] BGHZ 59, 82

[679] Verdross/Simma, Völkerrecht, §1178

[680] Ipsen, Völkerrecht, §26, Rd.10

[681] Stein in LdR/VR, S.135 f.; selbst der Supreme Court hat in BANCO NATIONAL VS. CUBA v. SABBATINO (376 U.S. 398 – 1964 = AJIL 58, S.779 ff. (1964)) die Act of State Doktrin weder als völkerrechtliche Regel noch als zwingendes Gebot der amerikanischen Verfassung

anderen findet die Act of State - Doktrin nur in angelsächsischen Gebieten Anwendung,[682] und auch dort kommt die Act of State - Doktrin heute kaum noch zur Anwendung, da sie seit einer Rechtsprechungsänderung nicht mehr für völkerrechtswidrige Enteignungen gelten soll.[683]

bb. Nichtigkeit als Folge der Völkerrechtswidrigkeit

Es wird auch vertreten, daß völkerrechtswidrige Enteignungen von Drittstaaten als nichtig anzusehen sind. Die Völkerrechtswidrigkeit einer Enteignung sei entscheidend und deshalb sei das ausländische Recht in dem Drittstaat nicht anwendbar. Der ursprüngliche Eigentümer würde seine Rechte behalten, außer der Nacherwerber hat nach der lex rei sitae wirksam Eigentum erworben.[684] Ohne des „Umweges des ordre public" folge deshalb die Völkerrechtswidrigkeit des ausländischen Rechtes.[685]
Einige Staaten haben in zahlreichen Gerichtsentscheidungen völkerrechtswidrige Enteignungen als nichtig behandelt.[686] Trotzdem kann von der Völkerrechtswidrigkeit einer Konfiskationen noch nicht auf die Nichtigkeit für die deutsche Rechtsordnung geschlossen werden,[687] da die Souveränität des enteignenden Staates gebietet, daß im Einzelfall geprüft wird, ob eine Anerkennung mit der deutschen Rechtsordnung vereinbar ist.

cc. ordre public

Als dritte Lösungsmöglichkeit kommt die Einbeziehung des ordre public in Betracht. Auch wenn die Konfiskationsakte in dem enteignenden Staat als rechtswirksam angesehen werden, so ist hiervon getrennt zu beurteilen, welche Auswirkungen die Völkerrechtswidrigkeit auf die bundesdeutsche Rechtsordnung hat. Nur in bezug auf eine konkrete Rechtsordnung kann festgestellt werden, ob jemandem eine bestimmte Rechtsposition zusteht. Deshalb ist es auch möglich,

---

betrachtet, sondern als freiwillige richterliche Selbstbeschränkung; vgl. Verdross/Simma, Völkerrecht, §1180

682 BVerfGE 92, 277 [321 f.]

683 FIRST NATIONAL VS. CUBA V. SABBATINO 406 U.S. 759 (1972) = AJIL 66, S.856ff. (1972); vgl. Ipsen, Völkerrecht, §43, Rd.31

684 Mann, Völkerrechtswidrige Enteignungen, S.709; Dahm, Anerkennung, S.82

685 Mann, Völkerrechtswidrige Enteignungen, S.707; nach a.A. seien die Enteignungsmaßnahmen nicht als nichtig zu behandeln, sondern es genüge, den Betroffenen einen Entschädigungsanspruch anzubieten; vgl. hierzu Nachweis bei Kimminich, Warschauer Vertrag, S.486

686 Kimminich, Warschauer Vertrag, S.486; nach Ansicht von Dahm, Völkerrecht, S.271, dürfen Enteignungen, die einen großen Verstoß gegen den ordre public beinhalten nicht anerkannt werden.

687 von der Beck, SBZ, S.184; vgl. auch FAZ, 21. Dezember 1995, S.5 zum Tomuschat – Gutachten für die Fraktion Bündnis 90/ Die Grünen.

ausländische Rechtsakte unter dem Blickwinkel der deutschen Rechtsordnung zu überprüfen.[688] Ausländische Rechtsakte, die zu den Normen des ordre public im Widerspruch stehen, entfalten in diesem Fall keine Rechtswirkung und sind nichtig.[689] Der ordre public ist dabei als Ausnahmeregelung im System der Kollisionssätze anzuwenden, z.B. wenn aus sozialethischen Erwägungen das Ergebnis ansonsten untragbar wäre.[690] Somit dient Art. 6 EGBGB als Ansatz für übergeordnete Wertungsgesichtspunkte auf einfachrechtlicher Ebene.[691]
Die völkerrechtswidrigen Rechtsakte werden folglich nicht von vornherein als nichtig betrachtet. Wenn sie jedoch mit wesentlichen Grundsätzen des Verfassungsrechtes nicht übereinstimmen, werden sie nicht anerkannt.[692] Daher besteht beim ordre public die Möglichkeit, verfassungsrechtliche Grundsätze in die Überlegung, ob völkerrechtswidrige Akte anerkannt werden sollen, einfließen zu lassen.

b. Entgegenstehendes Territorialitätsprinzip

Unabhängig vom ordre public könnten die Konfiskationen in der Bundesrepublik aber schon aus dem Gedanken des Territorialitätsprinzips anzuerkennen sein. Nach dem Territorialitätsprinzip hat ein Staat die generelle Berechtigung, über die auf seinem Staatsgebiet gelegenen Vermögensobjekte zu verfügen, soweit dies dem öffentlichen Interesse entspricht. Zwar darf nach Art. 17 Nr.2 der Allgemeinen Erklärung der Menschenrechte[693] niemand willkürlich seines Eigentums beraubt werden, aber diese Resolution ist nach Art. 10 SVN[694] lediglich eine Empfehlung. Folglich sind die Staaten verpflichtet, das Territorialitätsprinzip zu respektieren.[695]

---

688 Vgl. von der Beck, SBZ, S.183

689 Ipsen, Völkerrecht, §15, Rd.36

690 Beitzke in Strupp/Schlochauer, ordre public, S.665; Dahm, Anerkennung, S.70: So verstößt z.B. im französischen Recht eine entschädigungslose Enteignung gegen den ordre public; vgl. Juris-Classeur Périodique, Edition Générale, 58e Année, 6 Juin 1984, Nr.20217; vgl. auch Blumenwitz, Flucht und Vertreibung, S.205: auch in Österreich entfalten entschädigungslose Enteignungen fremder Hoheitsgewalten keine Wirkung, obwohl Österreich Art. 3 III des 6.Teils des Überleitungsvertrages im österreichischen Staatsvertrag von 1955 anerkannt hat.

691 Blumenwitz, Interessenausgleich, S.72 f.; ebenso Kegel, Internationales Privatrecht, S.119; Wenk, Konfiszierte Privatvermögen, S.134; Schütz, Ordre public, S.129; Blumenwitz in Staudinger Kommentar, Art. 6 EGBGB, Rd.39/54; Blumenwitz, Erklärung, S.43

692 Ambrosch-Keppeler, Anerkennung, S.17

693 Resolution 217 (III) in United Nations, General Assembly, Official Records third Session (Part I) Resolutions (Document A/810), S.71

694 BGBl 1980 II, S.1252

695 Diese Pflicht ergibt sich schon aus dem Interventionsverbot: Ein Staat darf sich nicht in die domestic jurisdiction und in die domaine reservé einmischen. Zurecht weist Mann, Völkerrechtswidrige Enteignungen, S.705 darauf hin, daß dieser Grundsatz nicht gelten kann, wenn die Enteignung völkerrechtswidrig war.

Auch für ausländische Mitbürger gilt das innerstaatliche Recht, deshalb ist ihr Vermögen wie das Vermögen der eigenen Staatsangehörigen zu behandeln. Eine Einschränkung gegenüber Ausländern gilt nur dahingehend, daß internationale Mindeststandards beachtet werden müssen.[696]
Das Territorialitätsprinzip kann aber nur bei rechtmäßigen Enteignungen Anwendung finden, denn ein Verstoß gegen Völkerrecht ist auch ein Verstoß gegen das Territorialitätsprinzip.[697] Zudem würde ein Staat, der gegen ius cogens verstoßende Rechtsakte anderer Staaten respektieren würde, selbst gegen ius cogens verstoßen.[698] Schon deshalb muß die Völkerrechtswidrigkeit der Normen überprüft werden. Das Territorialitätsprinzip darf dieser Prüfung nicht entgegenstehen.

c. Handhabung der Rechtsprechung

aa. Darstellung der wesentlichen Gesichtspunkte

In der Rechtsprechung ist keine einheitliche Lösung zur Behandlung völkerrechtswidriger Akte zu finden. In einer Entscheidung des BGH vom 11. April 1960[699] scheint der BGH an den Gedanken des Territorialitätsprinzips anzuknüpfen und somit eine Respektierung der Auslandskonfiskationen unabhängig vom Überleitungsvertrag hinzunehmen.
Später hat der BGH zur Frage der Anerkennung völkerrechtswidriger Akte entschieden, daß entschädigungslose Enteignungsmaßnahmen mit rechtsstaatlichen Grundsätzen, wie sie mit Bezug auf die Unantastbarkeit des Privateigentums in Art. 14 GG niedergelegt sind, in Gegensatz stehen und deshalb ihrer Anerkennung mit Art. 30 EGBGB a.F.[700] begegnet werden müsse. Es sei mit der in der Bundesrepublik geltenden Rechts- und Sozialordnung nicht vereinbar, daß eine Enteignung ohne Zahlung einer Entschädigung vorgenommen wird. Im Hinblick auf Art. 30 EGBGB könne diese Enteignung deshalb nicht hingenommen werden.[701]
Soweit sich die Wegnahme auf sudetendeutsches Vermögen[702] durch die Tschechoslowakei bezogen hat, hat die Rechtsprechung[703] sich überwiegend für die

---

696 Fuchs, Enteignungen, S.50; Böckstiegel, Eigentumsentziehungen, S.75 f.

697 Blumenwitz, Verfassungskollisionsrecht, Rd.92

698 Gornig, Völkerrechtswidrigkeit von Vertreibungen, S.29; zum ius cogens vgl. unten, Punkt VI-II 3

699 BGHZ 32,170

700 = Art. 6 EGBGB n.F.

701 BGHZ 31,168(173); Fuchs, Enteignungen, S.57; a.A. Mann, Völkerrechtswidrige Enteignungen, S.707: Er hält den ordre public nur bedingt geeignet. Zum einen ginge es mehr als nur um den Erhalt der inländischen Ordnung und Interessen und zum anderen sei der ordre public nicht zwingend, da die üblicherweise auftauchenden Probleme nicht eindeutig zu beantworten seien.

702 Das verlorengegangene Volksvermögen wird auf 125 bis 130 Milliarden DM geschätzt; vgl. Blumenwitz, Flucht und Vertreibung, S.185

Völkerrechtswidrigkeit der Enteignungen ausgesprochen und sie deshalb im Inland als nichtig behandelt. Im Fall Liechtenstein wurde hingegen entschieden, daß noch nicht einmal eine Überprüfung am deutschen ordre public möglich sei, weil ein Schlußstrich unter die Kriegsfolgemaßnahmen gezogen werden sollte.[704]
Darüber hinaus bestätigte das BVerfG das Urteil zur Bodenreform[705], welches Parallelen zu der aktuellen Entscheidung aufweist. Im Bodenreformurteil ging das BVerfG davon aus, daß nach deutschem und internationalem Enteignungsrecht die

> „Enteignungen eines fremden Staates einschließlich der entschädigungslosen ‚Konfiskationen' grundsätzlich als wirksam angesehen werden, soweit dieser Staat innerhalb der Grenzen seiner Macht geblieben ist. Eine Enteignung entfaltet danach Wirkung innerhalb des Hoheitsgebiets des fremden Staates und erfaßt das Vermögen, das zum Zeitpunkt der Enteignung der Gebietshoheit des enteignenden Staates unterlag."

Das Territorialitätsprinzip gilt somit auch dann, wenn der konfiszierte Gegenstand später in den Hoheitsbereich eines anderen Staates gelangt.[706]
Das OLG Bremen hat im sogenannten Tabakstreit[707] eine Verletzung des ordre public verneint, da nur in schweren Fällen ein Verstoß zu beachten sei. Begründet wurde die Entscheidung zum Tabakstreit damit, daß der konfiszierende Staat mit der konfiszierten Ware ansonsten keinen Handeln betreiben könne. „Gleichzeitig würde auch der gesamte Welthandel durch eine derartige Sanktion stark berührt und beunruhigt werden, besonders wenn der blockierte Staat zu Gegenmaßnahmen greifen würde."[708]

bb. Wertung der Rechtsprechung

Die Handhabung der Rechtsprechung ist kritikwürdig, da ein Verbot besteht, völkerrechtswidrige Enteignungen, die im extremen Gegensatz zu den Grundgedanken der Verfassung stehen, anzuerkennen. Denn mit einer Anerkennung beteiligt sich der Staat am Rechtsbruch und verhindert damit die Wiederherstellung des rechtmäßigen Zustandes.[709] Die Bundesrepublik beruft sich zwar stets darauf, die

---

703 Siehe Rechtsprechungshinweise bei Mann, Völkerrechtswidrige Enteignungen, S.707; BGHZ 31, 168 (171): selbst die Enteignungen in der Sowjetzone können nach Art. 30 EGBGB in der Bundesrepublik nicht anerkannt werden, da sie im Widerspruch zu Art. 14 GG stehen.
704 LG Köln, IPRax 1996, S.420
705 BVerfGE 84, 90 (123)
706 Blumenwitz, Prager Vertrag, S.88
707 OLG Bremen vom 21. August 1959; Auszugsweise: Münch, OLG Bremen, S.84
708 OLG Bremen, Urteil vom 21. August 1959; Text: Münch, OLG Bremen, S.84
709 Dahm, Anerkennung, S.79; Blumenwitz, Interessenausgleich, S.75

Enteignungen nicht anzuerkennen, aber durch die Handhabung der Rechtsprechung wird die Wiederherstellung des rechtmäßigen Zustandes verhindert.[710] Diese Verhinderung ist einer Anerkennung nahezu gleichzustellen.
Außerdem müssen wirtschaftliche Betrachtungen wie im Fall des OLG Bremen bei Gerichtsentscheidungen außer Betracht bleiben.
Müßten ausländische Enteignungen ohne eine Überprüfung hingenommen werden, so wäre zudem der diplomatische Schutz obsolet. Überdies würde auch Art. 6 EGBGB an Sinn verlieren, zumal der Grundrechtsschutz durch seine Neufassung zur zentralen Kategorie des ordre public erklärt wurde.[711]
Somit müssen die Enteignungen anhand des nationalen ordre public überprüft werden.

2. Voraussetzung des nationalen ordre public

Es könnte sich eine rechtliche Pflicht zur Nichtanerkennung völkerrechtswidriger Maßnahmen im innerstaatlichen Bereich aufgrund des nationalen ordre public gemäß Art. 6 EGBGB ergeben. Wenn die Entschädigungslosigkeit einer Enteignung und die Verletzung der Neutralität als Verstoß gegen einfaches Völkerrecht zu werten sind, so muß Art. 6 EGBGB als Kollisionsnorm herangezogen werden.[712]
Gemäß Art. 6 EGBGB ist eine ansich anwendbare Rechtsnorm eines anderen Staates nicht anzuwenden, wenn ihre Anwendung mit wesentlichen Grundsätzen des deutschen Rechts, insbesondere Grundrechten, offensichtlich unvereinbar ist. Der ordre public umfaßt dabei alle Normen des internationalen Privat-, Straf- und Verwaltungsrechtes. Über Art. 25 GG finden darüber hinaus die allgemeinen Regeln des Völkerrechts Anwendung. Während aber bei Art. 25 GG eine verbindliche Entscheidung vorliegt, daß die tragenden Wertvorstellungen auch im deutschen Rechtskreis maßgebend sind, sind bei Art. 6 EGBGB die Wertvorstellungen und Rechtsanschauungen erst auszulegen.[713]

a. Offensichtliche Unvereinbarkeit mit deutschem Recht

Schon seit der Spanierentscheidung im Jahre 1971[714] müssen die Grundrechte bei der Auslegung des nationalen ordre public berücksichtigt werden. Seit der IPR-Reform im Jahre 1986 ist dies auch in Art. 6 EGBGB festgeschrieben.[715]

---

[710] OLG Köln, VIZ 1998, S.213 ff.; Kimminich, Warschauer Vertrag, S.487

[711] Ebenso Doehring, Völkerrechtswidrige Konfiskation, S.467; Weber, Anmerkung, S.195; vgl. unten, Punkt IX 3

[712] Blumenwitz, Interessenausgleich, S.76

[713] Dahm, Anerkennung, S.90

[714] BVerfGE 31,58

Darüber hinaus müssen zum einen die durch Auslegung gewonnenen Kollisionsnormen an den verfassungsrechtlichen Maßstäben geprüft werden. Zum anderen muß aber auch das Ergebnis der Anwendung fremden Rechts mit den Grundrechten in Einklang gebracht werden.[716]

Elemente einer fremden Rechtsordnung sind daher nicht anzuwenden, wenn sie mit Grundrechten unvereinbar sind. In Betracht kommt hier als zu überprüfende Norm Art. 14 GG. Die abwehrrechtliche Komponente kommt schon deshalb nicht in Betracht, da keine Abwehr gegen die ausländische Staatsgewalt möglich ist.[717]

Art. 14 I GG gebietet der deutschen Staatsgewalt, sich schützend vor das Eigentum zu stellen. Das deutsche Vermögen im Ausland wurde von der Rechtsprechung auch als schützenswertes Rechtsgut angesehen. Geschützt sind dabei neben dem Eigentum auch die Wiedereinräumungs- und Entschädigungsrechte. Dem Staatsangehörigen muß folglich die Chance verbleiben, mit Schutzansprüchen gegen die Bundesrepublik die Realisierung der Wiedergutmachungspflichten zu erreichen.[718] Dieser Schutz ist dem Bürger durch den Art. 3 des 6.Teils des Überleitungsvertrages genommen, da es keine Möglichkeit gibt, Klagen vor deutschen Gerichten zu erheben. Somit wird durch Art. 3 des 6.Teils des Überleitungsvertrages der Anspruch aus Art. 14 GG ausgeschlossen.[719]

Darüber hinaus ist im Rahmen des Art. 14 GG auf den Menschenwürdegehalt abzustellen. Dieser ist in jedem Einzelgrundrecht verhaftet und verdeutlicht den objektiven Wertegehalt jeder Norm. Demnach ist Bestandteil der grundrechtlichen Garantie, daß eine Pflicht für staatliche Organe zur aktiven Förderung und Realisierung des Wertegehalts der Grundrechte besteht.[720]

Generell sind die Enteignungen im engen Zusammenhang mit der Verfolgung und Vertreibung von Völkerrechtsgruppen erfolgt. Die Verfolgung und Vertreibung sollte zur Vernichtung dieser Gruppen führen. Deshalb sind sie auch als Völkermord klassifiziert worden.[721] Die mit dieser Vertreibung verbundenen Enteignungen sind deshalb nicht mit dem Menschenwürdegehalt vereinbar. Dieser Verstoß gegen den in Art. 14 GG normierten objektiven Wertegehalt muß dementsprechend über Art. 6 EGBGB Beachtung finden.[722]

Außerdem ist zu bedenken, daß das Beneš-Dekret Nr.12 klar zum Ausdruck bringt, daß nach § 1 I das Vermögen „aller Personen deutscher und madjarischer

---

715 Auch wenn im Bodenreformurteil entschieden wurde, daß Akte ausländischer öffentlicher Gewalt nicht am Grundgesetz zu messen wären, so ist dennoch die Spanierentscheidung maßgeblich, da dieser Beschluß auch in Art. 6 EGBGB festgeschrieben wurde.

716 Blumenwitz, Offenheit der Vermögensfrage, S.164; Blumenwitz, Erklärung, S.46

717 Vgl. oben, Punkt VII 2

718 Klein, Diplomatischer Schutz, S.69 f.

719 Vgl. Fassbender, Klageausschluß, S.1447; Doehring, Völkerrechtswidrige Konfiskation, S.466

720 Klein, BVerfG und Ostverträge, S.22

721 Vgl. Fn.781

722 Blumenwitz, Interessenausgleich, S.76 f.; Ambrosch-Keppeler, Anerkennung, S.28: Es ist aber zu beachten, daß Art. 6 EGBGB äußerst zurückhaltend angewandt wird.

Nationalität, ohne Rücksicht auf die Staatsangehörigkeit" und das Vermögen „der Verräter und Feinde der Republik, gleichgültig welcher Nationalität und Staatsangehörigkeit ..." enteignet werden soll. Hierin ist eine willkürliche Gleichstellung zu sehen, in der pauschal alle Vermögensinhaber enteignet werden, ohne dabei einen Anspruch auf ein rechtsstaatliches Prüfungsverfahren zu haben. Ein Gesetz wie dieses könnte in der Bundesrepublik keine Anwendung finden, da es gegen wesentliche rechtsstaatliche Grundsätze verstößt. In diesem Fall ist es dann aber auch mit deutschem Recht offensichtlich unvereinbar, wenn dieses Gesetz aufgrund des Art. 3 des 6.Teils des Überleitungsvertrages in der Bundesrepublik Anwendung findet.[723]

b. Verstoß gegen wesentliche Grundsätze des deutschen Rechts

Es scheint aber auch ein Verstoß gegen wesentliche Grundsätze des deutschen Rechts möglich. Zu den wesentlichen Grundsätzen des deutschen Rechts gehören über Art. 25 GG auch die allgemeinen Regeln des Völkerrechts.[724]
Grundsätzlich hat jeder Staat das Recht, auf seinem Gebiet Enteignungen vorzunehmen. Auch die Entziehung ausländischen Vermögens im eigenen Hoheitsgebiet ist ansich nicht völkerrechtswidrig. Für die Enteignung von Ausländern sind jedoch verschiedene Kriterien Vorbedingung für eine wirksame Enteignung: Verfolgung eines öffentlichen Zwecks, Beachtung internationaler Verträge, Fehlen einer Diskriminierung und eine effektive Entschädigung.[725] Zudem sind die Enteignungen auch völkerrechtswidrig, wenn sie gegen staatsvertragliche Verpflichtungen verstoßen.[726] Letzteres kann aufgrund der Seltenheit hier außer Betracht bleiben. Dagegen ist ein Verstoß gegen Völkergewohnheitsrecht denkbar.

aa. Verstoß der Enteignungen gegen das Diskriminierungsverbot

Im Rahmen der Kriegsfolgemaßnahmen wurden viele Enteignungen gegenüber ausländischen Bürgern oder ganzen Völkerrechtsgruppen vorgenommen. Bezüglich der Enteignungen von Ausländern ist jedoch das völkerrechtliche Fremdenrecht zu beachten.[727] Nach diesen Mindeststandards sind unter anderem die Ent-

[723] Ebenso Weber, Anmerkung, S.196

[724] Allgemeine Regeln des Völkerrechts sind nach Art. 38 I lit. a-c des Statuts des Internationalen Gerichtshofs zum einen internationale Übereinkünfte, in denen ausdrücklich anerkannte Regeln festgelegt sind, das internationale Gewohnheitsrecht, und die von den Kulturnationen anerkannten allgemeinen Grundsätzen des Rechts. Völkerrechtliche Verträge gehören hingegen nicht zu den allgemeinen Regeln des Völkerrechts. Über Art. 25 GG gehört aber auch das allgemeine völkerrechtliche Vertragsrecht zu den allgemeinen Regeln des Völkerrecht; vgl. auch BVerfGE 6, 309 [363]

[725] Dahm, Anerkennung, S.84

[726] Fuchs, Enteignungen, S.52

[727] Vgl. oben, Punkt VIII 2b aa

eignungen verboten, die Ausländer oder eine bestimmte Kategorie von Ausländern diskriminieren, denn auch bei Enteignungen ist ein Maß an Gleichbehandlung erforderlich.[728]
Bei vielen Enteignungen stand im Vordergrund, Ausländern die Vermögenswerte wegzunehmen, um ihre Einflußmöglichkeiten im „Gaststaat" zu unterbinden. Den Ausländern sollte es nicht möglich sein, im Staat eine einflußreiche Position zu erhalten. Folglich sollten die Enteignungen gezielt dazu dienen, Ausländer diskriminieren.[729] Daher verstoßen die Enteignungen bereits gegen das Diskriminierungsverbot.

bb. Verstoß der Enteignungen gegen das Verbot der Entschädigungslosigkeit

Es kommt zudem ein Verstoß wegen der Entschädigungslosigkeit der Enteignungen in Betracht. Die Geltung des Verbots einer entschädigungslosen Enteignung im Völkerrecht wird selten bestritten.[730] Wenn kein kriminelles Verhalten vorliegt, so ist die entschädigungslose Enteignung Strafe und Unrecht. Dieser Grundsatz gilt dabei sogar bezüglich privaten Feindvermögens im Krieg.
Nach der HULL[731] – Formel wird eine gerechte, unverzügliche und effektive Entschädigung für einen Eigentumsentzug gefordert. Ausgenommen sind nur die Enteignungen, für die z.B. hochrangige sozialpolitische Ziele stehen.[732]
Problematisch ist aber, wie sich dieser Verstoß innerstaatlich auswirkt. Es wird vertreten, daß entschädigungslose Enteignungen immer einen Widerspruch zur deutschen Rechtsordnung darstellen und deshalb nicht hinzunehmen seien.[733]
Prinzipiell sind nach Ansicht des BGH entschädigungslose Enteignungen im Geltungsbereich des Grundgesetzes nicht anzuerkennen.[734] Trotzdem sind von der

---

728 Fuchs, Enteignungen, S.53; Kimminich, Warschauer Vertrag, S.485; Gornig, Völkerrechtswidrigkeit von Vertreibungen, S.18

729 Im Fall Liechtenstein ging eine Feindschaft der Tschechoslowakei und Liechtensteins bereits auf die Zeit unmittelbar nach dem Ersten Weltkrieg zurück. Die Tschechen warfen den Fürsten von Liechtenstein vor, ihre reichen Besitzungen in Mähren aufgrund der Niederlage des böhmischen Adels erworben zu haben; vgl. Seidl-Hohenveldern, Nachwirkungen der Kontrollratsgesetzgebung, S.986 f.

730 Böckstiegel, Eigentumsentziehung, S.74: Selbst in den östlichen Staaten wurde dies meist anerkannt; Klein, Diplomatischer Schutz, S.49; Kimminich, Warschauer Vertrag, S.485; Fuchs, Enteignung, S.53 mit weiteren Nachweisen

731 Der amerikanische Außenminister Cordell Hull hatte diese Formel aufgrund von Enteignungen amerikanischer Ländereien in Mexiko 1938 entwickelt.

732 Blumenwitz, Offenheit der Vermögensfrage, S.154

733 Mann, Völkerrechtswidrige Enteignungen, S.707 f.: Eine entschädigungslose Enteignung liegt dabei auch dann vor, wenn eine Entschädigung nur in Aussicht gestellt ist, ohne daß ihre Höhe, der Zeitpunkt oder die Art der Zahlung bestimmt ist und der Eigentümer noch keinen unabhängigen und unwiderruflichen Anspruch zuerkannt bekommen hat; Dahm, Anerkennung, S.80 ff.; Kimminich, Warschauer Vertrag, S.486

Rechtsprechung[735] die Konfiskationen aber nicht durchweg als nichtig gesehen worden. Für die Fälle, in denen durch einen Ausspruch der Nichtigkeit „der konfiszierende Staat blockiert werden würde und mit der enteigneten Ware keinen Handel betreiben könnte", wurden die Konfiskationen anerkannt.[736]
Die Bundesregierung hingegen hielt eine entschädigungslose Enteignung stets für völkerrechtswidrig. Außenminister Genscher antwortete auf eine parlamentarische Anfrage 1974: „Die Bundesregierung hat niemals einen Zweifel daran gelassen, daß sie die entschädigungslose Enteignung der vertriebenen Deutschen als völkerrechtswidrig ansieht".[737]
Auch das Auswärtige Amt hatte unter der Leitung von Außenminister Kinkel immer die Vertreibung der Deutschen und die entschädigungslose Einziehung deutschen Vermögens als völkerrechtswidrig angesehen.[738] Dem Vernehmen nach teilte auch die Rechtsabteilung des Auswärtigen Amtes, die den Notenwechsel mitverfaßt hat, diese Auffassung.[739]
Somit liegt ein Verstoß der Enteignungen gegen das Verbot der entschädigungslosen Enteignung vor.

cc. Verstoß gegen das Verbot der Enteignung von Privatvermögen

Durch die Siegermächte ist im wesentlichen Privatvermögen konfisziert worden. Darin könnte ein Verstoß gegen allgemeine Regeln des Völkerrechts liegen. Im Kriegsvölkerrecht wird das Privateigentum im besetzten Gebiet gemäß Art. 46 HLKO geschützt. Demnach darf privates Vermögen nicht entzogen werden. Direkt bezieht sich diese Norm zwar nur auf Enteignungen durch Besatzungsmächte, sie ist jedoch als Völkergewohnheitsrecht anerkannt.[740] Da der Kriegszustand offiziell erst 1951[741] beendet wurde, findet dieser Grundsatz auf nahezu alle kriegsfolgenbedingten Enteignungen Anwendung.[742] Vor Inkrafttreten des AHK-Gesetzes Nr.63[743] ist von deutschen Gerichten die Konfiskation privaten Vermö-

---

[734] BGHZ 104, 240 (244)
[735] Vgl. Blumenwitz, Prager Vertrag, S.90
[736] OLG Bremen, Urteil vom 21. August 1959; Text: Münch, OLG Bremen, S.84; vgl. oben, Punkt VIII 1c
[737] Parlamentarische Anfrage des Abgeordnete Freiherrn von Fircks, 25. Juli 1974, BT-Drucks. 7/2465 S.4: Zudem wies Genscher darauf hin, daß der Gesamtkomplex der Vermögensfragen der Regelung in einem Friedensvertrag vorbehalten bleibt; Blumenwitz, Offenhalten Polen, S.64: Die Bundesregierung hat in einigen Äußerungen darauf hingewiesen, daß sie die Vertreibungen und entschädigungslosen Enteignungen durch Polen als völkerrechtswidrig betrachtet.
[738] Der Spiegel, Nr.2, 11. Januar 1999, S.44
[739] Dr. Czaja, BT-Steno. 7/10950
[740] Fuchs, Enteignung, S.53; Mann, Völkerrechtswidrige Enteignungen, S.705 f.; Berber, Band II, S.124; Seidl-Hohenveldern, Völkerrecht, Rd.531
[741] Vgl. oben, Teil A
[742] Gornig, Völkerrechtswidrigkeit von Vertreibungen, S.24
[743] Text: ABl. AHK, S.1107

gens demzufolge für rechtswidrig erklärt worden.[744] Auch bei den Vorbereitungen zum Überleitungsvertrag war die deutsche Seite stets sicher, daß der Grundsatz der Unantastbarkeit des Privateigentums gewahrt bleiben müßte.[745] Somit wurde sowohl von der Bundesregierung, als auch von der Rechtsprechung die Entziehung privaten Vermögens als völkerrechtswidrig angesehen.[746]

dd. Verstoß gegen das Verbot der Rassendiskriminierung

Darüber hinaus könnte die Anerkennung der Wirksamkeit der Enteignungen auch gegen Art. 5 lit.d der Konvention zur Beseitigung jeder Form der Rassendiskriminierung verstoßen.[747] Auch diese Konvention ist Völkergewohnheitsrechts, da es eine allgemein gültige Regel festlegt.[748] Demnach hat jeder Mensch unbeschadet seiner Rasse oder Herkunft das Recht, Vermögen als Eigentum zu besitzen. Die Beneš-Dekrete sollten bewirken, daß alle Personen deutscher Nationalität ihr Vermögen in der Tschechoslowakei verlieren. Somit sollte diesen Personen aufgrund ihrer Herkunft verweigert werden, Vermögen als Eigentum zu besitzen. Eine Anerkennung dieser Politik würde somit einen Verstoß gegen Art. 5 lit.d darstellen.

ee. Zwischenergebnis

Da die meisten Enteignungen sowohl gegen das Diskriminierungsverbot, das Verbot der entschädigungslosen Enteignung und das Verbot der Enteignung von Privatvermögen verstoßen haben, sind die Enteignungen mit wesentlichen Grundsätzen des deutschen Rechts unvereinbar. Somit widersprachen die Konfiskationen nicht nur dem herrschenden Völkerrecht, sondern auch den inländischen Gerechtigkeitsvorstellungen.[749] Durch die Aufrechterhaltung des Art. 3 des 6.Teils des Überleitungsvertrages erhalten diese Enteignungen aber innerstaatlich Anerkennung, da die geschaffene Eigentumslage aufrechterhalten wird. Eine Einwendung gegen die Verstöße ist deshalb nicht möglich. Infolgedessen verstößt auch Art. 3 des 6.Teils des Überleitungsvertrages gegen wesentliche Grundsätze des deutschen Rechts.

---

[744] LG Kassel, Urteil vom 20.7.1948 = NJW 1947/48, S.628
[745] Wolff, Abgeltung, S.82
[746] Fuchs, Enteignung, S.53 mit weiteren Nachweisen
[747] BGBl 1969 II, S.962
[748] Vgl. Fn.724
[749] Ebenso Ermacora, Rechtsgutachten, Rd.205

c. Örtliche, sachliche, zeitliche Relativität

Trotz der offensichtlichen Unvereinbarkeit mit dem deutschen Recht und dem Verstoß gegen wesentliche Grundsätze, ist Voraussetzung für die Anwendbarkeit des ordre public die örtliche, sachliche und zeitliche Relativität.[750]
Problematisch ist stets die „hinreichende" Inlandsbeziehung.[751] Ob räumliche Relativität vorliegt, ist anhand eines konkreten Falles zu begutachten. Nach der Ansicht von Doehring bedarf es im Rahmen des völkerrechtlichen ordre public, wenn er über den nationalen ordre public Anwendung findet, noch nicht einmal einer Inlandsbeziehung, da es Sinn des internationalen ordre publics ist, das Völkerrecht und nicht die inländische Ordnung zu schützen.[752] Da diese Formel zu allgemein ist, sollte vom Erfordernis des Inlandsbezugs nicht abgewichen werden. Im Zusammenhang mit Konfiskationen sind dabei verschiedene Fallkonstellationen denkbar.
Es könnte ein Inlandsbezug bereits daraus geschlossen werden, daß ausländisches Vermögen als deutsches Vermögen enteignet wurde, um deutsche Reparationsschulden zu bezahlen. In diesen Fällen würde es jedoch an der Räumlichkeit des Bezuges fehlen.
Ein Inlandsbezug ist aber bereits dann gegeben, wenn der Betroffene deutscher Staatsbürger ist.[753] Zudem könnten dauerhaft in der Bundesrepublik belegene Vermögenswerte betroffen sein, die als deutsches Vermögen konfisziert wurden, bzw. vorübergehend in der Bundesrepublik belegene Vermögenswerte.[754] In diesen Fällen ergibt sich ein Inlandsbezug schon daraus, daß sich das streitgegenständliche Vermögensobjekt in der Bundesrepublik befindet.
Die Inlandsbeziehung kann sich außerdem daraus ergeben, daß der völkerrechtswidrige Akt mit deutscher Hilfe durchgeführt wurde. Die Intensität der Inlandsbeziehung hängt dabei vom Grad des Verstoßes gegen Völkerrecht ab.[755] Durch die Abweisung der Klage vertieft das deutsche Gericht das Unrecht. Anstatt sich schützend vor das Eigentum zu stellen, werden die Kriegsfolgemaßnahmen einer Überprüfung entzogen. Dies stellt eine intensive Beziehung zur deutschen Rechtsordnung dar.
Darüber hinaus könnte aber auch generell ein hinreichender Inlandsbezug bestehen. Wenn die Bundesrepublik sich auf einen Einwendungsverzicht beruft und eine Klage aufgrund Art. 3 III des 6.Teils des Überleitungsvertrages nicht zuläßt, so

---

750 Blumenwitz in Staudinger, Kommentar, Art. 6 EGBGB, Rd.115

751 Blumenwitz in Staudinger, Kommentar, Art. 6 EGBGB, Rd.117; Blumenwitz, Interessenausgleich, S.77: Generell wird aber im Bodenreformurteil nicht von einem hinreichenden räumlichen und zeitlichen Bezug ausgegangen.

752 Doehring, Völkerrechtswidrige Konfiskation, S.467

753 So z.B. bei den Vertriebenen.

754 Im Ausgangsfall des Fürsten von und zu Liechtenstein war das Bild als Leihgabe in Deutschland.

755 Dahm, Anerkennung, S.91

könnte sich die Bundesrepublik einer völkerrechtlichen Haftung aussetzen. Der mögliche Entschädigungsanspruch gegen die Bundesrepublik begründet jedenfalls einen hinreichenden Inlandsbezug.[756]

Die sachliche Relativität ist gegeben, da bei Art. 3 des 6.Teils des Überleitungsvertrages die Gerichtsbarkeit ausgeschlossen wird, so daß die Anwendbarkeit dieser Norm eine Hauptfrage im Gerichtsstreit betrifft.

Zudem müßte ein zeitlicher Bezug bestehen. Dieses Kriterium wurde vom BVerfG besonders herausgestellt. Im Bodenreformurteil[757] hatte das BVerfG entschieden, es läge bei besatzungshoheitlichen Enteignungen kein ausreichender zeitlicher und räumlicher Bezug vor, da diese Enteignungen bereits 50 Jahre zurückliegen. Diese Ansicht kann jedoch nur den Sinn haben, daß moderne, geänderte Rechtsauffassungen nicht zur Beurteilung älterer Sachverhalte herangezogen werden sollten.[758] Hat sich die Rechtsanschauung jedoch nicht wesentlich geändert, so liegt der notwendige Zeitbezug immer noch vor. Dies bedeutet, daß sich auch aus zeitgenössischen Gerechtigkeitsvorstellungen eine „Verurteilung" der Maßnahmen ergeben würde.[759] Bezüglich der Enteignungen, auf die Art. 3 des 6.Teils des Überleitungsvertrages Anwendung findet, hat sich die Rechtsanschauung nicht geändert, denn die kriegsfolgenbedingten Konfiskationen sind nach wie vor zum größten Teil zu verabscheuen und als menschenunwürdig zu betrachten. Folglich hat sich die Rechtsanschauung in den meisten Fällen nicht geändert und daher liegt ein zeitlicher Bezug vor.

d. Keine vertragliche Abbedingung

Im wesentlichen stützt sich die Prüfung des nationalen ordre public auf Völkergewohnheitsrecht. Von den wenigen zwingenden Normen des Völkerrechts abgesehen[760] ist das Völkergewohnheitsrecht dispositives Recht. Dies bedeutet, daß es im gegenseitigen Einverständnis von den Staaten abbedungen werden kann und deshalb in konkreten Fällen nicht mehr anwendbar ist.[761] Weder im Überleitungsvertrag noch im Notenwechsel vom 27./28. September 1990 wurde jedoch das Völkergewohnheitsrecht abbedungen, so daß eine Anwendung desselben in Betracht kommt.

---

756 So hätte der Fürst von und zu Liechtenstein die Möglichkeit, vor dem IGH eine Klage gegen die Bundesrepublik einzureichen.

757 BVerfGE 84, 90 (123)

758 Blumenwitz, Interessenausgleich, S.78; schließlich ist auch zu bedenken, daß nach der Wiedervereinigung zum erstenmal die reelle Chance besteht, dieses Unrecht aufzuarbeiten.

759 von der Beck, SBZ, S.78

760 Vgl. oben, Punkt VIII 3

761 Steinberger, Allgemeine Regeln des Völkerrechts, Rd.13, Fn.46: Eine stillschweigende Abbedingung ist aber nur bei Anhaltspunkten anzunehmen.

e. Zwischenergebnis

Aufgrund der Verstöße gegen wesentliche Grundsätze des deutschen Rechts und der offensichtlichen Unvereinbarkeit mit dem deutschen Recht verstößt die Anwendung des Art. 3 des 6.Teils des Überleitungsvertrages gegen den nationalen ordre public. Deshalb sollte die Norm nicht anerkannt werden, denn sie führt nicht nur „zur Billigung der privatrechtseinschränkenden Entscheidungen ausländischer Hoheitsträger", sondern zur Anerkennung dieser Hoheitsakte.[762]

3. Voraussetzung des internationalen ordre public

Die nach lex rei sitae gültige Enteignung kann auch am internationalen ordre public gemessen werden. Das Grundgesetz weist eine völkerrechtsfreundliche Tendenz auf.[763] Deshalb bewirkt Art. 25 GG, daß auch ohne Transformationsgesetz die allgemeinen Regeln des Völkerrechts unmittelbar gelten.[764] Demnach sind alle Organe der Bundesrepublik Deutschland verpflichtet, Völkergewohnheitsrecht anzuwenden. Ein Verstoß gegen das Völkergewohnheitsrecht steht einem Verstoß gegen das Grundgesetz gleich.[765]
Bei Verstößen gegen das dispositive Völkerrecht besteht nach dem Völkerrecht aber keine Pflicht zur Nichtbeachtung dieser Verstöße, sondern nur ein Recht.[766] Deshalb sind diese Völkerrechtsverstöße hier auch unbeachtlich, da sich für die Bundesrepublik keine Pflicht zur Beachtung ergibt.[767]

Kein Zweifel besteht jedoch daran, daß ein Verstoß gegen ius cogens nicht zur Anerkennung in der Bundesrepublik Deutschland führen kann. Die Nichtigkeit wirkt nämlich „erga omnes" und muß gemäß Art. 25 GG auch bei der innerstaatlichen Rechtsanwendung Berücksichtigung finden. Somit ist bei einem Verstoß gegen ius cogens in Abweichung vom Territorialitätsgrundsatz eine Anerkennung der Enteignungsakte in der bundesdeutschen Rechtsordnung zwingend ausgeschlossen.[768]

Eine in der Literatur schon länger bestehende Unterscheidung zwischen zwingendem und dispositivem Recht war stets wegen der damit einhergehenden Ein-

---

762 Vgl. Ambrosch-Keppeler, Anerkennung, S.226 f.

763 Seidl-Hohenveldern, Völkerrecht, Rd.586: An Art. 25 GG wird deshalb die Erwartung gestellt, daß deutsche Gerichte die Völkerrechtsverletzungen der fremden Staaten unter Berufung auf deren Unvereinbarkeit mit dem deutschen ordre public ablehnen.

764 BVerfGE 6,309 (363); 23,288 (316)

765 Steinberger, Allgemeine Regeln des Völkerrechts, Rd.52

766 Steinberger, Allgemeine Regeln des Völkerrechts, Rd.39/55; Ipsen, Völkerrecht, §15, Rd.37

767 Zur innerstaatlichen Pflicht zur Beachtung vgl. oben Punkt VIII 2

768 Blumenwitz, Interessenausgleich, S.76; Gornig, Völkerrechtswidrigkeit von Vertreibungen, S.23

schränkung der Souveränität der Staaten umstritten. Schließlich hat das ius cogens aber Eingang in die Wiener Vertragsrechtskonvention gefunden. Zwingende Normen des Völkerrechts sind gemäß Art. 53 WVRK solche, die in ihrer Gesamtheit angenommen und anerkannt worden sind als Normen, von denen nicht abgewichen werden darf. Nach dem BVerfG[769] kann die Qualität zwingender Normen

> „nur jenen in der Rechtsüberzeugung der Staaten fest verwurzelten Rechtssätzen zuerkannt werden ..., die für den Bestand des Völkerrechts als einer internationalen Rechtsordnung unerläßlich sind und deren Beachtung alle Mitglieder der Staatengemeinschaft verlangen können“.

Folglich liegt ius cogens vor, wenn gegen fundamentale Grundsätze des Völkerrechts oder der Menschlichkeit verstoßen wird,[770] d.h. Verbindlichkeiten, die der sittlichen Werteordnung widersprechen, sind unmöglich.[771] Beispiele für das ius cogens sind Völkermord, Folter, Verstöße gegen das Aggressionsverbot, Verstöße gegen das Selbstbestimmungsrecht, Verstöße gegen das Gewaltverbot gemäß Art. 2 Nr.4 SVN, Sklavenhandel, Pierrette, oder andere völkerrechtliche Verbrechen.[772]
Ius cogens sichert somit den Grundbestand der Menschenrechte mit Wirkung erga omnes, d.h. der gesamten Staatengemeinschaft gegenüber.[773] Ein Verstoß gegen ius cogens bedeutet demgemäß, daß eine Anerkennung des fraglichen Aktes oder seiner Folgen nicht in Betracht kommen kann.

Ob tatsächlich ein Verstoß gegen ius cogens vorliegt, ist vom Einzelfall abhängig. In der Staatenpraxis und in der Judikatur wird ius cogens nur zurückhaltend angewandt. Eine direkte Bezugnahme auf ius cogens erfolgt auch lediglich in Sondervoten einzelner Richter.[774] Es kommt dabei auch nicht auf die Abweichung der anzuwendenden Norm von den deutschen Rechtsvorstellungen an, sondern auf die Unbrauchbarkeit ihrer Anwendung im konkreten Fall.[775]
Zu den zwingenden Normen des Völkerrechts kann jedenfalls auch eine entschädigungslose Enteignung gehören, wenn der enteignende Staat diese zur „ethni-

---

769 BVerfGE 18, 441 (449)

770 Seidl-Hohenveldern, Völkerrecht, Rd.395; Blumenwitz in Staudinger, Kommentar, Art. 6 EGBGB Rd.62

771 Verdross/Simma, Völkerrecht, §524; Blumenwitz, Erklärung, S.53: Bezüglich ius cogens gibt es aber bis heute noch keine internationale Praxis.

772 Ipsen, Völkerrecht, §15 Rd.51; Münch, Deutsche Ostfragen, S.228

773 Blumenwitz, Interessenausgleich, S.26; Gornig, Völkerrechtswidrigkeit von Vertreibungen, S.36

774 Ipsen Völkerrecht, §15 Rd.53 f.; Mössner in LdR/VR, S.257 f.

775 Verdross/Simma, Völkerrecht, §1181

schen Säuberung“ benutzt.[776] Die Entschädigungslosigkeit einer Enteignung allein stellt aber noch keinen Verstoß gegen ius cogens dar.[777] Wird aber ein Verstoß gegen ius cogens festgestellt, so kann von der Unwirksamkeit der Enteignungen ausgegangen werden, die ursprünglichen Eigentümer haben deshalb ihr Eigentum überhaupt nicht verloren.[778]
Geht man vom Fall Liechtenstein aus, so war die Konfiskation durch die Tschechoslowakei sowohl eine Verletzung der Neutralität als auch der Staatseigenschaft Liechtensteins. Diese Verstöße sind nicht ohne weiteres als ius cogens zu qualifizieren, denn bei genauer Betrachtung der anerkannten zwingenden Normen kann festgestellt werden, daß es sich generell um Maßnahmen handelt, die von keinem akzeptiert werden können. Bei den vorliegenden Enteignungen hätte Liechtenstein theoretisch diese Enteignungen aber akzeptieren können. Zudem erscheint es befremdlich, Enteignungen neutralen Vermögens mit einem Völkermord oder anderen Verbrechen gleichzusetzen.
Denkbar sind jedoch Fälle, in denen Sudetendeutsche auf Herausgabe von Vermögenswerten klagen. Das sudetendeutsche Vermögen ist als „volksdeutsches“ Vermögen konfisziert worden und gelangte zum Teil über den grauen Markt in deutsche Antiquitätenläden.[779] Bei der Enteignung der Sudetendeutschen ging es „um die Zerstörung der Existenzgrundlage einer Bevölkerung in ihrem angestammten Siedlungsgebiet“.[780] Folglich kann sie als Völkermord qualifiziert werden und gegen ius cogens verstoßen.[781]
Wenn ein Verstoß der Reparationsmaßnahmen gegen ius cogens festgestellt wird, so darf dieser Verstoß in der Bundesrepublik keine Anerkennung finden. Durch Art. 3 des 6.Teils des Überleitungsvertrages verhilft die Bundesrepublik Deutschland völkerrechtswidrigen Akten jedoch zu einer innerstaatlichen Anerkennung, da sie weder überprüft werden, noch ihre Folgen beseitigt werden. Wenn in der Bundesrepublik Enteignungen, die gegen ius cogens verstoßen, somit

---

[776] Blumenwitz in Staudinger, Kommentar, Art. 6 EGBGB Rd.62

[777] Gornig, Völkerrechtswidrigkeit von Vertreibungen, S.29; a.A.: Kimminich, Warschauer Vertrag, S.486; Mann, Völkerrechtswidrige Enteignungen, S.707

[778] Blumenwitz, Interessenausgleich, S.36 f.

[779] Vgl. Teil B, Punkt IX 1d

[780] Wenk, Konfiszierte Privatvermögen, S.113: Grotesk ist, daß die Tschechoslowakei das sudetendeutsche Vermögen als volksdeutsches Vermögen konfisziert hat, andererseits aber die Verleihung der deutschen Staatsangehörigkeit an die Sudetendeutschen 1938 nicht als rechtmäßig anerkannt hat.

[781] Blumenwitz, Offenhalten der Vermögensfrage, S.154; Blumenwitz, Erklärung, S.51; Gornig, Völkerrechtswidrigkeit von Vertreibungen, S.29: Gornig spricht zwar nicht von Völkermord, aber er sieht in der menschenrechtswidrigen Diskriminierung verbunden mit Vertreibungsmaßnahmen eine Verstoß gegen ius cogens; a.A Tomuschat, FAZ vom 21. Dezember 1995, S.5; Tomuschat: er qualifiziert die Vertreibung der Sudetendeutschen nicht als Völkermord, FAZ, 21. Dezember 1995, S.5

aufrechterhalten werden, liegt darin ein Verstoß gegen den internationalen ordre public gemäß Art. 25 GG.

4. Zwischenergebnis

Die Enteignungen sind am nationalen und internationalen ordre public zu messen. Im Fall Liechtenstein ist ein Verstoß gegen den nationalen ordre public anzunehmen, da die Enteignungen mit wesentlichen Grundsätzen des öffentlichen Rechts nicht zu vereinbaren sind. Ein Verstoß gegen den internationalen ordre public ist in anderen Fällen denkbar, wenn ein Verstoß gegen ius cogens vorliegt.

IX. Vereinbarkeit des durch den Notenwechsel aufrechterhaltenen Art. 3 des 6.Teils des Überleitungsvertrages mit sonstigem Völkerrecht

Nachdem bereits im Rahmen des ordre public die durch Art. 3 des 6.Teils des Überleitungsvertrages aufrechterhaltenen Konfiskationen am allgemeinen Völkergewohnheitsrecht überprüft wurden, müssen noch sonstige Verstöße des Art. 3 des 6.Teils des Überleitungsvertrages überprüft werden.
Das BVerfG hatte sich in einer Entscheidung selbst vorbehalten

> „im Rahmen seiner Gerichtsbarkeit im besonderen Maße darauf zu achten, daß Verletzungen des Völkerrechts, die in der fehlerhaften Anwendung oder Nichtbeachtung völkerrechtlicher Normen durch deutsche Gerichte liegen und eine völkerrechtliche Verantwortlichkeit der Bundesrepublik Deutschland begründen können, nach Möglichkeit verhindert oder beseitigt werden. Dies kann im Einzelfall eine insoweit umfassende Nachprüfung gebieten.“[782]

1. Verstoß gegen Art. 25 GG, Vertrag zu Lasten Dritter

Die Note vom 27./28. September 1990 könnte aufgrund der Fortgeltung des Art. 3 des 6.Teils des Überleitungsvertrages ein Vertrag zu Lasten Dritter sein und deshalb gegen allgemeine Normen des Völkerrechts verstoßen.

---

[782] BVerfGE 58, 1 (34); Steinberger, Allgemeine Regeln des Völkerrechts, Rd.77; BVerfGE 94, 315 (328): Das BVerfG hat jedoch nur die Kompetenz zur Überprüfung des Völkergewohnheitsrechts, das Völkervertragsrecht ist hingegen wie einfaches Recht zu behandeln.

a. Verbot des Vertrages zu Lasten Dritter als allgemeine Regel des Völkerrechts

Nach dem klassischen Völkerrecht haben völkerrechtliche Verträge nur eine Wirkung als res inter alios acta, also keine Drittwirkung. Jede Art der Drittwirkung, sei sie begünstigend oder belastend wäre nämlich eine Beeinträchtigung der Unabhängigkeit des betroffenen Staates. Deshalb begründet ein Vertrag nach Art. 34 WVRK für einen Drittstaat weder Rechte noch Pflichten.[783] Da dies eine anerkannte Regel ist, liegt auch eine allgemeine völkerrechtliche Regel vor. Für die allgemeinen Regeln des Völkerrechts ist Art. 25 GG eine generelle Transformationsnorm, so daß dieses Verbot auch in der bundesdeutschen Rechtsordnung gilt.[784]

b. Auswirkung des Notenwechsel auf Auslegung des Überleitungsvertrages in der Bundesrepublik

Aus Art. 3 des 6. Teils des Überleitungsvertrages ergibt sich ein Einwendungsverzicht und ein Klagestopp vor bundesdeutschen Gerichten. Nach der „zweckorientierten Auslegung“ des BGH[785] und des BVerfG[786] sind „Maßnahmen gegen das deutsche Auslandsvermögen“ alle Maßnahmen, die nach der Intention des handelnden Staates gegen deutsches Vermögen gerichtet waren. Folglich konnte auch ausländisches Vermögen konfisziert werden, solange der Enteignende dieses als „deutsches“ Vermögen konfiszieren wollte. Die ehemaligen Eigentümer des ausländischen Vermögens sind somit nach der Rechtsprechung gehindert, Ansprüche vor deutschen Gerichten anhängig zu machen. Dies bedeutet, daß Art. 3 des 6.Teils des Überleitungsvertrages Drittstaaten ebenso betrifft wie die Bundesrepublik, selbst wenn ihr Vermögen zu Unrecht als deutsches Vermögen konfisziert wurde. Mit dem Notenwechsel wurde die Aufrechterhaltung des Art. 3 – trotz Kenntnis über die Auslegung durch deutsche Gerichte – dauerhaft festgeschrieben und zusätzlich der Anwendungsbereich auf das Gebiet der ehemaligen DDR ausgedehnt. Da auch Drittstaaten wegen Art. 3 des 6.Teils des Überleitungsvertrages vor deutschen Gerichten scheitern, könnte die Klagesperre somit einen Vertrag zu Lasten Dritter darstellen.

c. Vertrag mit politischem Reflex ohne Rechtscharakter

Problematisch ist, ob jeder Vertrag mit Drittwirkung ein Vertrag zu Lasten Dritter ist. Da es oftmals faktische Auswirkungen auf Drittstaaten gibt, diese sich auch

---

783 Geiger in LdR/VR, S.360 f.

784 von der Beck, SBZ, S.185 mit weiteren Nachweisen

785 BGHZ 8,378; 32, 170

786 BVerfG 2 BvR 1981/97 = VIZ 1998, S.202 = AöR 1998, S.198

oft nicht vermeiden lassen, werden manche Auswirkungen als politische Reflexe ohne eigenen Rechtscharakter qualifiziert.[787] Es handelt sich dabei um Verpflichtungen aus dem allgemeinen Völkerrecht, die Zustände zu respektieren, die durch gültige völkerrechtskonforme Verträge begründet wurden.[788] Somit bleibt im konkreten Fall zu untersuchen, ob eine vertragliche Pflicht für einen Drittstaat oder lediglich eine faktische Beeinträchtigung in Form eines politischen Reflexes vorliegt.

Das BVerfG entschied im Fall Liechtenstein[789], daß die Klagesperre „keinen Vertrag zu Lasten Liechtensteins darstellt, da sie nur für die Bundesrepublik Deutschland und ihre Gerichte, nicht aber für Liechtenstein eine vertragliche Pflicht begründet". Diese Ansicht ist auf den ersten Blick auch überzeugend. Aus Art. 3 des 6.Teils des Überleitungsvertrages läßt sich tatsächlich keine Regelung entnehmen, nach der Liechtenstein verpflichtet wäre, keine Einwendungen zu erheben. Darüber hinaus sollte diese Norm auch keine erga omnes Wirkung entfalten.[790]

Gleichsam kann nicht nur eine einfache Reflexwirkung angenommen werden, vielmehr liegt ein unechter Vertrag zu Lasten Dritter vor. Aufgrund der Klagesperre durfte der Fürst von und zu Liechtenstein in der Bundesrepublik Deutschland nicht klagen. Obwohl nur die Bundesrepublik Deutschland Klagen ihrerseits ausschließen konnte, sollte auch das Staatsoberhaupt eines Drittstaates nicht befähigt sein, Klage erheben zu können.

Im Fall des Fürsten von und zu Liechtenstein war das streitgegenständliche Objekt als deutsches Vermögensstück konfisziert worden, obwohl es einem neutralen Staatsoberhaupt gehörte. Da die Vertragsparteien des Überleitungsvertrages zum Respekt der Neutralität verpflichtet waren, führt die Anwendung des Art. 3 des 6.Teils des Überleitungsvertrages in diesem Fall zu einer Beeinträchtigung der Souveränität Liechtensteins. Obgleich kein Fall vorlag, der durch die vertragliche Vereinbarung zwischen der Bundesrepublik Deutschland und den westlichen Alliierten geregelt werden sollte, ist Liechtenstein also durch den Vertrag ebenso betroffen wie die Bundesrepublik.

Wenn aufgrund dieses Vertrages auch Einwendungen eines Drittstaates generell ausgeschlossen werden, so liegt hierin zumindest ein unechter Vertrag zu Lasten Dritter und nicht nur ein politischer Reflex.[791]

---

787 Ballreich in Strupp/Schlochauer, Verträge zugunsten und zu Lasten Dritter, S.544

788 Verdross/Simma, Völkerrecht, §766

789 BVerfG, 2 BvR 1981/97 = VIZ 1998, S.202 = AöR 1998, S.198

790 Ebenso Weber, Anmerkung, S.192 f.

791 Zustimmend Weber, Anmerkung, S.193; a.A. Fassbender, Liechtenstein, S.219: Fassbender meint, daß das Völkerrecht die Staaten nicht verpflichtet, ihre Gerichte an die Seite von Ausländern zu stellen, die in Wirklichkeit versuchten, ihre Eigentumsansprüche gegen einen dritten Staat durchzusetzen.

d. Vertragliche Abbedingung zu Lasten Dritter

Es könnte aber auch ein anderer Grund für die Annahme eines Vertrages zu Lasten Dritter vorliegen. Nach Ansicht der Rechtsprechung soll in Art. 3 des 6.Teils des Überleitungsvertrages eine versteckte Verweisungsnorm auf die jeweilige Feindvermögensgesetzgebung des enteignenden Staates gegeben sein. Diese Verweisungsnorm findet jedoch ihre Schranken in den allgemeinen Regeln des Völkerrechts.
Da die Enteignungen durch die Feindvermögensgesetzgebung in der Regel gegen zwingende Normen des Völkerrechts - ius cogens - verstoßen haben, ist die Bundesrepublik verpflichtet, diese Enteignungen nicht anzuerkennen.[792] Eine vertragliche Abbedingung, daß die Verweisungsnorm nicht ihre Schranken in den allgemeinen Regeln des Völkerrechts finden soll, wäre nur zu Lasten der Bundesrepublik möglich, nicht aber zu Lasten eines Drittstaates. Im Fall Liechtenstein wurde deutlich, daß hier die allgemeinen Regeln des Völkerrechts keine Anwendung finden, eine Überprüfung des Völkerrechts wurde abgelehnt.[793] Somit wird eine vertragliche Abbedingung auch zu Lasten Liechtensteins angenommen.

e. Zwischenergebnis

Art. 3 des 6.Teils des Überleitungsvertrages in Verbindung mit dem Notenwechsel vom 27./28. September 1990 ist ein unzulässiger Vertrag zu Lasten Dritter. Folglich läßt die Bundesrepublik zu, daß mit dem Vermögen anderer Staaten deutsche Kriegsschulden bezahlt werden. Auch wenn das BVerfG[794] festgestellt hat, daß es keine allgemeine Völkerrechtsregel gibt, die die Heranziehung ausländischen Vermögens zur Tilgung von Kriegsfolgelasten ausschließe, so ist die Heranziehung dennoch aus den bereits genannten und noch folgenden Gründen bedenklich.

2. Verstoß gegen Art. 6 EMRK[795]

Der Rechtsentzug gemäß Art. 3 des 6.Teils und Art. 1 des 9.Teils könnte gegen Art. 6 I EMRK verstoßen. Die EMRK wurde zwar erst 1953 ratifiziert, aber der

---

[792] Steinberger, Allgemeine Regeln des Völkerrechts, Rd.40; Hierzu ausführlich unten, bei internationalem ordre public, Art. 25 GG; zudem verstoßen die Enteignungen durch die Feindvermögensgesetzgebung in der Regel gegen den nationalen ordre public, Art. 6 EGBGB; Vgl. oben, Punkt VIII

[793] BVerfG 2 BvR 1981/97 = VIZ 1998, S.202 = AöR 1998, S.198

[794] BVerfGE 18, 441 (445)

[795] Konvention zum Schutz der Menschenrechte und Grundfreiheiten vom 4. November 1950; Text: BGBl 1952 II, S.686

Überleitungsvertrag trat erst 1955 in Kraft, so daß im Überleitungsvertrag ein Vorbehalt bezüglich Art. 6 EGBGB angemeldet hätte werden müssen.[796]
Gemäß Art. 6 EMRK hat jedermann Anspruch darauf,

> „daß seine Sache in billiger Weise öffentlich und innerhalb einer angemessenen Frist gehört wird, und zwar von einem unabhängigen und unparteiischen, auf Gesetz beruhenden Gericht, das über zivilrechtliche Ansprüche und Verpflichtungen ... zu entscheiden hat".

Mit der Rechtswegpräklusion wird durch den Überleitungsvertrag der „Richter" entzogen. Dem Betroffenen wird somit die Möglichkeit genommen, daß sein Anliegen vor Gericht gehört wird.
Von Seiten der Rechtsprechung wurde im Fall Liechtenstein[797] argumentiert, daß es dem Fürsten von und zu Liechtenstein jederzeit freistehen würde, in der Tschechischen Republik zu klagen, so daß kein Verstoß gegen Art. 6 EMRK vorläge. Der Klagestopp fände nämlich nur vor deutschen Gerichten Anwendung.[798] Für diese Auffassung spricht, daß die Bundesrepublik Deutschland nicht zum „Hilfspolizisten" in solchen Angelegenheiten werden darf. Schließlich ist es primär das Problem Liechtensteins, wenn es keinen fairen Prozeß in der Tschechischen Republik zu erwarten hat. Darüber hinaus muß ein „Gerichtstourismus" vermieden werden, d.h. es dürfen nicht die enteigneten Gegenstände nun alle in die Bundesrepublik verschafft werden, nur weil hier bessere Prozeßbedingungen zu erwarten sind.
Trotzdem kann Art. 6 EMRK nicht einfach übergangen werden. Es ist zu bedenken, daß die Gerichte der konfiszierenden Staaten ergebnisorientiert richten könnten. Anlaß zu diesen Befürchtungen ergeben sich z.B. aus dem Verhalten des tschechischen Nebenintervenienten im Fall Liechtenstein, der, obwohl der Staat Liechtenstein seit 1990 Mitglied der Vereinten Nationen ist, immer noch nicht deren Staatssouveränität anerkennen will und diese sogar ins Lächerliche zog.[799] Folglich ist zu befürchten, daß in manchen Staaten kein „unabhängiges und unparteiisches" Gericht richten würde, zumal in einem Verfahren vor dem Verwaltungsgericht in Bratislava 1951 festgestellt wurde, daß der Vater des Fürsten deutscher Nationalität sei.[800] Auch wenn die Bundesrepublik in diesem Fall als „Hilfspolizist" aufgetreten wäre, so hätte sie dies aus Interesse an der Einhaltung des Art. 6 EGBGB, der für solche Fälle geschaffen wurde, getan. Sicherlich gilt

---

796 Ermacora, Rechtsgutachten, Rd.213
797 BVerfG, 2 BvR 1981/97 = VIZ 1998, S.202 = AöR 1998, S.198
798 Doehring, Völkerrechtswidrige Konfiskation, S.466: Er stellt zu Recht die Frage, was gegolten hätte, wenn die Klage von einem ausländischen Gericht zuvor abgewiesen worden wäre.
799 Vgl. Blumenwitz, Offenheit, S.161 Fn.37
800 Vgl. Fassbender, Liechtenstein, S.216

dies aber nicht für alle betroffenen Staaten, so daß nicht von einem generellen Verstoß gegen Art. 6 EMRK ausgegangen werden kann.
Zudem kann nicht darauf verwiesen werden, daß der Fürst in anderen Drittstaaten klagen könnte. Nachdem das streitgegenständliche Bild zurück in der Tschechischen Republik ist, wird es aus Angst vor neuen Klagen sicherlich nicht mehr als Leihgabe an ein ausländisches Museum verliehen werden.[801] Deshalb bestand nur in der Bundesrepublik Deutschland eine Chance zur Klage, ein Verstoß gegen Art. 6 EMRK liegt somit vor.

3. Verstoß gegen das Recht auf Gewährung diplomatischen Schutzes[802]

Durch die Versagung des Rechtsschutzes könnte auch gegen das Recht auf Gewährung diplomatischen Schutzes verstoßen worden sein. Diplomatischer Schutz beinhaltet den repressiven – weniger den präventiven – Schutz von natürlichen und juristischen Personen gegenüber völkerrechtswidrigen Handlungen einer fremden Hoheitsgewalt.[803] Jeder Staat hat demnach völkerrechtlich die Befugnis, seinen Staatsangehörigen diplomatischen Schutz zu gewähren, wenn völkerrechtliches Fremdenrecht mißachtet wurde.[804] Die Gewährung diplomatischen Schutzes stellt dabei die Einschränkung des Territorialitätsprinzips eines anderen Staates dar.[805]
Die Bundesrepublik hat sogar die verfassungsrechtliche Verpflichtung, ihre Staatsangehörigen gegen völkerrechtswidrige Eingriffe fremder Staaten zu schüt-

---

[801] Seidl-Hohenveldern, Nachwirkung der Kontrollratsgesetzgebung, S.982 f.: Seidl-Hohenveldern schlägt folgende Lösung vor: Der Fürst soll zwar als Eigentümer anerkannt werden, aber das Bild soll weiterhin als Teil der Sammlung Brnos zum tschechischen Kulturgut gehören. Das Bild sei unter dem Vorbehalt der Rückkehr verliehen worden, deshalb würde die Rückkehr des Bildes die Eigentumsverhältnisse unberührt lassen. Hätte die Tschechische Republik diese veränderte Eigentumslage nicht akzeptiert, dann hätte sie einen erneuten Konfiskationsakt gesetzt. Dies war aber im Hinblick auf den Beitritt zur EMRK nicht zu erwarten. Wäre das Bild zurückgegeben worden, so hätte der Fürst innerhalb des Landes frei über das Bild verfügen und es z.B. verkaufen können. Hierzu meint Fassbender, Klageausschluß, S.1447, daß keine Rechtsnorm ersichtlich sei, nach der das Verleiherland auf eine Rückgabe des Kulturgutes vertrauen kann. Es gäbe hierfür keine Regelung, nur bezüglich der Gegenstände eines anderen EU-Mitgliedsstaates sei ein Kulturrückgabegesetz im Oktober 1998 in Kraft getreten.

[802] Im Fall Liechtenstein kam diplomatischer Schutz nicht in Betracht, da der Fürst von und zu Liechtenstein keine deutsche Staatsangehörigkeit besitzt.

[803] Geck in Strupp/Schlochauer, Diplomatischer Schutz, S.379; Geck, Diplomatic Protection, S.100; Fuchs, Enteignung, S.80; Ipsen, Völkerrecht, §24 Rd.32; BVerfGE 94, 315 (329)

[804] Geck in Strupp/Schlochauer, Diplomatischer Schutz, S.380 f.; ebenso Klein, Diplomatischer Schutz, S.18; Brunner, Diplomatischer Schutz, S.61; Blumenwitz, Offenheit der Vermögensfrage, S.159

[805] Brunner, Diplomatischer Schutz, S.92

zen. Das BVerfG hat hierzu mehrfach festgestellt, daß „den Organen der Bundesrepublik ... von Verfassung wegen die Pflicht zum Schutz deutscher Staatsangehöriger und ihrer Interessen gegenüber fremden Staaten obliegt."[806]
Die Pflicht zur Gewährung diplomatischen Schutzes ist deshalb in der Bundesrepublik ungeschriebenes Verfassungsrecht, vorausgesetzt, die Schutzgewährung entspricht dem Völkerrecht und es stehen nicht überwiegende Interessen des Staates entgegen. Dies ergibt sich aus der Verfassungstradition und dem gegenseitigen Treueverhältnis zwischen dem Staat und seinen Bürgern.[807] Mit dem diplomatischen Schutz als Rechtstitel kann sogar die Wiedergutmachung völkerrechtlichen Unrechts verlangt werden.[808] Voraussetzung für die Gewährung diplomatischen Schutzes ist aber das völkerrechtswidrige Verhalten eines fremden Hoheitsträgers. Dabei kommt sowohl ein Verstoß gegen vertragliche Verpflichtungen als auch gegen Völkergewohnheitsrecht in Betracht.[809] Zum anderen muß der schutzgewährende Staat zum Eintreten für den Schutzbegehrenden berechtigt sein. Im Regelfall wird dies der Fall sein, wenn der Schutzbegehrende die Staatsangehörigkeit des gewährenden Staates besitzt. Die Staatsangehörigkeit muß dabei vom Zeitpunkt der Rechtsverletzung bis zum Abschluß des diplomatischen Eintretens bestehen. Darüber hinaus kann sich aber auch aus Verträgen die Schutzstellung eines Staates ergeben.[810]
Das BVerfG[811] hat hierzu entschieden, daß die Verpflichtung zur Gewährung diplomatischen Schutzes keinen absoluten Charakter besäße. Vielmehr sei immer auch die konkrete Sachlage mit einzubeziehen. Da die auswärtigen Beziehungen nicht allein nach den eigenen politischen Zielvorstellungen gestaltet werden, könnten über die Zweckmäßigkeit des Einsatzes bestimmter Mittel die für die Führung der auswärtigen Politik zuständigen Organe entscheiden.[812] Somit hat der Staatsbürger kein subjektives Recht auf Schutzgewährung, vielmehr liegt die Gewährung im pflichtgemäßen Ermessen der Exekutive. Folglich steht der diplomatische Schutz unter dem Vorbehalt der allgemeinen und insbesondere der außenpolitischen Interessen.[813]

---

806 BVerfGE 40, 141(177); BVerfGE 36,1 (31)
807 Geck in Strupp/Schlochauer, Diplomatischer Schutz, S.381; Fuchs, Enteignungen, S.81
808 Klein, Diplomatischer Schutz, S.18; Verdross/Simma, Völkerrecht, §878 f.
809 Ipsen, Völkerrecht, §24 Rd.33
810 Ipsen, Völkerrecht, §24 Rd.34 f.
811 BVerfGE 55, 349 (364 f.)
812 Tomuschat, Vertreibung, S.59
813 Schneider, Liquidation dt. Auslandvermögens, S.55 f.: Solange das materielle Recht unberührt bleibt, stellt die Versagung diplomatischen Schutzes aber keinen Eingriff in das Eigentum oder eigentumsähnliche Rechte dar. Der Bürger hat auch keinen klagbaren Anspruch auf Gewährung diplomatischen Schutzes; OVG Münster, 14. Juni 1996, 21 A 2162/95 und 26. September 1996, 21 A 2162/95: Es besteht sogar die Möglichkeit, Schritte zum Eigentumsschutz einzelner Bürger gänzlich zu unterlassen; BVerfGE 55, 349 (364 f.); BVerwGE 62, 11 (14 ff.)

Unter denselben Voraussetzungen kann ein Staat aber auch schon im voraus vertraglich auf den diplomatischen Schutz verzichten.[814] Nach Ansicht des BVerfG steht der Bundesregierung diesbezüglich ein „weites Ermessen" zu, so daß die Gerichte nur Ermessensfehler überprüfen können.

> „Um es zu ermöglichen, die jeweiligen politischen Ziele der Bundesrepublik Deutschland im Rahmen des völkerrechtlich und verfassungsrechtlich Zulässigen durchzusetzen, gewährt das Grundgesetz den Organen der auswärtigen Gewalt einen sehr weiten Spielraum in der Einschätzung außenpolitisch erheblicher Sachverhalte wie der Zweckmäßigkeit möglichen Verhaltens."[815]

Auch nach neuerer Rechtsprechung[816] steht es im Ermessen der Organe der Bundesrepublik, ob sie diplomatischen Schutz gewähren. Es sind dabei sowohl die außenpolitischen Interessen und Ziele, die Zweckmäßigkeit möglichen Verhaltens und die Erfolgsaussichten eines Vergehens miteinzubeziehen. Deshalb kann unter Umständen auch ganz auf diplomatischen Schutz verzichtet werden.[817]

Der Einwendungsverzicht in Art. 3 des 6.Teils des Überleitungsvertrages stellt einen Verzicht auf diplomatischen Schutz in bezug auf Kriegsfolgemaßnahmen dar. Fraglich ist nach den vorangegangenen Erläuterungen nur, ob die Ausübung des Verzichts willkürlich oder nach einer pflichtgemäßen Ermessensabwägung erfolgte:
Bei Entstehung des Überleitungsvertrages gaben sich die Alliierten unnachgiebig und bestanden auf die Verzichtsklauseln.[818] Dennoch hatte sich die Bundesregierung bei den Verhandlungen zum Überleitungsvertrag bemüht, die Rechtsstellung der Privateigentümer im Ausland zu verbessern. Da die Hinnahme des Verzichtes auf diplomatischen Schutz aber zwingende Voraussetzung für den Abbau des Besatzungsregimes war, hat die Bundesrepublik im Interesse der Allgemeinheit auf

---

[814] Fuchs, Enteignungen, S.81 f.; Klein, BVerfG und Ostverträge, S.23; Schneider, Liquidation dt. Auslandvermögens, S.56

[815] BVerfGE 55, 346 (365)

[816] OVG Münster, 26. September 1996 Az. 21 A 2162/95; auszugsweise in Blumenwitz, Interessenausgleich, S.152

[817] Vgl. BVerfGE 55, 349 (367): Näher führte das BVerfG hierzu aus: „Selbst eine nach Auffassung eines deutschen Gerichts völkerrechtlich unzutreffende Rechtsauffassung, von der die Bundesregierung bei Prüfung der Ermessensvoraussetzungen und der Ausübung ihres Ermessens im Bereich des Auslandsschutzes im Einzelfall ausginge, vermöchte nicht schon die Fehlerhaftigkeit der Ermessensausübung zu begründen. Der gegenwärtigen Völkerrechtsordnung gebricht es weiterhin an institutionellen Vorkehrungen, etwa einer obligatorischen internationalen Gerichtsbarkeit, vermittels deren die Richtigkeit von Rechtsauffassungen im Streitfall verbindlich festgestellt werden könnte"; BVerwGE 62, 11(14) = NJW 1989, S.2208

[818] Schneider, Liquidation dt. Auslandvermögens, S.64

diplomatischen Schutz verzichtet.[819] Andererseits ist zu bedenken, daß die Bundesregierung damit auch solche Enteignungen unangetastet ließ, die gegen erga omnes wirkendes ius cogens verstoßen haben. Da es sich aber nur um einen vorübergehenden Verzicht handelte, spielt Art. 25 GG in der Abwägung keine gewichtige Rolle. Folglich hat die Bundesregierung durch den Verzicht auf diplomatischen Schutz bei Entstehung des Überleitungsvertrages nicht Rechte der Betroffenen verletzt.[820]

Fraglich ist, ob auch im Wiedervereinigungsprozeß ein pflichtgemäßes Ermessen ausgeübt wurde. Nach Auskunft der deutschen Verhandlungspartner hatten die Alliierten ein Interesse daran, diese Klauseln aufrechtzuerhalten. Die Bundesrepublik hingegen hatte ein erhöhtes Interesse an einer schnellen Wiedervereinigung und wollte deshalb den Einigungsprozeß nicht verzögern. Zudem sah man sich nicht in einer Verhandlungsposition, in der man hätte solche Forderungen stellen können. Es könnte aber auch eine Rolle gespielt haben, daß der Bundesregierung die Tatsache, nicht ganz souverän zu sein, vorteilhaft erschien.[821] Hätten nun Klagen gegen Kriegsfolgemaßnahmen zugelassen werden dürfen, so hätte dies für die Bundesrepublik keine Vorteile eingebracht. Vielmehr hätte es die guten Beziehungen zu anderen Staaten gefährden können. Darüber hinaus ist auch hier wieder das erga omnes wirkende ius cogens in die Abwägung miteinzubeziehen. Durch den dauerhaften Verzicht sind auch die Enteignungen dauerhaft sakrosankt geworden, die gegen ius cogens verstoßen.

Zwar ist zu unterstellen, daß eine Abwägung zugunsten einer zügigen Wiedervereinigung getroffen wurde. Zweifel bestehen aber, ob alle wichtigen Umstände, z.B. die Verstöße gegen ius cogens, in die Abwägung eingestellt wurden und somit umfassend ein pflichtgemäßes Ermessen ausgeübt wurde. Somit ist fragwürdig, ob der dauerhafte Verzicht rechtmäßig ist.

4. Verstoß gegen das Verbot des „denial of justice“

Zudem könnte Art. 3 des 6.Teils des Überleitungsvertrages gegen das Verbot des „denial of justice“ verstoßen. „Denial of justice“ ist ein völkerrechtliches Delikt und spielt insbesondere bei der Durchsetzung von Ausländerrechten in Gaststaaten eine wichtige Rolle.

Eine Form des „denial of justice“ liegt z.B. dann vor, wenn einem Ausländer der Rechtsweg, auf den er zur Durchsetzung seiner Rechte angewiesen ist, vollständig

---

819 Fuchs, Enteignungen, S.83; Schneider, Liquidation dt. Auslandvermögens, S.46/56. Bezüglich eines ähnlichen Abkommens hat das BVerfG (BVerfGE 6,290) sogar ausdrücklich entschieden, daß die Schutzpflicht nicht willkürlich vernachlässigt wurde.

820 Im übrigen bliebe nach der herrschenden Lehre gegen eine fehlerhafte Entscheidung nur eine Amtshaftungsklage, Ersatzansprüche kommen nicht in Betracht; vgl. Klein, BVerfG und Ostverträge, S.40; Blumenwitz, Folgen, S.226

821 Vgl. unten, Punkt X 2

versagt wird. Trotz Gewaltenteilung ist der Staat dabei für die Rechtsprechung seiner Gerichte verantwortlich.[822] Der Ausländer hat nämlich auch in einem anderen Staat Anspruch auf Schutz seines Vermögens. Findet der Ausländer vor einem deutschen Gericht diesen Schutz nicht, obwohl das Vermögen einen Inlandsbezug aufweist, so ist hierin eine Rechtsverweigerung gegenüber dem Ausländer zu sehen.[823]

Geprüft werden kann das „denial of justice" am Fall Liechtenstein. Durch Art. 3 des 6.Teils des Überleitungsvertrages könnte der Fürst von und zu Liechtenstein klaglos gestellt sein. Eine Klage vor einem Gericht in der Bundesrepublik Deutschland ist aufgrund der Norm nicht möglich. Da eine Klage vor einem tschechischen Gericht überhaupt keine Aussicht auf Erfolg haben kann,[824] ist der Fürst somit rechtlos gestellt.

Nach Ansicht der Rechtsprechung sei, soweit die Versperrung des Rechtsweges in der Bundesrepublik einer faktischen Entziehung des gesetzlichen Richters gleichkommt, einer solchen reflexartigen Auswirkung der Regelung aber keine Eingriffsqualität beizumessen.[825] Diese Ansicht ist aber abzulehnen, denn es liegt keine reflexartige Auswirkung sondern eine bewußte Klaglosstellung vor.

Problematisch ist aber, ob allein durch die Berufung deutscher Gerichte auf den Notenwechsel und den Überleitungsvertrag die Voraussetzungen des „denial of justice" erfüllt wären.

In der Literatur[826] wird hierzu ein Vergleich mit der Immunität von Staaten gezogen, denn auch die extensive Rechtsprechung deutscher Gerichte zum Notenwechsel und zum Überleitungsvertrag läuft auf eine Immunität der ehemaligen Siegermächte hinaus.[827]

Einem ausländischen Staat kann über das gebotene Mindestmaß hinaus Immunität vom Gerichtsstaat gewährt werden. Gegenüber einem klagenden Drittstaat begründet diese Ausdehnung der Immunität aber keine völkerrechtliche Verantwortlichkeit, denn die Immunitätsvereinbarungen sind für den Drittstaat res inter alios acta. Deshalb muß das Rechtsschutzbedürfnis des klagenden Staates vom Gerichtsstaat berücksichtigt werden.[828] Insbesondere ist zu berücksichtigen, daß

---

822 EPIL 10, Denial of Justice, S.1007 f.; Verosta in EPIL, 1987, S.96 f.

823 Dahm, Anerkennung, S.85 f.

824 Vgl. Fn.831

825 OLG Köln, VIZ 1998, S.215

826 Seidl-Hohenveldern, Nachwirkung der Kontrollratsgesetzgebung, S.988 f.

827 Nicht zu vergleichen ist diese Situation jedoch mit den zivilen Bediensteten von Internationalen Organisationen. Zwar wird auch den Organisationen durch Amtssitzabkommen Immunität zugestanden, die Bediensteten können aber in Streitigkeiten meist auf eigene Rechtsschutzeinrichtungen zurückgreifen; vgl. Ipsen, Völkerrecht, §27 Rd.24 f.; Seidl-Hohenveldern, Intern. Organisationen, Rd.1910

828 Schaumann/Habscheid, Immunität ausländischer Staaten, S.284; vgl. auch Seidl-Hohenveldern, Intern. Organisationen, Rd.715, denn es liegt eine vergleichbare Situation vor,

die Immunität in Fällen der Verletzung von ius cogens verwirkt wird.[829] Im Fall der Immunität wird somit die Problematik gesehen, daß dem Privaten Verfahren gegen fremde Staaten nicht gänzlich zu verwehren sind, und nach dem „denial of justice" der Aufenthaltsstaat auch verpflichtet ist, dem Ausländer die aktive Verfolgung seiner Rechte zu gestatten. Eine Verweigerung der gerichtlichen Hilfe aufgrund des Immunitätsprinzips wird jedoch nicht als „denial of justice" gesehen, selbst wenn die Immunität über das gebotene Mindestmaß hinausgeht. Eine Ausnahme hiervon liegt aber vor, wenn der Ausländer hierdurch willkürlich diskriminiert wird.[830]
Im Fall des Fürsten von und zu Liechtenstein ist das Rechtsschutzbedürfnis des Fürsten nicht berücksichtigt worden, schließlich war den deutschen Gerichten bewußt, daß eine Klage in der Tschechischen Republik nicht unabhängig und fair behandelt worden wäre.[831] Die deutschen Gerichte haben folglich in Kauf genommen, daß Liechtenstein klaglos gestellt wird, deshalb kann die Klaglosstellung des Fürsten von und zu Liechtenstein durchaus als „denial of justice" gesehen werden.

Es ist insbesondere zu bedenken, daß die deutschen Gerichte die Beurteilung einer Völkerrechtsverletzung durch die Tschechoslowakei verhindern wollten. Problematisch ist, ob sich die Bundesrepublik vor diesem Hintergrund auf angebliche Verpflichtungen aus dem Überleitungsvertrag berufen kann. Auch hier könnte wiederum ein Vergleich mit der Immunitätsgewährung gezogen werden. Seidl-Hohenveldern[832] bringt hierzu ein Beispiel aus dem Zweiten Weltkrieg:
Deutschland und die Schweiz beschwerten sich über die feindselige Haltung des vom Völkerbund in der Schweiz betriebenen Senders „Radio Nations". Die Schweiz behauptete, keine Jurisdiktionsgewalt zu haben, da sie dem Völkerbund diesbezüglich Immunität zugesagt habe. Folglich machte die Schweiz geltend, daß sich aus der Immunität auch für Drittstaaten Verpflichtungen ergeben würden und somit kein „denial of justice" vorliegen könne.

---

wenn internationalen Organisationen Immunität gewährt wird; vgl. BVerfGE 96, 68: Das BVerfG hat das strikt bilaterale Verhältnis der Immunität festgestellt und daß sie eben nicht erga omnes gilt.

829 Doehring/Ress, Immunität, S.87

830 Damian, Staatenimmunität, S.16 f.; Crawford, Execution of Judgements, S.856 Anm.188: Es sei eben nicht unbillig, den Kläger auf die Gerichte des belangten Staates zu verweisen, da das Gericht näher mit der Materie befaßt sei.

831 Vgl. oben, Punkt IX 2; in einem Verfahren vor dem Verwaltungsgericht in Bratislava wurde die Enteignung gerechtfertigt, da die Fürsten von und zu Liechtenstein deutscher Nationalität seien.

832 Seidl-Hohenveldern, Nachwirkung der Kontrollratsgesetzgebung, S.989

Abgesehen davon, daß sich aus der Immunität auch nach Ansicht der Rechtsprechung[833] keine Verpflichtung für Drittstaaten ergeben kann, da die Gewährung von Immunität ein Ausdruck der souveränen Gewalt ist und nur zwischen den Parteien wirken kann, ist auch bedenklich, die Immunität von Staaten mit der Immunität von Siegermächten in einem Weltkrieg gleichzusetzen. Die Immunität hat die Funktion, hoheitliche Tätigkeiten eines souveränen Staates vor Einwirkungen seitens der Gerichte eines anderen Staates zu schützen.[834] Da diese Funktion das Kriegsvölkerrecht übernimmt, bedarf es bezüglich der Besatzungsmacht keiner Immunität. Im Kriegsvölkerrecht sind bereits die unterschiedlichen Interessen der Beteiligten geregelt. Wenn die Bundesrepublik Deutschland nun allen ehemaligen Siegerstaaten gleichsam Immunität gewährt, dann bedeutet dies eine Umgehung des Kriegsvölkerrechts, in dem schließlich die Interessen aller am Krieg Beteiligten geregelt sind. Folglich darf eine Auslegung von Normen, die Kriegsfolgen regeln, nicht die gleiche Wirkung wie die Gewährung von Immunität für die Siegermächte entfalten.
Folglich kann die extensive Auslegung des Art. 3 des 6.Teils des Überleitungsvertrages in Verbindung mit dem Notenwechsel vom 27./28. September 1990 aufgrund der Klaglosstellung als „denial of justice" gewertet werden.

5. Zwischenergebnis

Die Anwendung des durch den Notenwechsel aufrechterhaltenen Art. 3 des 6.Teils des Überleitungsvertrages stellt einen verbotenen Vertrag zu Lasten Dritter dar. Außerdem kann es aus den genannten Gründen u.U. als ein Verstoß gegen Art. 6 EMRK und als Versagung diplomatischen Schutzes gesehen werden. Darüber hinaus kann in bestimmten Fällen die Anwendung zu einer völkerrechtswidrigen Klaglosstellung führen und deshalb ein denial of justice angenommen werden. Die Gerichte müssen daher bei Anwendung dieser Norm auf die Völkerrechtswidrigkeit eingehen und eine Anwendung im Einzelfall ablehnen.

---

833 BVerfGE 96,68 = NJW 1998, S.50 ff.: Das BVerfG hat festgestellt, daß die nach Art. 39 WÜD kodifizierte Immunität nicht erga omnes gilt.

834 Schaumann/Habscheid, Immunität ausländischer Staaten, S.284; dabei ist im Fall Liechtenstein nicht berücksichtigt worden, daß das Staatsoberhaupt eines anderen Staates auch Immunität genießt und deshalb vor Eingriffen der Gerichte der Bundesrepublik Deutschland geschützt werden sollte.

X. Die Souveränität der Bundesrepublik Deutschland

1. Einschränkung der Souveränität

a. Souveränität bis zur Wiedervereinigung

Im Zusammenhang mit der Viermächteverantwortung wurde unter Souveränität die Unabhängigkeit der beiden deutschen Staaten vom Weisungs- und Kontrollrecht dritter Staaten, insbesondere der Vier Mächte, verstanden. Demgemäß bedeutet Souveränität höchste Gewalt von Rechts wegen.[835]
Nach der bedingungslosen Kapitulation im Zweiten Weltkrieg und mit der Übernahme der Staatsgewalt durch die Vier Mächte hatte Deutschland seine Souveränität verloren. Im Deutschlandvertrag hatte die Bundesrepublik zwar formell den völkerrechtlichen Status der Souveränität erlangt, aber mit erheblichen Einschränkungen.[836] Es wird vertreten, daß diese Souveränität dem Grunde nach nicht beschränkt gewesen sei, da die in Art. 2 des Deutschlandvertrages normierten Vorbehalte keine nennenswerten Einschränkungen gewesen seien.[837] Diese These ist allerdings abzulehnen, denn die Bundesregierung hatte bis 1990 nur ein politisches Mitspracherecht und kein volles völkerrechtliches Vertretungsrecht.[838] Da die Bundesrepublik somit von Anfang an eine durch das versteinerte Besatzungsrecht beschränkte Souveränität erlangt hatte, ist das versteinerte Besatzungsrecht als Beschränkung der Souveränität zu sehen.

b. Souveränität seit der Wiedervereinigung

Gemäß Art. 7 II des „2+4“-Vertrages hat „das vereinte Deutschland demgemäß volle Souveränität über seine inneren und äußeren Angelegenheiten“. Während bis zur Wiedervereinigung die gemäß Art. 1 II des Deutschlandvertrages erlangte Souveränität in bezug auf die Vorbehaltsrechte in Art. 2 des Deutschlandvertrages

---

[835] Wilke, Bundesrepublik und DDR, S.56; Randelzhofer, Staatsgewalt und Souveränität, Rd.23; dieser Begriff der Souveränität geht auf Jean Bodin zurück.; Brand, Souveränität, S.37: Es muß zwischen der äußeren und inneren Souveränität unterschieden werden. Während die äußere Souveränität das Recht des Staates auf Autonomie unter Achtung der gleichen Rechte anderer Staaten und internationaler Staatengemeinschaften ist, wird unter innerer Souveränität das Monopol physischer Gewaltsamkeit verstanden.

[836] Ausführlich zu den Einschränkungen vgl. Teil B, Punkt III; als Reaktion auf den Deutschlandvertrag wurde auch die DDR durch einen bilateralen Vertrag vom 20.9.1955 souverän. In diesem Vertrag wurde aber auch eine Zustimmung der Sowjetunion bezüglich Gesamtdeutschland vorbehalten; Furler, BT–Steno. 2/3592

[837] Nachweis in Kimminich, Souveränität, S.82

[838] Das Anerkenntnis eines politischen Mitspracherechts zeigt sich auch schon an einer Erklärung der Drei Mächte, in der die Regierung der Bundesrepublik Deutschland als Repräsentantin des deutschen Volkes angesehen wird; vgl. Frowein, Entwicklung der Rechtslage, S.27

eingeschränkt war, sollte sich aus der Beendigung dieser Vorbehaltsrechte „demgemäß“ die volle Souveränität der Bundesrepublik ergeben. Das „demgemäße“ Erlangen der Souveränität nach Art. 7 des „2+4“-Vertrages hat dabei aber nur deklaratorischen Charakter. Die Souveränität wird nämlich nicht von einer Erklärung abgeleitet, sondern sie entsteht von selbst, im Fall der Bundesrepublik mit Beendigung der Viermächterechte und der effektiven Unabhängigkeit. Die erhaltene Staatsgewalt ist dabei auch keine abgeleitete Kompetenz der Siegerrechte, da diese die bis dahin latent bestehende Souveränität nur überdeckt hatten.[839]
Problematisch ist aber, ob die Souveränität durch die Note vom 27./28. September 1990 wiederum eingeschränkt sein könnte. Nach der Note sollen gemäß Art. 3 des 6.Teils des Überleitungsvertrages ein Einwendungsverzicht und Klagestopp bezüglich kriegsfolgenbedingter Maßnahmen fortgelten. Dies könnte einen schweren Eingriff in die Souveränität darstellen.
Zunächst ist zu klären, welche Aufgaben die Souveränität eines Staates charakterisieren. Souveränität bedeutet, daß der Staat für seine Angehörigen auf seinem Gebiet die höchste Einheit ist, gegen dessen Entscheidungen an keiner höheren Stelle vorgegangen werden kann. Die Staaten untereinander sind nur einem, vom zwischenstaatlichen Konsens getragenen Völkerrecht untergeordnet. Dies wird als völkerrechtliche Souveränität bezeichnet. Daneben gibt es auch eine politische Souveränität. Hierunter wird die Fähigkeit des Staates verstanden, alle wesentlichen Funktionen des Staates selbst auszuüben.[840] Zu den wesentlichen Funktionen gehört auch die Hoheit über die Gerichte. Die deutsche Gerichtsbarkeit bedeutet dabei die aus der staatlichen Souveränität fließende, durch den Staat seinen Gerichten generell verliehene Entscheidungsgewalt, mithin die Befugnis, Recht zu sprechen.[841] Ein Verstoß hiergegen hätte die Unwirksamkeit des Urteils zur Folge.[842] Wird die Gerichtsbarkeit eingeschränkt, kann also von einer Einschränkung der Souveränität gesprochen werden.

Zu bedenken ist aber, daß es kaum eine volle Souveränität in diesem Sinne geben kann. Jeder Staat ist in seinem völkerrechtlichen Gefüge mit anderen Staaten verflochten und in seinen Entscheidungen nicht völlig unabhängig, z.B. legen sich die einzelnen Staaten selbst Beschränkungen in der SVN auf.[843] Auch faktische Ungleichheiten widersprechen nicht der Souveränität und durch eine vertraglich übernommene Selbstbindung wird die äußere Souveränität nicht beeinträchtigt. Respektive entschied der IGH[844], eine durch Vertrag übernommene Einschränkung der Handlungsfähigkeit sei keine Aufgabe der Souveränität, sondern als Akt

---

[839] Blumenwitz, Souveränität, S.389; Brand, Souveränität, S.254
[840] Verdross, Völkerrechtliche und politische Souveränität, S.705
[841] OLG Köln, VIZ 1998, S.214
[842] Kopp/Schenke, VwGO, §1 Rd.24
[843] Wilke, Bundesrepublik und DDR, S.60
[844] Wimbledon-Fall, StIGHE 1, S.113

der Souveränität zu verstehen,[845] schließlich kann jeder souveräne Staat sich eine Souveränitätsbeschränkung auferlegen.[846] Diese Rechtsprechung ist aber nur sinngemäß auf den Notenwechsel vom 27./28. September 1990 anzuwenden, denn dieser Vertrag konnte kein Akt der Souveränität sein, da die Bundesrepublik zu diesem Zeitpunkt rechtlich gesehen die volle Souveränität noch nicht erlangt hatte. Durch den Vertrag wurde aber die in Aussicht gestellte Souveränität eingeschränkt. Folglich könnte der Notenwechsel als ein Akt der vorgezogenen Souveränität verstanden werden.

Es muß aber auch eine Unterscheidung zwischen der rechtlichen Grundlage für Souveränitätsbeschränkungen und der Frage, ob diese Beschränkungen auf einer freien Entscheidung des Souveräns beruhen, getroffen werden.[847] Die Einschränkungen der Gerichtsbarkeit wurden aus dem Besatzungsrecht übernommen. Bei den Verhandlungen zur Note vom 27./28. September 1990 hatten die Vertreter der Bundesrepublik die Chance, diese Einschränkungen aufzuheben. Auch wenn die Bundesrepublik zu diesem Zeitpunkt nicht voll souverän war und deshalb über alle Bestimmungen im Überleitungsvertrag nicht frei verfügen konnte, so hätte sie sich dennoch für die Aufhebung des versteinerten Besatzungsrechts einsetzen müssen. Vertreter der Bundesregierung haben jedoch geäußert, daß die westlichen Alliierten die Beibehaltung der Normen zu einer absoluten Bedingung gemacht hätten.[848] Zumindest der Leiter der diplomatischen Verhandlungsdelegation machte dies aber nicht zu einer Bedingung in seinen Verhandlungen, da hier auch nicht darüber geredet wurde[849]
Daß die westlichen Alliierten kein allzu großes Interesse an der Beibehaltung des Art. 3 des 6.Teils des Überleitungsvertrages haben konnten, zeigte jedenfalls das jetzige Verhalten der amerikanischen Regierung. Sie selbst hält die Vermögensfragen noch für offen und ist an einer gerechten Lösung interessiert. Am 13. Oktober 1998 hat das Repräsentantenhaus[850] deshalb eine Resolution erlassen, in der die Länder, die sich noch nicht mit unrechtmäßig enteignetem Vermögen auseinandergesetzt haben, aufgefordert werden, das Vermögen zurückzugeben bzw. eine Entschädigung zu zahlen. Wenn die amerikanische Regierung tatsächlich an einer gerechten Lösung interessiert ist, kann sie zumindest an einer Beibehaltung der Normen des Überleitungsvertrages kein Interesse haben.

---

[845] Randelzhofer, Staatsgewalt und Souveränität, Rd.26

[846] Seidl-Hohenveldern, Nachwirkung der Kontrollratsgesetzgebung, S.983

[847] Vgl. Fiedler, Wiedererlangung, S.686

[848] Vgl. die Aussagen von Adam-Schwaetzer, BT-Drucks. 11/4911, S.2 und Seiler-Albring, BT-Drucks. 12/5054, S.2

[849] Dem Vernehmen nach Robert Zoellick: Seinem Verständnis nach sollte das Dreimächterecht beendet werden, aber es wurde von amerikanischer Seite gleichwohl davon ausgegangen, daß Deutschland nun nicht versuchen würde, die Nachkriegsmaßnahmen umzukehren.

[850] Resolution Nr. 562 des US-Repräsentantenhauses vom 13. Oktober 1998;

Aufmerksam sollte man deshalb einen Fall in den USA verfolgen: Eine amerikanische Familie war 1945 in die Wohnung einer deutschen Familie in Prag eingewiesen worden. Aufgrund der Beneš-Dekrete war der Besitz der deutschen Familie konfisziert worden. Als die in die Wohnung eingewiesene Familie in die USA zog, sollen sie die Vermögensgegenstände der deutschen Familie mitgenommen haben.[851]

Bei der Gesamtbetrachtung ist nicht eindeutig festzustellen, ob die Bundesrepublik Deutschland ihre Souveränität als vorgezogenen Akt der Souveränität selbst beschränkt hat oder ob die Souveränität als letzter Akt der Siegermächte beschränkt wurde. Jedenfalls sollte sich das geeinte Deutschland verpflichtet wissen, sich für die Wahrung der Menschenrechte und der Regeln des allgemeinen Völkerrechts einzusetzen und sich deshalb zu seiner außenpolitischen Verantwortung zu bekennen.

2. Abbau des Souveränitätsdefizites

Die Einschränkung der Souveränität muß der Bundesrepublik Deutschland aber nicht in jedem Fall zum Nachteil gereichen. Die Berufung auf die Viermächterechte bedeutete stets eine Souveränitätslücke. Dies eröffnete der Bundesrepublik Deutschland auch die Möglichkeit, sich in wichtigen Fragen hinter seiner beschränkten Souveränität zu verstecken. Dadurch wurde der Begriff des Vorteils, nicht ganz souverän zu sein, geprägt. Darunter wird das auf dem Auseinandertreten Gesamtdeutschlands und der Bundesrepublik Deutschland beruhende „ultra vires" Handeln der Bundesrepublik in den von den Vier Mächten vorbehaltenen Bereichen verstanden.[852]
Der Begriff des Vorteils, nicht ganz souverän zu sein, wurde im Rahmen der Ostverträge geprägt.[853] Die Bundesrepublik stellte sich dabei auf den Standpunkt, sie könne außenpolitisch frei agieren, da die Souveränitätsbeschränkungen im Deutschlandvertrag sie nur hindere, Gesamtdeutschland in den einem Friedensvertrag vorbehaltenen Materien zu binden. Folglich wälzte die Bundesrepublik ihre Gesamtverantwortung für Gesamtdeutschland auf die Vier Mächte ab.[854]
Es bestanden auch tatsächlich Vorteile, nicht ganz souverän zu sein. Zum einen war die Berufung auf die Viermächterechte immer wichtig, da das Viermächte-

[851] Der Spiegel, Nr.17, 26.4.1999, S.70 ff.

[852] Dünisch, Mundatwald, S.120; Steinberger, Völkerrechtliche Aspekte, S.67; Teyssen, Deutschlandtheorien, S.301 ff.; Blumenwitz, Besiegte, S.125 f.

[853] Blumenwitz, Deutsche Souveränität und alliierte Vorbehaltsrechte, S.146

[854] Teyssen, Deutschlandtheorien, S.302 ff.; Blumenwitz, Besiegte, S.125 f.: Blumenwitz vertritt die Ansicht, daß mit der Abwälzung dieser Verantwortung die Viermächteposition endgültig überbewertet wurde und diese Haltung gezeigt hat, daß die Bundesrepublik nicht selber verantwortlich handeln wollte.

recht stets ein Rest Gesamtdeutschlands war. Durch sie war die Wiedervereinigung nicht nur ein reiner Wunschtraum, sondern das Viermächterecht bewahrte stets davor, daß die Bundesrepublik und die DDR als zwei souveräne Staaten angesehen wurden. Zum anderen konnte man sich beim Fortbestand des Viermächterechts stets der Hilfe der Drei Mächte sicher sein. Aber auch die Sowjetunion konnte so eingesetzt werden. Jeder hatte nämlich seine eigenen Interessen daran, in der deutschen Politik mitmischen zu können. Deshalb lag ein gegenseitiges Nehmen und Geben vor. Die Viermächteverantwortung konnte deshalb immer in Erinnerung gerufen werden, wenn die Wiedervereinigung wieder in weite Entfernung zu rücken drohte. Gleichzeitig hinderte es die Bundesrepublik daran, gefährliche Wege zur Wiedervereinigung zu beschreiten.[855]
Die Berufung auf die Viermächterechte hatte aber noch einen weiteren Sinn. Sie bezogen sich nicht nur auf Deutschland als Ganzes, sondern auch auf Berlin. Eine Aufgabe der Viermächterechte hätte für Berlin fatale Folgen gehabt, zumal die Sicherung Westberlins auch von den Drei Westmächten abhängig war.[856]
Es war aber nicht nur die Einschränkung durch die Viermächterechte wichtig. Auch die Einschränkung durch das Dreimächterecht hatte für die Bundesrepublik Vorteile. Die Drei Mächte gaben den Anstoß für das Entstehen eines demokratischen, wiedervereinigten Deutschlands. Die Stationierung westalliierter Soldaten auf deutschem Boden war ein Garant für die Sicherheit der Bundesrepublik.

Jedoch war es nicht nur ein Vorteil, nicht ganz souverän zu sein, bzw. ist die Haltung der Bundesrepublik im Rahmen der Ostverträge nicht fehlerhaft. Kern des Vorteils, nicht ganz souverän zu sein, war nämlich nur die Erkenntnis, daß die Handlungsfähigkeit nach Art. 2 des Deutschlandvertrages eingeschränkt war und deshalb in den Vorbehaltsmaterien keine wirksamen Vereinbarungen geschlossen werden konnten. Die Haltung der Bundesrepublik barg deshalb die Gefahr, daß man die Alliierten als alleinigen Sachwalter der Wiedervereinigung ansah und somit die Kontinuität Gesamtdeutschlands gefährdete.[857]
Für den Fall des versteinerten Besatzungsrechts zeigt sich die Haltung der Bundesrepublik, für kein Handeln Verantwortung übernehmen und sich hinter den Alliierten verstecken zu wollen. So hat zwar das Auswärtige Amt die Maßnahmen gegen das deutsche Vermögen z.B. in den Oder-Neiße-Gebieten immer für völkerrechtswidrig gehalten. Trotzdem wurde von der Bundesregierung in den 70er Jahren erklärt, daß der Einwendungsverzicht eine „rechtliche Schranke“[858] bei der Geltendmachung von Rechten sei.[859] Mit dem Verweis auf Art. 3 des 6.Teils des Überleitungsvertrages mußte die Bundesrepublik somit niemals die Völker-

[855] Dünisch, Mundatwald, S.122; Kriele, Rechtslage, S.263
[856] Zündorf, Ostverträge, S.215
[857] Teyssen, Deutschlandtheorien, S.303 ff.
[858] BT-Drucks. 7/9534
[859] Blumenwitz, Offenhalten Polen, S.64

rechtswidrigkeit der Enteignungen feststellen und sich nicht schützend vor das enteignete Eigentum stellen. Die schwierige Frage der offenen Vermögensfragen mußte deshalb vor deutschen Gerichten nicht gelöst werden, vielmehr konnte durch Verweis auf Besatzungsrecht das schwierige Problem umgangen werden.
Seit der Wiedervereinigung ist dieses Souveränitätsdefizit abgebaut. Die Bundesrepublik Deutschland muß nun innenpolitisch wie außenpolitisch die volle Verantwortung für ihr Handeln übernehmen. Daher kann sich die Bundesrepublik Deutschland auch nicht länger auf Vorbehalte der Alliierten berufen, sondern ist selber zum Handeln aufgefordert. Im Rahmen der kriegsfolgenbedingten Maßnahmen bedeutet dies, daß die Bundesrepublik jetzt die Souveränität besitzt, diese Maßnahmen nach ihren rechtsstaatlichen Gesichtspunkten zu behandeln. Deshalb wäre es Gerichten in der Bundesrepublik ohne weiteres möglich, zumindest gegenüber Drittstaaten eine Geltung des Art. 3 des 6.Teils des Überleitungsvertrages zu versagen. Darüber hinaus wäre es sogar möglich, das Regierungsabkommen vom 27./28. September 1990 mit den westlichen Alliierten ganz aufzuheben. Wenn die Bundesrepublik eine kriegsfolgenbedingte Maßnahme für völkerrechtswidrig hält, so darf sie dieser in der Bundesrepublik keine Anerkennung verleihen; einen Vorteil, aufgrund fortbestehenden westalliierten Besatzungsrechts nicht ganz souverän zu sein, darf es jedenfalls nicht geben.[860]

XI. Mögliche Entschädigungspflichten der Bundesrepublik Deutschland

Es bleibt zu untersuchen, ob sich die Bundesrepublik Deutschland durch die Nachbefolgung des Besatzungsrechts Entschädigungspflichten ausgesetzt hat. Die Frage der Staatenhaftung hat durch die Nachbefolgung westalliierten Besatzungsrechts erneut an Bedeutung gewonnen. Bisher konnte sich die Bundesrepublik stets darauf berufen, daß die haftungsbegründenden Umstände auf Regelungen beruhen würden, die nicht in der Zuständigkeit der Bundesrepublik standen. Nach Übertragung der vollen Souveränität durch die Aufgabe der Siegerrechte muß die Bundesrepublik Deutschland allerdings Verantwortung für sämtliche Bestimmungen des Überleitungsvertrages, die heute noch Anwendung finden, übernehmen.

[860] Blumenwitz, Offenheit der Vermögensfrage, S.154: Darüber hinaus kann sich die Bundesrepublik Deutschland aber auch nicht auf das Potsdamer Abkommen berufen, denn dieses ist weder ein die Bundesrepublik bindender völkerrechtlicher Vertrag, noch ermächtigte er zu Vermögenskonfiskationen.

1. Entschädigungspflicht aufgrund des dauerhaften Einwendungsverzichts und Klagestopps

Durch die Festlegung der Fortgeltung des Art. 3 I und III des 6.Teils des Überleitungsvertrages in der Note vom 27./28. September 1990 wurde der Einwendungsverzicht dauerhaft festgeschrieben. Dadurch wurde nun endgültig der Rechtsverlust durch die Enteignungen geregelt. Während die Geschädigten bis zur Wiedervereinigung zumindest noch die Aussicht auf Ansprüche hatten, wurde diese Hoffnung durch die Note vom 27./28. September 1990 zunichte gemacht.[861]
Mit der Ablösung des Viermächterechts ist die besatzungsrechtliche Grundlage für eine Enteignung weggefallen. Wenn die Grundlage entfällt, muß jedoch eine Rückgabe oder Entschädigung folgen. Zudem hat die Bundesrepublik durch den Notenwechsel die Konfiskation der Alliierten bestätigt und dadurch eine Entschädigungspflicht begründet. Bisher war die Entschädigungspflicht vom BVerfG[862] mangels einer solchen Regelung abgelehnt worden, den Betroffenen wurden lediglich Zahlungen nach den Grundsätzen des Lastenausgleichs zugebilligt.[863] Deshalb ist die Bundesrepublik einer Pflicht zur Entschädigung bis jetzt nicht nachgekommen.[864]

2. Entschädigungspflicht aufgrund der Abtragung der Reparationsschulden

Wenn die Entziehung des Eigentums zur Abtragung der Reparationsschulden der Bundesrepublik erfolgte, so liegt eine Enteignung zugunsten der Bundesrepublik vor. Sinn der Heranziehung von Privateigentum zur Bezahlung von Reparationen lag darin, den Transfer in fremde Währung zu vermeiden und dem schuldenden Staat zu ermöglichen, die Schuld durch Zahlung von Entschädigungen in eigener Währung abzutragen. Folglich ergibt sich eine Entschädigungspflicht bereits aus dem Umstand, daß durch Enteignung Privater die Reparationsschuld aller getilgt wurde. Somit bedarf es auch keiner zusätzlichen vertraglichen oder gesetzlichen Grundlage.[865] Daher sollte nicht dem Enteignenden, sondern demjenigen, zu dessen Gunsten und in dessen Interesse die Enteignung durchgeführt wurde, die Ent-

[861] Fuchs, Enteignungen, S.73 f. Andererseits wird geltend gemacht, daß es schon vor der Note keine verfolgbaren Rechtsansprüche gab. Demnach hätte es auch keinen Rechtsverlust durch die Note vom 27./28. September 1990 geben können.

[862] BVerfGE 41,126 (155); Rumpf, Reparationen, S.92; Kimminich, Warschauer Vertrag, S.486 f.

[863] Wittkowski, Staatensukzession, S.222; Frowein, Einigung, S.236; Lastenausgleichsgesetz, Text: BGBl 1952 I, S.446

[864] Blumenwitz, Verfassungskollisionsrecht, Rd.43

[865] Hahn, Staatsvertraglicher Verzicht, S.61 f.; a.A. Rumpf, Reparationen, S.92: Zur Begründung bedürfe es einer vertraglichen Verpflichtung oder zumindest einer Anerkennung der Reparationsforderungen durch den verantwortlichen Staat.

schädigungspflicht obliegen,[866] die Bundesrepublik ist demzufolge intern gemäß Art. 14 GG entschädigungspflichtig.[867]

3. Entschädigungspflicht aufgrund einer Verzichtserklärung auf private Entschädigungsforderungen

Prinzipiell können Völkerrechtssubjekte gegenüber anderen Völkerrechtssubjekten auf alle Rechte und Ansprüche verzichten.[868] Es wird geltend gemacht, daß durch völkerrechtswidrige Konfiskation ein völkerrechtlicher Entschädigungsanspruch des betroffenen Bürgers gegen den enteignenden Staat entstanden sei. Dieser Anspruch sei als Surrogat des Eigentums von Art. 14 GG geschützt. Jedoch kann dieser Anspruch nicht bestehen, da völkerrechtliche Ansprüche nur zwischen Völkerrechtssubjekten bestehen und der einzelne nicht als Völkerrechtssubjekt verstanden wird.[869]
Folglich besteht im Außenverhältnis nur ein Entschädigungsanspruch des Staates, dem der Verletzte angehört. Es liegt aber im Ermessen des Staates, ob er den Anspruch geltend macht oder den Betroffenen entschädigt. Eine Verpflichtung, den Anspruch durchzusetzen, besteht jedenfalls nicht. Die Aussicht, mittelbar eine Entschädigung zugesprochen zu bekommen, steht ebenfalls nicht unter dem Schutz des Art. 14 GG.[870]
Die völkerrechtswidrigen Vertreibungen haben somit nur zu einem Anspruch der Bundesrepublik Deutschland gegen den enteignenden Staat geführt,[871] da völkerrechtswidrige Handlungen eines Staates seine völkerrechtliche Verantwortlichkeit begründen. Dadurch wird der enteignende Staat verpflichtet, den von ihm verschuldeten Schaden wiedergutzumachen.[872]
Die Vermögensfragen wurden bisher stets ausgeklammert[873] und deshalb wurden noch keine Ansprüche geltend gemacht. Andererseits war bisher durch die Bundesrepublik auch kein ausdrücklicher oder stillschweigender Verzicht ausgedrückt

---

[866] Kaufmann, Reparationsschäden, S.19; Rumpf, Reparationen, S.91

[867] Bulletin, 19. September 1952, S.1272; Lewald, Privatrecht, S.562; vgl. auch FAZ, 21. Dezember 1995, S.5; Was die Sudetendeutschen betrifft, so müßten Verluste als endgültig gesehen werden und die Betroffenen hätten nur einen Anspruch auf Entschädigungen, wie z.B. bei den Enteigneten in der Sowjetischen Besatzungszone. Fraglich ist dabei dann, ob durch die Lastenausgleichsgesetzgebung dieser Entschädigungspflicht bereits nachgekommen wurde.

[868] Fuchs, Enteignungen, S.71; Berber, Band I, S.438; Gornig, Völkerrechtswidrigkeit von Vertreibungen: Wenn sie keine Verfügungsbefugnis haben machen sie sich jedoch entschädigungspflichtig.

[869] BVerfGE 94, 315 (329)

[870] Schneider, Liquidation dt. Auslandvermögens, S.53 f.

[871] FAZ, 21. Dezember 1995, S.5

[872] Wenk, Konfiszierte Privatvermögen, S.117

[873] Vgl. z.B. deutsch-tschechische Erklärung vom 21. Januar 1997, Text: Bulletin, 24. Januar 1997, S.61

worden.[874] Jetzt haben, laut einer Erklärung von Bundeskanzler Schröder am 8. März 1999, die deutsche und die tschechische Regierung den Streit über die Vertreibung und Enteignung von Deutschen einerseits und Entschädigungsforderungen andererseits beigelegt.[875] Die Bundesregierung denke nicht darüber nach, gegenüber Prag Vermögensfragen aufzuwerfen. Auch die Tschechoslowakei habe noch Ansprüche in etwa der Höhe der Ansprüche der Sudetendeutschen gegen die Bundesrepublik.[876] Die politischen und rechtlichen Fragen würden deshalb als abgeschlossen betrachtet.[877] Äußerungen der Vertriebenenverbände würden an dieser außenpolitischen Einstellung nichts ändern.[878]

Diese Erklärung könnte als ausdrücklicher Verzicht zu werten sein, der die Betroffenen zu Schadensersatzansprüchen berechtigt. Wie diese Erklärung zu werten sein wird, wird spätestens beim Beitritt der Tschechischen Republik zur EU zu klären sein. Das Problem der offenen Vermögensfragen wird dann nochmals in die öffentliche Diskussion geraten, denn die Vertriebenen werden dann viele ihrer ehemaligen Besitzungen kaufen, weil es der Tschechischen Republik wahrscheinlich nicht möglich sein wird, eine Sonderregelung zu erreichen. Dieses Problem wird somit noch einmal aktuell werden, auch wenn der jetzige Bundeskanzler beteuert, die Vermögensfragen könnten die zukünftigen Beziehungen nicht belasten. Abgesehen davon ist nach dieser Erklärung auch nicht mehr feststellbar, ob die Vermögensfragen jetzt noch offen sind, klar ist nur, daß die Tür jetzt noch ein Stück weit mehr geschlossen wurde.

---

874 Wenk, Konfiszierte Privatvermögen, S.122 ff.; Ermacora, Rechtsgutachten, Rd.208

875 Trotz des geplanten EU – Beitritts Polens und der Tschechoslowakei sollen die offenen Vermögensfragen nicht geklärt werden, vgl. Der Spiegel, Nr.2, 11. Januar 1999, S.44 ff.; vgl. auch BT-Drucks. 13/9674

876 FAZ, 21. Dezember 1995, S.5

877 Vgl. FAZ, 9. März 1999, S.1 f.: Interessant ist dabei auch die Frage, ob die als völkerrechtswidrig angesehenen Beneš-Dekrete nun endgültig erloschen sind. Ministerpräsident Zeman erklärte hierzu, daß bei Wahrung der Rechtskontinuität die Rechtswirksamkeit einiger 1945 ergangener Gesetze erloschen sei. Trotz dieser Äußerung bleibt aber abzuwarten, ob die Beneš-Dekrete weiterhin als konstitutives und gültiges Element der tschechischen Rechtsordnung betrachtet werden.; vgl. auch FAZ, 21. Dezember 1995, S.5; zu beachten ist auch die sogenannte Dreithaler-Entscheidung vom 8. März 1995, nach der die Beneš-Dekrete vom tschechischen Verfassungsgerichtshof nach wie vor als legal und legitim bezeichnet wurden.

878 Fränkisches Volksblatt, 22. März 1999, S. F1: Der Bundesvorstand der Vertriebenenorganisation hat daraufhin am 20. März 1999 beschlossen, eine Beschwerde bei der UN-Menschenrechtskommission einzulegen, um die deutsch-tschechische Frage nun endgültig klären zu lassen. Zudem soll überprüft werden, ob die Äußerungen durch Bundeskanzler Schröder eine Versagung des diplomatischen Schutzes seien; vgl. auch Neue Züricher Zeitung, 25. Mai 1999, S.3: Der Sprecher der Landsmannschaft Franz Neubauer hat nochmals gefordert, daß Vertreibungsdekrete für die EU und NATO-Mitglieder keine Wirkung entfalten dürften. Notfalls würde er vor dem BVerfG auf diplomatischen Schutz klagen, damit die Bonn die Rechte der Vertriebenen gegenüber Prag vertritt.

Fest steht daneben, daß Bundeskanzler Schröder durch seine Erklärung das Schicksal von Millionen Heimatvertriebenen zu den Akten gelegt hat. Wenn zwei Nationen, die einen Krieg als Sieger und Besiegte beendet haben, als Nachbarstaaten im Europa der Nationen zusammenarbeiten wollen, darf die Vergangenheit aber nicht einfach verdrängt werden. Das wird einerseits den Grundsätzen menschlichen Zusammenlebens nicht gerecht, andererseits erfüllt es auch nicht jenes Mindestmaß an Sensibilität, das die wachsende Freundschaft zwischen beiden Staaten verlangt.

XII. Die neuere Rechtsprechung zur Problematik des fortgeltenden Besatzungsrechts

Wie festgestellt werden konnte, prägte die Rechtsprechung zur Nachbefolgung des westalliierten Besatzungsrechts im wesentlichen der Fall Liechtenstein.[879] Aufgrund seiner Bedeutung soll zusammenfassend auf diesen Fall eingegangen werden.

1. Zusammenfassung der wesentlichen Gesichtspunkte im Fall Liechtenstein[880]

Das LG Köln[881] nahm einen Klagestopp gemäß Art. 3 III des 6.Teils des Überleitungsvertrages an, obwohl die Beklagte Stadt Köln nur Entleiher des Vermögensgegenstandes war und deshalb keine direkte Anwendung des Art. 3 III möglich war. Nach Ansicht des Gerichts könnten jedoch auch keine Ansprüche gegen Besitzer erhoben werden, die ihr Recht zum Besitz von einer in Absatz III der Vorschrift genannten Person ableiten.[882] Ebenso bestätigte das LG die bereits gefestigte Rechtsprechung, daß für die Frage ob deutsches Vermögen vorliegt, die Sichtweise des konfiszierenden Staates entscheidend sei, da „jegliche Überprüfung" der Maßnahmen ausgeschlossen werden sollte. Dies würde sich aus dem akzessorischem Charakter des Überleitungsvertrags ergeben, da durch diesen selbst keine Sanktionen vorgenommen werden könnten. Nur diese Rechtsprechung werde dem Sinn und Zweck der Regelungen, nämlich einen „Schlußstrich" zu ziehen, auch gerecht.
Das OLG Köln[883] entschied, das Regierungsabkommen vom 27./28. September sei sowohl völkerrechtlich als auch verfassungsrechtlich uneingeschränkt an-

[879] Bezüglich des Sachverhalts vgl. die Einleitung.
[880] Zu dem geschichtlichen Hintergrundwissen in diesem Fall: Blumenwitz, Offenheit der Vermögensfrage, S.162
[881] LG Köln, IPRax 1996, S.419
[882] Insofern wurde die Rechtsprechung BGHZ 32,170 bestätigt.
[883] OLG Köln, VIZ 1998, S.213 ff.

wendbar. Dieses Abkommen habe lediglich deklaratorische Wirkung, denn das Zustimmungsgesetz zum Überleitungsvertrag sei immer noch die eigentliche Rechtsgrundlage. Zudem sei weder ein Rückgriff auf Art. 25 GG noch auf Art. 6 EGBGB notwendig. Art. 3 habe nur den Zweck, die Rechtsverfolgung gegen entsprechende Beschlagnahmemaßnahmen unabhängig von ihrer Wirksamkeit auszuschließen. Darüber hinaus würde die im Überleitungsvertrag innewohnende Drittbegünstigung in ihr Gegenteil verkehrt, wenn sich im Rahmen des Art. 3 I eine Auslegung nach der Ansicht der Vertragsparteien ergebe. Die Staatsangehörigkeit des Vaters des Fürsten sei zudem nicht eigenständig zu bewerten, da die Maßnahmen unter Art. 3 I subsumiert werden, die nach den Intentionen des handelnden Staates gegen deutsches Auslandsvermögen gerichtet waren.
Somit wird auch vom OLG Köln der Verweis des Art. 3 I auf die Feindvermögensgesetzgebung bestätigt. Das OLG berief sich dabei auf eine Note der Alliierten Hohen Kommission an den Bundeskanzler Adenauer: Bei der Beschlagnahme und Liquidierung deutschen Auslandvermögens würde jedes Land nach eigenen Rechtsbegriffen und Rechtsverfahren im Rahmen seiner unumschränkten Gerichtsbarkeit vorgehen.
Der BGH nahm die Revision aufgrund der fehlenden grundsätzlichen Bedeutung nicht zur Entscheidung an,[884] ebenso nahm das BVerfG die Verfassungsbeschwerde nicht zur Entscheidung an. Der Fürst hatte geltend gemacht, daß die Zivilgerichte die nach Art. 100 II GG erforderliche Vorlage an das BVerfG unterlassen und damit sein Recht aus Art. 100 I 2 GG verletzt hätten. Nach Ansicht des BVerfG kam es aber nicht auf die allgemeinen Regeln des Völkerrechts gemäß Art. 25 GG an. Nach dem Völkerrecht wären die Gerichte nicht zur Überprüfung völkerrechtlicher Regeln verpflichtet gewesen und die „zweckorientierte Auslegung“ des Art. 3 I sei nach der Verfassung nicht zu beanstanden. Außerdem würde die Klagesperre auch keinen Vertrag zu Lasten Dritter darstellen, da sie für Liechtenstein keine Pflicht begründe. Zudem verstoße die Klagesperre nicht gegen Art. 14 GG, da der Überleitungsvertrag der Abwicklung von Vorgängen aus der Zeit vor der Entstehung diene. Somit wurde entschieden, daß alle Reparationsenteignungen unantastbar geworden sind[885] und der Fürst dadurch nicht in seinem Recht aus Art. 101 I 2 GG verletzt wurde.

2. Vergleich zur deutsch-tschechischen Erklärung der Bundesregierung

Für die Bewertung des Falles ist dieser Fall auch in den politischen Gesamtzusammenhang zu stellen.

---

[884] BGH, 25. September 1997, II ZR 213/96
[885] Blumenwitz, Offenheit der Vermögensfrage, S.161

In der deutsch-tschechischen Erklärung vom 21. Januar 1997[886] wurden die Vermögensfragen weitestgehend ausgeklammert. Ungeachtet dessen, daß das Offenhalten der Vermögensfrage als eine Einwendung im Sinne des Art. 3 I des 6.Teils des Überleitungsvertrages gewertet werden könnte, ergibt sich auch aus dem ambivalenten Verhalten der Bundesrepublik ein Widerspruch. Gemäß Ziffer 4 erklärten die beiden Seiten, daß „sie ihre Beziehungen nicht mit aus der Vergangenheit herrührenden politischen und rechtlichen Fragen belasten werden". Trotzdem verwies die Bundesregierung innerstaatlich darauf, daß die sudetendeutschen Forderungen weiterhin Bestand haben.[887] Hätte die Bundesrepublik nämlich auf solche Ansprüche verzichtet, so hätte sie einen Akt mitgestaltet, der deutsche Rückgabe- und Entschädigungsansprüche vernichtet[888] und sich dadurch entschädigungspflichtig gemacht hat.
Diese Erklärung scheint im Widerspruch zur praktizierten Rechtsprechung zu stehen. Einerseits werden die Vermögensfragen ausgeklammert, da ein Verzicht auf Ansprüche der Betroffenen eine Entschädigungspflicht begründen könnte. Dadurch wird die Hoffnung bei den Betroffenen geweckt, daß zu irgendeinem Zeitpunkt die Vermögensfragen geklärt werden. Andererseits beruft sich eine Gebietskörperschaft des öffentlichen Rechts, nämlich die Stadt Köln, im Gerichtsverfahren auf Art. 3 des 6.Teils des Überleitungsvertrages[889] und zeigt somit ihr Desinteresse an der Klärung der Vermögensfragen.[890]
Fraglich ist also, wie die Vermögensfragen noch offen sein können, wenn die damit verbundenen Fragen vor deutschen Gerichten nicht geklärt werden können.

3. Vergleich zum Problem der Kasernenliegenschaften

Gemäß dem Notenwechsel vom 27./28. September 1990 sollte auch Art. 2 I des 1.Teils des Überleitungsvertrages in Kraft bleiben.[891] Diese Vorschrift beinhaltet folgende Regelung:

> „Alle Rechte und Verpflichtungen, die durch gesetzgeberische, gerichtliche oder Verwaltungsmaßnahmen der Besatzungsbehörden oder aufgrund solcher Maßnahmen begründet oder festgestellt worden sind, sind und bleiben in jeder Hinsicht nach deutschem Recht in Kraft, ohne Rücksicht darauf, ob sie in Übereinstimmung mit anderen Rechts-

---

[886] Text: Bulletin, 24. Januar 1997, S.61 ff.; BGBl 1992 II, S.463 ff.
[887] Blumenwitz, Die deutsch-tschechische Erklärung, S.164
[888] Vgl. BVerfG, BayVBl. 1992, S.557; vgl. oben zur Erklärung von Bundeskanzler Schröder am 8. März 1999, Punkt XI 3
[889] Blumenwitz, Offenheit der Vermögensfrage, S.164
[890] Einem Vorwurf des Widerspruchs zu den Freundschaftsverträgern kann von politischen Entscheidungsträgern nur damit entgegnet werden, daß „Einwendung" nicht bedeuten würde, nichts zu unternehmen.
[891] Vgl. oben, Teil B, Punkt IX 1i

vorschriften begründet oder festgestellt worden sind. Diese Rechte und Verpflichtungen unterliegen ohne Diskriminierung denselben künftigen gesetzgeberischen, gerichtlichen und Verwaltungsmaßnahmen wie gleichartige nach innerstaatlichem deutschem Recht begründete oder festgestellte Rechte und Verpflichtungen."

Diese Regelung wurde Gegenstand eines Antrags[892] auf Eintragung eines Widerspruchs gegen die Grundbucheintragung der Bundesrepublik Deutschland als Eigentümerin eines Grundstückes. Das Grundstück war in den 30er Jahren aufgrund des sogenannten Garnisonsvertrages unentgeltlich auf das Deutsche Reich übertragen worden. Seit der amerikanischen Besetzung wurde das Grundstück bis 1990 von den amerikanischen Streitkräften genutzt.
Der Antragsteller machte geltend, die Übertragung sei nicht wirksam gewesen, da der Garnisonsvertrag genehmigungsbedürftig gewesen wäre. Ein Herausgabeanspruch wäre jedoch gegenüber den Amerikanern bis 1990 aufgrund Art. 2 I S.2 des 1.Teils des Überleitungsvertrages nicht durchsetzbar gewesen, da das Besitzrecht der Amerikaner gerichtlich nicht überprüft werden durfte. Aufgrund der geänderten Normqualität – jetzt würde es sich nicht mehr um Besatzungsrecht, sondern um vertraglich vereinbartes Recht handeln – müßte der Art. 2 auf eine willkürliche Anwendung hin zu überprüfen sein. Die Gerichte seien hierzu jetzt nicht nur völkerrechtlich befugt, sondern auch verfassungsrechtlich verpflichtet. Jedenfalls könne und müsse die Fehlanwendung von Besatzungsrecht durch besatzungshoheitlich handelnde Behörden jetzt korrigiert werden.[893]
Zu bedenken ist, daß es der völkerrechtlichen Praxis entspricht, Regelungen wie Art. 2 auch nach Erlangen der vollen Souveränität beizubehalten. Es muß sich dabei aber um Hoheitsakte handeln, die sich im Rahmen des völkerrechtlichen Besatzungsrechts gehalten haben.[894] Im Notenwechsel vom 27./28. September 1990 wurde jedoch keine Einschränkung des Art. 2 des Überleitungsvertrages geregelt, so daß auch Hoheitsakte, die völkerrechtswidrig sind, noch in Kraft bleiben. Deshalb sollte eine Reduktion des Anwendungsbereichs des Art. 2 auf die Fälle der rechtmäßigen Enteignungen vorgenommen werden.
Die Rechtsprechung hat den Art. 2 jedoch ebenso wie Art. 3 des 6.Teils des Überleitungsvertrages sehr extensiv ausgelegt: Bis 1945 sind Liegenschaften von Privatpersonen unter Androhung von Zwang auf die Wehrmacht übertragen worden. Durch Beschlagnahme ging dieses Vermögen 1945 auf die Besatzungsmacht über, 1990 wurde es zurück auf Bund und Länder übertragen. Eine Rückgabe die-

[892] OLG Nürnberg, Urteil v. 23.3.1994; Az.: 4U 4005/93 – 4 0 6787/93

[893] In diesem Fall war es obsolet geworden, da das Grundstück 1990 an die Bundesrepublik Deutschland zurückgegeben wurde; vgl. zum Ganzen: Blumenwitz, Kasernenliegenschaften, S.33 ff.

[894] Berber, Band II, S.135

ser Grundstücke an die ehemaligen Eigentümer wurde unter Hinweis auf den Überleitungsvertrag abgelehnt.[895]

4. Vergleich zum Bodenreformurteil

Auch im Bodenreformurteil ging es um die nach der Niederlage Deutschlands im Zweiten Weltkrieg vorgenommen Enteignungsmaßnahmen. Aufgrund einer gemeinsamen Erklärung vom 15. Juni 1990[896] wurde ein Restitutionsausschluß für die Enteignungen auf besatzungsrechtlicher bzw. besatzungshoheitlicher Grundlage in der Sowjetischen Besatzungszone vereinbart.
Auf den ersten Blick scheint deshalb eine vergleichbare Situation vorzuliegen. Bei diesen Enteignungen gab es jedoch verschiedene Voraussetzungen, die auf die westalliierten Besatzungsmaßnahmen nicht zutreffen. Zum einen wurde durch Art. 41 des Einigungsvertrages[897], der gemäß Art. 143 III GG Bestand haben sollte, eine neue, Art. 14 GG verdrängende Verfassungsrechtsgrundlage geschaffen. Zum anderen war eine Entschädigung für den Eigentumsverlust vorgesehen.
Eine Parallele zur Rechtsprechung im Fall Liechtenstein ist dagegen darin sehen, daß auch nach diesem Urteil völkerrechtswidrige Enteignungen im Ausland hinzunehmen sind und eine Überprüfung der Maßnahmen deshalb nicht in Betracht kommt. Auch in diesem Urteil zeigt sich somit der „beflissene" Respekt vor den Maßnahmen der Siegermächte.[898]

5. Vergleich zum Urteil über ein Botschaftsgrundstück in Berlin-Mitte[899]

Im Urteil des VG Berlin 1998 ging es im wesentlichen um ein Botschaftsgrundstück, welches 1945 von der Militärmission des Staates C per Dekret in Besitz genommen worden war, und auf dem das Botschaftsgebäude dieses osteuropäischen Staates errichtet wurde.
Das Grundstück mußte vom ursprünglichen Eigentümer aus rassistischen Gründen 1940 zwangsverkauft werden. Der Käufer aus diesem Zwangsverkauf war zum Zeitpunkt der Besitznahme per Dekret noch Eigentümer des Grundstücks. Gemäß

[895] Blumenwitz, Verfassungskollisionsrecht, Rd.43 Fn.149
[896] Text: v. Münch, Dokumente der Wiedervereinigung, S.277
[897] BGBl 1990 II, S.889
[898] Seidl-Hohenveldern, Nachwirkung der Kontrollratsgesetzgebung, S.975
[899] VG Berlin, Urteil vom 2. April 1998, Az 29 A 131/97 = VIZ 1999, S.33 ff.; im folgenden wurde der Sachverhalt stark vereinfacht.

§ 3 I 1 i.V.m. § 2 I 1 VermG[900] sollte das Grundstück einschließlich des Gebäudes jetzt an die Erben des ursprünglichen Eigentümers zurückgegeben werden.[901]
Da die Eigentumsverhältnisse nach der Inbesitznahme 1945 nicht geklärt waren, wurde durch einen völkerrechtlichen Vertrag zwischen der DDR und dem Staat C im Jahre 1965 das Eigentum des Staates C bestätigt. Daraufhin wurde C als Eigentümerin im Grundbuch eingetragen und war auch zum Zeitpunkt der Gerichtsentscheidung noch Bucheigentümerin.
Problematisch ist zunächst, ob die Bucheigentümerin C tatsächlich Eigentümerin gewesen ist. Nach dem Territorialitätsprinzip können Enteignungen nur Wirkung auf dem eigenen Territorium entfalten. Eine Enteignung auf dem Gebiet einer anderen Hoheitsgewalt ist hingegen ohne Anerkennung der Inhaberin dieser Staatsgewalt nicht wirksam.[902] Da die Besatzungsmächte die Enteignung nicht anerkannten, konnte der Staat C somit nicht 1945 Eigentum an dem Grundstück erwerben. Das Auswärtige Amt bestätigte in diesem Fall gleichfalls, daß nach dem Territorialitätsprinzip die Enteignungsmaßnahme des Staates C nicht die Liegenschaften in Berlin erfassen konnte.[903]
Ebensowenig ist der völkerrechtliche Vertrag von 1965 als eigener Erwerbstitel zu sehen, da die Vertragspartner davon ausgegangen waren, daß bereits die Enteignung zu einem wirksamen Erwerbstitel geführt hatte. Somit gab es keinen übereinstimmenden Willen der Vertragsparteien, Eigentum zu übertragen.
Dieser Vertrag kann jedoch als eine Anerkennung der Enteignung gesehen werden.[904] Wenn dem Staat C zugestanden werden sollte, daß er Bucheigentümer wird, dann mußte dies den Willen der Vertragspartner beinhalten, daß auch eine Anerkennung des Eigentums erfolgen sollte. In Ausnahme zum Territorialitätsprinzip kann durch Anerkennung eine extraterritoriale Wirkung entstehen.[905]
Die extraterritoriale Wirkung der Enteignungsmaßnahme basiert dabei auf der

900 Gesetz zur Regelung offener Vermögensfragen vom 31. August 1990; Text: v.Münch, Dokumente der Wiedervereinigung, S.354

901 VG Berlin, VIZ 1999, S.34 f.: Eine Verletzung der Unverletzlichkeit des Missionsgebäudes wurde nicht angenommen, denn es ging nicht um die Änderung von Eigentumsverhältnissen, sondern nur um die Klärung derselbigen. Die Tatsache, daß der Staat C nach der Rückgabe Nutzungsentgelt zu zahlen hat, wird auch nicht als Einfluß auf die diplomatische Tätigkeit gesehen, zumal die Übernahme der Erhaltungskosten entfällt.

902 Schneider, Liquidation dt. Auslandvermögens, S.32

903 Auch im Fall BGHZ 25,127 hatte das Gericht entschieden, daß Hoheitszugriffen keine extraterritoriale Wirkung beigelegt werden kann; Kuhn, Rechtsprechung, S.1210; vgl. Teil B, Punkt VIII 1

904 A.A.: VG Berlin, VIZ 1999, S.35: Das VG konnte dem Vertrag keine Zustimmung entnehmen, da es nur die Grundbucheintragung geregelt werden sollte und der Eigentumserwerb bereits vorausgesetzt war. Somit wäre der Staat C nur Bucheigentümer und nicht zivilrechtlicher Eigentümer gewesen. Deshalb hätte der Staat C zu keinem Zeitpunkt wirksam Eigentum erworben.

905 Fuchs, Enteignungen, S.51; Lewald, Privatrecht, S.563; BGHZ 32, 256

Hoheitsgewalt des anerkennenden Staates.[906] Mit der Anerkennung der Enteignung durch den völkerrechtlichen Vertrag ist somit die Enteignung extraterritorial wirksam geworden.
Nachdem die DDR 1990 aber das Vermögensgesetz erlassen hat, ist der völkerrechtliche Vertrag nun nicht mehr beachtlich. Somit lagen nach dem Völkerrecht keine Restitutionsausschlußgründe vor.

Die Besonderheit des Falles ist, daß Art. 3 des 6.Teils des Überleitungsvertrages in dieser Entscheidung nicht in Erwägung gezogen wurde. Auf den ersten Blick scheint dies auch nicht angebracht zu sein, da das Grundstück vom ursprünglichen Eigentümer zwangsverkauft werden mußte und das Vermögensgesetz für diese Fälle auf dem Gebiet der ehemaligen DDR eine Restitution vorsieht. Fraglich ist aber, ob der Restitution nicht die Tatsache entgegenstehen könnte, daß das Grundstück später per Dekret von einem Siegerstaat enteignet wurde.
Gemäß Ziffer 4a des Notenwechsels vom 27./28. September 1990 sollen die weiterhin gültigen Bestimmungen des Überleitungsvertrages auf dem Gebiet der ehemaligen DDR nicht umgangen werden. Dies bedeutet eine faktische Anwendung des Art. 3 des 6.Teils des Überleitungsvertrages bzw., daß kein entgegenstehendes Ergebnis gefunden werden darf.[907] Es ist daher zu überprüfen, ob das Grundstück, wäre es z.B. in Bonn gelegen, auch an die Erben der ehemaligen Eigentümer zurückgegeben worden wäre. Es müßten somit die Voraussetzungen des Art. 3 des 6.Teils des Überleitungsvertrages vorliegen.
Nach Absatz I dürfte die Bundesrepublik keine Einwendungen gegen Maßnahmen erheben, die für die Zwecke der Reparation, der Restitution oder aufgrund des Kriegszustandes beschlagnahmt worden sind. Die Rückübertragung des Grundstücks nach dem Vermögensgesetz könnte somit eine Einwendung im Sinne des Art. 3 I GG sein. Der Einwendungsverzicht hat den Sinn und Zweck, daß die Enteignungsmaßnahmen nicht rückgängig gemacht werden. Obwohl der Staat C als Eigentümer im Grundbuch eingetragen war, wurde das Grundstück aber zurückgegeben.[908] Folglich ist in der Rückgabe des Grundstücks eine Einwendung zu sehen. Bei konsequenter Anwendung der Rechtsprechung würde diese Einwendung gegen einen „Drittstaat“ auch in den Anwendungsbereich des Art. 3 I fallen.
Zudem müßte die Einwendung gegen eine Maßnahme über sonstiges Vermögen erfolgt sein. Nach der bisher praktizierten Rechtsprechung[909] ist nach Art. 3 des 6. Teils des Überleitungsvertrages unter sonstigem Vermögen auch das in Deutschland belegene Vermögen zu verstehen. Somit würde Art. 3 I des 6.Teils des Überleitungsvertrages Anwendung finden.

---

[906] Beitzke in Strupp/Schlochauer, Extraterritoriale Wirkung von Hoheitsakten, S.504
[907] Vgl. oben, Punkt V 1a bb (2.1.)
[908] Die Rückgabe erfolgte zwar nicht an den Eigentümer, der enteignet worden war, dies ist in diesem Fall jedoch unerheblich.
[909] BGH Urteil vom 13.12.1956; BGHZ 25,127

Außerdem werden gemäß Absatz III Ansprüche gegen ausländische Regierungen, die aufgrund solcher Maßnahmen Eigentum erworben haben, nicht zugelassen. In diesem Fall richtete sich der Anspruch der Erben des ehemaligen Eigentümers aber nicht gegen den Staat C, sondern gegen die zuständige Landesbehörde. Jedoch ist auch im Fall des Fürsten von und zu Liechtenstein die Klage nicht gegen den „Eigentümer" geführt worden, sondern gegen die Stadt Köln, die die tatsächliche Verfügungsgewalt über das streitgegenständliche Bild innehatte. Hier liegt eine vergleichbare Situation vor, da es auch in diesem Fall nur der Behörde möglich war, eine Grundbuchänderung vorzunehmen. Somit hätte auch Art. 3 III des 6.Teils des Überleitungsvertrages Anwendung gefunden. Infolgedessen kann angenommen werden, daß ein in der „alten" Bundesrepublik belegenes Grundstück nicht zurückgegeben worden wäre.
Sicherlich ist diese Aussage hypothetisch und sie vermag auch nicht aufzuzeigen, daß das Urteil des VG Berlin falsch ist. Es soll aber darauf aufmerksam gemacht werden, daß bei stetiger Anwendung der Ziffer 4a des Notenwechsels vom 27./28. September 1990 in diesem Fall eine andere Entscheidung hätte ergehen können.

6. Erlaß einer einstweiligen Anordnung als Maßnahme im Sinne des Art. 3 I des 6.Teils des Überleitungsvertrages

Es ist zu überlegen, ob das BVerfG in der Anwendung seiner Rechtsprechung konsequent gewesen ist. Im Fall Liechtenstein wurde aufgrund einer einstweiligen Verfügung des LG Köln am 17. Dezember 1991 die Sequestration des streitgegenständlichen Bildes angeordnet. Um die Aufhebung der einstweiligen Verfügung vor der endgültigen Entscheidung über die Verfassungsbeschwerde zu verhindern, stellte der Fürst von und zu Liechtenstein den Antrag auf Erlaß einer einstweiligen Anordnung gemäß § 32 I in Verbindung mit § 93d II BVerfGG. Diesem Antrag wurde stattgegeben, das Verfahren zur Aufhebung der einstweiligen Verfügung wurde ausgesetzt.[910]
Von allen ordentlichen Gerichten und vom BVerfG wurden die Klagen des Fürsten von und zu Liechtenstein gemäß Art. 3 I und III des 6.Teils des Überleitungsvertrages aufgrund der fehlenden Gerichtsbarkeit nicht zugelassen bzw. angenommen. Jedoch könnte auch der Erlaß einer Einstweiligen Anordnung bereits eine Einwendung im Sinne des Art. 3 I sein, so daß das BVerfG auch beim Erlaß der Einstweiligen Anordnung in konsequenter Anwendung seiner Rechtsprechung

[910] Dem Antrag wurde aufgrund einer Interessenabwägung stattgegeben, denn hätte sich die Verfassungsbeschwerde später als begründet erwiesen, so wäre die Herausgabe aus der Obhut eines ausländischen Staates nicht möglich gewesen. Wäre die Verfassungsbeschwerde jedoch unbegründet gewesen, hätte das Bild vom Gerichtsvollzieher an den Gegner des Ausgangsverfahrens ausgehändigt werden können. Letztendlich wurde die einstweilige Anordnung aber am 9. Juni 1998 aufgehoben.

Art. 3 hätte beachten müssen. Dementsprechend wäre auch für den Erlaß der einstweiligen Anordnung die Gerichtsbarkeit nicht gegeben.
Zu überprüfen ist somit, ob der Erlaß einer einstweiligen Anordnung bereits als Einwendung im Sinne des Art. 3 I des 6.Teils des Überleitungsvertrages gesehen werden kann. Eine Einwendung ist die Geltendmachung eines Protests oder Widerspruchs gegen mißbilligte Maßnahmen. Sinn und Zweck einer einstweiligen Anordnung ist aber die vorläufige Sicherung eines Individualanspruchs. Der Rechtsinhaber soll somit nicht der Gefahr eines Rechtsverlustes ausgesetzt werden. Im Gegensatz zum Hauptverfahren ergeht bei einer einstweiligen Anordnung kein Sachurteil, sondern es ist lediglich ein Sicherungsmittel für den Prozeß.
Um das noch erwartete Sachurteil nicht gegenstandslos werden zu lassen, wurde die Rückgabe des Bildes an die Museumsanstalt in Brno verhindert. Folglich kann es sich nicht um eine Einwendung handeln, da noch keine Sachentscheidung erging.
Zudem regelt die einstweilige Anordnung keinen dauerhaften Zustand, sondern sichert nur vorläufig die Rechte des Betroffenen. Da Einwendungen im Sinne des Art. 3 I des 6.Teils des Überleitungsvertrages von gewisser Dauer sein müssen, kann auch deshalb keine Einwendung im Sinne dieser Norm vorliegen. Zudem lag auch kein Fall des Art. 3 III des 6. Teils des Überleitungsvertrages vor, da in der Verfassungsbeschwerde nicht die Herausgabeklage, sondern das Gerichtsurteil des OLG Gegenstand des Verfahrens war. Es lag somit keine Klage gegen Personen vor, die den Vermögensgegenstand erworben hatten. Abgesehen davon könnte durch den Überleitungsvertrag nicht ein Mittel im Verfassungsprozeß ausgeschlossen sein.
Darüber hinaus muß es einem deutschen Gericht möglich sein, Sicherungsmittel einzusetzen, denn schließlich müssen die Gerichte im Hauptverfahren erst einmal prüfen, ob eine Anwendung des Art. 3 des 6.Teils des Überleitungsvertrages in Betracht kommt. Somit muß es dem Gericht auch möglich sein, diese Entscheidung für die Betroffenen nicht gegenstandslos werden zu lassen und einem Antrag auf einstweilige Anordnung stattzugeben.
Folglich steht der Erlaß der einstweiligen Anordnung nach § 32 BVerfGG nicht im Widerspruch zum Nichtannahmebeschluß.[911]

7. Zusammenfassende Würdigung im Fall Liechtenstein

In den bisherigen Ausführungen wurde die Problematik der Nachbefolgung des westalliierten Besatzungsrechts deutlich aufgezeigt. Anhand der verfassungsrechtlichen und völkerrechtlichen Überlegungen kann auch das Urteil im Fall Liechtenstein überprüft werden:

---

[911] Die Zulässigkeit der Klage war auch nicht offensichtlich unzulässig, so daß eine einstweilige Anordnung ergehen durfte.

Gemäß Art. 7 des „2+4"-Vertrages wurde das Viermächterecht und somit alle vierseitigen Vereinbarungen beendet. Durch diese Regelung wurde aber auch dem bis dahin bestehenden Dreimächterecht die Rechtsgrundlage entzogen. Das Dreimächterecht wurde bisher immer als eine nähere Ausgestaltung des Viermächterechts verstanden und konnte auch nur auf der Grundlage des Viermächterechts beruhen. Folglich bestand das Dreimächterecht nicht automatisch fort, sondern konnte nur vertraglich von der Bundesrepublik Deutschland den westlichen Alliierten wieder eingeräumt werden.
Die vertragliche Einräumung kann nur durch die Note vom 27./28. September 1990 erfolgt sein. Da die Regelung der Geltung bestimmter Normen des Überleitungsvertrages nach Ziffer 3 der Note – entgegen der Auffassung der Rechtsprechung – nicht deklaratorischer, sondern konstitutiver Natur ist, wäre ein Zustimmungsgesetz gemäß Art. 59 II GG erforderlich gewesen. Konstitutiv ist die Note, weil die fortbestehenden Normen nicht mehr besatzungsrechtlicher, sondern vertraglicher Natur sind. Zum anderen wurde auch der Anwendungsbereich der Note auf das Gebiet der ehemaligen DDR ausgedehnt. Darüber hinaus wurde aus einer zeitlich begrenzten Regelung eine zeitlich unbegrenzte Regelung. Folglich konnte die Note nicht als einfaches Regierungsabkommen ohne Zustimmung der Legislative geschlossen werden. Die Gerichte hätten im Fall Liechtenstein somit erkennen müssen, daß die Aufrechterhaltung der Normen innerstaatlich nicht implementiert war.

Darüber hinaus ist der Notenwechsel aber auch ein unzulässiger Vertrag zu Lasten Dritter. Nach Ansicht der Rechtsprechung soll nicht nur die Bundesrepublik Deutschland, sondern auch Liechtenstein nun keine Einwendungen mehr gegen die kriegsfolgenbedingten Maßnahmen erheben. Nach dem Völkerrecht ist es der Bundesrepublik aber nur möglich, eigene Einwendung gegenüber den Siegermächten auszuschließen, bezüglich dritter Staaten fehlte ihr die Kompetenz. Im Fall Liechtenstein hätte Art. 3 I deshalb schon keine Anwendung finden dürfen, weil es sich nicht um deutsches Vermögen handelte. Nach Ansicht der Rechtsprechung reichte aber aus, daß die Tschechoslowakei dieses Vermögen als volksdeutsches Vermögen konfiszieren wollte. Folglich wird nach Art. 3 I jeder Mißbrauch gebilligt. Diese Ansicht verkennt jedoch, daß das Vermögen dritter Staaten und ihrer Staatsoberhäupter nicht der deutschen Gerichtsbarkeit unterliegen kann. Die westlichen Alliierten wollten – mitten im kalten Krieg – anderen Siegermächten sicherlich auch keinen Freipass bezüglich rechtswidriger Konfiskationen verschaffen.[912] Dieser Freipass könnte nämlich bedeuten, daß auch bezüglich al-

---

912 Seidl-Hohenveldern, Nachwirkung der Kontrollratsgesetzgebung, S.985; Blumenwitz, Offenheit der Vermögensfrage, S.164; Fassbender, Liechtenstein, S.218; vgl. auch Fassbender, Klageausschluß, S.1446: Seiner Ansicht nach ist die Bundesrepublik offenkundig berechtigt, die Voraussetzungen der Bestimmung zu prüfen; vgl. hierzu auch Teil B, Punkt IX 4

liierten Vermögens, welches von Drittstaaten konfisziert wurde, in der Bundesrepublik keine Gerichtsbarkeit gegeben wäre.[913]
Ebenso hatten die westlichen Alliierten sicherlich nicht die Absicht, die Bundesrepublik Deutschland den Regreßansprüchen eines neutralen Staates auszusetzen. Folglich hätte der Notenwechsel in Verbindung mit den Normen des Überleitungsvertrages überhaupt keine Anwendung auf den Fürsten von und zu Liechtenstein finden dürfen.

Obendrein ist der Notenwechsel aufgrund der extensiven Auslegung aber auch ein Vertrag zugunsten der Tschechischen Republik. Obwohl bei Entstehung des Überleitungsvertrages der Verzicht nur gegenüber den Vertragspartnern gelten sollte, wird dieser Verzicht von der Rechtsprechung gegenüber allen Siegerstaaten angewandt. Es ist aber nicht nur fragwürdig, warum die Normen des Überleitungsvertrages auch auf die Tschechische Republik Anwendung gefunden haben. Es ist ebenso unhaltbar, daß im Rahmen des Art. 3 I auf die Feindvermögensgesetzgebung der Tschechoslowakei verwiesen wird. Infolgedessen wird von der Rechtsprechung nicht geprüft, ob die Voraussetzungen des Art. 3 I vorliegen, sondern es kommt lediglich auf die Intention des beschlagnahmenden Staates an. Im Fall Liechtenstein hätte das Gericht aber erkennen müssen, daß die Enteignungen des Staatsoberhauptes des neutralen Liechtensteins offensichtlich nicht zum Zwecke der Reparationen vorgenommen werden konnte, denn wie könnten Kunstgegenstände und Antiquitäten zum Zwecke der Reparation enteignet werden?[914] Darüber hinaus war dem Gericht bekannt, daß Liechtenstein sich im Zweiten Weltkrieg neutral verhalten hatte, somit wußte das Gericht auch, daß es sich nicht um Maßnahmen im Sinne des Art. 3 I des 6.Teils des Überleitungsvertrages handelte. Folglich hätte Art. 3 in diesem Fall keine Anwendung finden dürfen.
Durch die extensive Rechtsprechung ist der Fürst von und zu Liechtenstein klaglos gestellt worden. Da die Bundesrepublik Deutschland ihm die Verfolgung seiner schutzwürdigen Interessen nicht völlig versagen durfte, liegt hierin ein Verstoß gegen das völkerrechtliche Delikt des „denial of justice". Darüber hinaus ist der Fürst durch dieses Urteil völkerrechtlich diskriminiert worden, weil er im Gegensatz zu anderen Betroffenen noch keine Entschädigung erhalten hat und nach Wegfall des Art. 5 des 6.Teils des Überleitungsvertrages auch keine Anspruchsgrundlage für eine Entschädigung mehr hat.

Außerdem hätten die Gerichte Art. 3 des 6.Teils des Überleitungsvertrages an den Grundsätzen des Verfassungs- und Völkerrechts zu messen. Es wurde nämlich übersehen, daß diese Norm nun keinen Rang mehr über dem Verfassungsrecht einnimmt, da selbst Besatzungsrecht jetzt am Verfassungsrecht gemessen werden

---

913 Vgl. Doehring, Völkerrechtswidrige Konfiskation, S.466; Fassbender, Klageausschluß, S.1446
914 Vgl. Blumenwitz, Prager Vertrag, S.87

muß. Die deutschen Gerichte waren deshalb nach innerstaatlichem Recht verpflichtet, die Geltung der rechtserheblichen Normen zu prüfen[915]:
Zum einen liegt ein Verstoß gegen Art. 3 I GG vor, da das Staatsoberhaupt eines neutralen Staates willkürlich mit einem Deutschen gleichgesetzt wurde. Zum anderen liegt aber auch ein Verstoß gegen Art. 19 IV GG vor, da keine wichtigen außenpolitischen Erwägungen für die Beschränkung des Rechtsschutzes vorliegen.

Außerdem hätte von den Gerichten auch ein Verstoß gegen den nationalen ordre public gemäß Art. 6 EGBGB beachtet werden müssen, da willkürlich das private Vermögen entschädigungslos enteignet wurde. Deshalb verstößt die Hinnahme der damaligen Enteignungen gegen wesentliche Grundsätze des deutschen Rechts. Es liegt zudem ein Verstoß gegen Art. 6 EMRK vor. Demnach hätte der Fürst von und zu Liechtenstein einen Anspruch auf ein Verfahren vor einem unparteiischem und unabhängigen Richter. In der Tschechischen Republik ist ihm ein faires Verfahren jedoch verwehrt. Somit hätte die Bundesrepublik ein Verfahren auch aus diesem Aspekt zulassen müssen.

Nach Art. 1 des Ersten Zusatzprotokolls zur EMRK[916] hat „jede natürliche oder juristische Person ein Recht auf Achtung ihres Eigentums".[917] Diesen Grundsatz mißachtete aber die Rechtsprechung in dieser Entscheidungen zu Art. 3 des 6.Teils des Überleitungsvertrages. Somit mag die Entscheidung politisch erwünscht sein, sie ist mit Verfassungsrecht und Völkerrecht jedoch nicht vereinbar. Die genannten Gründe zeigen, daß der Entscheidung des BVerfG eine grundsätzliche verfassungsrechtliche Bedeutung zukommt. Dies bedeutet gemäß § 93a BVerfGG, daß die Verfassungsbeschwerde zur Entscheidung hätte angenommen werden müssen.[918]
Problematisch ist nur, daß das BVerfG keine „Superrevisionsinstanz" ist, Verstöße gegen das Verfassungsrecht und Völkergewohnheitsrecht durch die Gerichte können jedoch geprüft werden. Eine Verfassungsbeschwerde hingegen wäre nur begründet gewesen, wenn nach Art. 100 II GG eine Vorlage an das Bundesverfassungsgericht hätte erfolgen müssen. Dies wäre der Fall gewesen, wenn allgemeine Regeln des Völkerrechts in Frage gestanden hätten und die Frage, ob diese Bestandteil des Bundesrechts sind, für das Verfahren entscheidungserheblich gewesen wäre.[919] Da gezeigt wurde, daß gegen allgemeine Regeln des Völkerrechts, z.B. gegen den Vertrag zu Lasten Dritter, verstoßen wurde, war eine Vorlage so-

[915] Doehring, Völkerrechtswidrige Konfiskation, S.467
[916] BGBl 1956 II, S.1879; Abkommen vom 20. März 1952
[917] Blumenwitz, Erklärung, S.53: Jedoch muß es sich um vorhandenes Eigentum handeln, und für die meisten Kläger wird die Existenz eines solchen Rechtes kaum beweisbar sein.
[918] Ebenso Fassbender, Klageausschluß, S.1447
[919] BVerfGE 4, 319 [321]; 18, 441 [448]; 46, 342 [352]; 75, 1 [12]

mit notwendig. Die Verfassungsbeschwerde hätte somit zumindest zulässig sein müssen.
Eine völkerrechtsfreundliche Tendenz des GG kann jedenfalls nach diesem Verfahren bezweifelt werden.[920]

[920] Ebenso Doehring, Völkerrechtswidrige Konfiskation, S.467

Zusammenfassung

Die Wiedervereinigung Deutschlands war eines der großen weltpolitischen Ereignisse dieses Jahrhunderts. Das Ende des Ost-West-Konflikts war erreicht und unter die europäische Nachkriegsgeschichte konnte ein Schlußstrich gezogen werden. Bis zur politischen Wiedervereinigung der beiden Teile Deutschlands mußte in den historischen Verhandlungen von 1990 u.a. die Frage gelöst werden, was mit dem westalliierten Besatzungsrecht geschehen solle.

Zur Vorgeschichte: Nach Ende des Zweiten Weltkrieges wurde für Deutschland ein Besatzungsstatut eingeführt. Während die Besatzungsgewalt auf Kriegsrecht beruhte, nahmen die Siegermächte auf staatsrechtlicher Ebene eine Treuhandfunktion wahr. Faktisch ist im Laufe der Zeit die Besetzung der Bundesrepublik jedoch nur noch als eine Folgewirkung der bedingungslosen Kapitulation gesehen worden. Deshalb sind bei der Betrachtung des Besatzungsrechts insbesondere die völkerrechtlichen Grundsätze zu beachten.
Nach Gründung der Bundesrepublik Deutschland hoben die westlichen Alliierten das Besatzungsstatut auf, da sie angesichts der Bedrohung durch die Sowjetunion einen zuverlässigen und selbständigen Partner brauchten. Das Schicksal des Besatzungsrechts wurde im Rahmen der Pariser Verträge mit dem Überleitungsvertrag geklärt. Die westlichen Alliierten behielten sich in diesem Vertrag einige Rechte vor. Dadurch bestand noch ein „versteinertes" Besatzungsrecht fort. Dieses beinhaltete z.B. einen Einwendungsverzicht und einen Klagestopp in Art. 3 des 6.Teils des Überleitungsvertrages, wodurch sich die Alliierten bezüglich ihrer eigenen Kriegsfolgemaßnahmen gegen Klageforderungen absichern wollten. Die Siegermächte hatten sich nämlich oftmals wie souveräne Gebietsherrn verhalten, da sie sich weder an das deutsche noch an das internationale Recht gebunden fühlten. Art. 3 des 6.Teils des Überleitungsvertrages beschnitt zwar die Souveränität der Bundesrepublik, dies gereichte der Bundesrepublik jedoch nicht immer zum Nachteil, denn sie mußte sich z.B. nicht mit der Völkerrechtswidrigkeit der kriegsfolgenbedingten Enteignungen auseinandersetzen.

Im Laufe der Jahre wurde Art. 3 des 6.Teils des Überleitungsvertrages durch die Rechtsprechung sehr extensiv ausgelegt, um dem Wunsch der Vertragsparteien nachzukommen, einen Schlußstrich unter die Kriegs- und Kriegsfolgemaßnahmen zu ziehen. Um nicht über die Völkerrechtswidrigkeit einer Enteignung urteilen zu müssen, legten die Gerichte den Art. 3 des 6.Teils des Überleitungsvertrages als Kollisionsnorm aus. Demnach genügte es für die Anwendung des Art. 3 des 6.Teils des Überleitungsvertrages, wenn irgendein Staat irgendwelche beliebigen Vermögensstücke, wo auch immer sie sich befanden, mit der Intention der Reparation, Restitution oder wegen des Kriegszustandes konfisziert hatte. Diese extensive Auslegung ist jedoch mit dem eigentlichen Wortlaut der Norm nicht vereinbar, denn es sollte nur das deutsche Vermögen betroffen sein und nicht irgendein Vermögen, das zu deutschem Vermögen deklariert wurde.

Die Wiedervereinigung gab den Betroffenen neue Hoffnung, daß Art. 3 des 6.Teils des Überleitungsvertrages aufgehoben würde. Es stellte sich jedoch bald heraus, daß diese Hoffnung nicht erfüllt werden würde. Im Rahmen der Wiedervereinigung stellten die Vier Siegermächte von Anfang an heraus, daß die Wiedervereinigung nur mit gebührender Rücksicht auf ihre rechtliche Rolle und Verantwortung möglich sei. Kernpunkt der Verhandlungen war die Beendigung der Viermächterechte gemäß Art. 7 I des „2+4"-Vertrages, der die vierseitigen Vereinbarungen und Beschlüsse beendete.
Grundsätzlich wäre mit der Aufhebung der Viermächterechte auch die Rechtsgrundlage für das von den westlichen Alliierten für die Bundesrepublik Deutschland geschaffene Besatzungsrecht entfallen, da dieses Dreimächterecht nur als eine nähere Ausgestaltung des Viermächterechts verstanden wurde und die Beibehaltung von Besatzungsrecht der Erlangung der vollen Souveränität gemäß Art. 7 II des „2+4"-Vertrages widersprochen hätte. Nach dem Willen der westlichen Alliierten sollten einige Normen des westalliierten Besatzungsrechts aber fortbestehen, da die Alliierten ihre Reparationspolitik nicht verantworten wollten. Deshalb sollen die westlichen Alliierten den Fortbestand einiger Normen zu einer unabänderlichen Bedingung gemacht haben. Bestätigt wird dies von den westlichen Alliierten jedoch nicht. Fest steht in diesem Zusammenhang nur, daß auch die deutsche Regierung Interesse an einer Aufrechterhaltung hatte, um einen Schlußstrich unter die Problematik der Konfiskationen ziehen zu können. Deshalb wurde im Notenwechsel vom 27./28. September 1990 der Einwendungsverzicht und Klagestopp des Art. 3 des 6.Teils des Überleitungsvertrages aufrechterhalten.[921]

Durch Aufrechterhaltung des Art. 3 des 6.Teils des Überleitungsvertrages gibt es auch nach der Wiedervereinigung eine Einschränkung der Souveränität Deutschlands. Da der Notenwechsel vom 27./28. September 1990 vor dem „2+4"-Vertrag in Kraft trat, war er kein Akt der Souveränität, sondern schränkte die im „2+4"-Vertrag gewährte Souveränität von vornherein ein. Demzufolge dürfen deutsche Gerichte immer noch nicht über bestimmte Klagen entscheiden. Nach Ansicht der Gerichte ist es noch nicht einmal möglich, darüber zu entscheiden, ob die Voraussetzungen des Art. 3 des 6.Teils des Überleitungsvertrages vorliegen, entschei-

---

[921] Im Beschwerdeverfahren des Fürsten Hans-Adam II von Liechtenstein gegen die Bundesrepublik Deutschland (Europäischer Gerichtshof für Menschenrechte, Application No. 42527/98) hat sich die Bundesregierung in ihrer Beschwerdeerinnerung vom 29. Oktober 1999 erstmals offiziell zum Notenwechsel vom 27./28. September 1990 geäußert: Die Alliierten hätten nicht gewollt, daß ihre Maßnahmen rückblickend bezweifelt werden. Deshalb hätte die Bundesregierung die Aufrechterhaltung bestimmter Normen akzeptieren müssen, obwohl diese Normen gemäß Art. 10 des Deutschlandvertrages im Falle der Wiedervereinigung auf Antrag der Vertragsparteien hätten überprüft werden können.

dend soll nur sein, daß nach der Vorstellung der Enteignerstaaten die Voraussetzungen vorliegen. Diese Einschränkung ist nicht hinnehmbar, nachdem die Bundesrepublik mit der Wiedervereinigung die volle Souveränität gemäß Art. 7 II des „2+4"-Vertrages erhielt. Insbesondere ist sie nicht hinnehmbar, weil die Untersuchungen in dieser Arbeit gezeigt haben, daß der Notenwechsel nicht mit Verfassungs- und Völkerrecht vereinbar ist.

Der Notenwechsel vom 27./28. September 1990 ist schon formell verfassungswidrig, denn gemäß Art. 59 II S.1 GG wäre ein Zustimmungsgesetz erforderlich gewesen, da einige durch den Notenwechsel bedingte Veränderungen ein Zustimmungsgesetz erfordern:
Entgegen der Auffassung der Gerichte hat der Notenwechsel nämlich nicht nur eine klarstellende Funktion. Vielmehr ist das territoriale Geltungsgebiet des Überleitungsvertrages faktisch auf das Gebiet der Neuen Bundesländer erweitert worden. Zudem wurde Art. 3 des 6.Teils des Überleitungsvertrages bisher nur als eine vorübergehende Regelung verstanden, während sie jetzt dauerhaft festgeschrieben ist. Außerdem lag eine materielle Rechtsänderung vor, denn die Bestimmungen sind kein „versteinertes" Besatzungsrecht mehr, sondern haben innerstaatlich den Charakter einer Rechtsverordnung des Bundes. Darüber hinaus hat Art. 3 durch den Wegfall der Entschädigungsklausel gemäß Art. 5 des 6.Teils des Überleitungsvertrages ein anderes materielles Gewicht erhalten.
Außerdem liegt ein Verstoß gegen Art. 14 GG vor, da ein dauerhafter Verzicht auf private Rechtstitel ausgesprochen wurde. Ferner liegt ein Verstoß gegen Anlage 1 zu Art. 11 des Einigungsvertrages vor, da hierin die Ausdehnung des Überleitungsvertrages auf das Gebiet der ehemaligen DDR ausdrücklich ausgeschlossen wurde.
Es liegt auch ein Verstoß gegen Art. 36 WVRK vor, da der Notenwechsel in Verbindung mit Art. 3 des 6.Teils des Überleitungsvertrages drittbegünstigend ausgelegt wird. Für eine Drittbegünstigung fehlt jedoch eine Absicht der Vertragsparteien. Zur Zeit der Entstehung des Überleitungsvertrages wurde davon ausgegangen, daß der Einwendungsverzicht nur gegenüber den Drei Mächten gelten solle. Auch jetzt können die westlichen Alliierten kein erkennbares Interesses an einer Drittbegünstigung haben, denn ihnen konnte es nur darum gehen, ihre eigenen Maßnahmen und Entscheidungen außer Streit zu stellen. Dennoch sieht die Bundesregierung Art. 3 des 6.Teils des Überleitungsvertrages als eine rechtliche Schranke gegenüber sämtlichen Enteignungsmaßnahmen, unabhängig davon, ob dies tatsächlich Konfiskationen oder Reparationsenteignungen im Sinne der Norm waren. Somit werden alle Siegerstaaten begünstigt.
Der Notenwechsel stellt auch einen Verstoß gegen das völkerrechtliche Diskriminierungsverbot dar. Während einige, deren Eigentum zum Zwecke der Reparation enteignet wurde, eine Entschädigung erlangt haben, gibt es eine Anzahl von Betroffenen, die bisher nicht entschädigt wurden. Eine Entschädigungspflicht für die

Bundesrepublik ergab sich bis 1990 aus Art. 5 des 6.Teils des Überleitungsvertrages. Diese Norm wurde dabei immer als Pendant zu dem Einwendungsverzicht gesehen. Trotz Aufrechterhaltung des Einwendungsverzicht wurde diese Norm jedoch aufgehoben. Die Bundesrepublik kann damit jetzt nicht nur jegliche Entscheidungskompetenz, sondern auch eine Pflicht zur Entschädigung von sich weisen.

Die extensive Auslegung des Art. 3 des 6.Teils des Überleitungsvertrages durch die Rechtsprechung ist aber insbesondere mit dem nationalen ordre public, d.h. den wesentlichen Grundsätzen des deutschen Rechts, nicht zu vereinbaren. Durch den Einwendungsverzicht werden völkerrechtswidrige Konfiskationen aufrechterhalten. Zwar würde eine grundsätzliche Anerkennungspflicht solcher Konfiskationen die Souveränität des anerkennenden Staates und eine grundsätzliche Nichtanerkennung die Souveränität des enteignenden Staates verletzen, der Staat darf sich aber nicht an dem Rechtsbruch beteiligen und auch nicht die Wiederherstellung des rechtmäßigen Zustandes verhindern. Den Betroffenen durfte deshalb nicht die Chance genommen werden, mit Ansprüchen die Realisierung der Wiedergutmachungspflichten durch die Bundesrepublik zu erreichen. Zudem besteht ein grundsätzlicher Anspruch gegen staatliche Organe zur aktiven Förderung und Realisierung des Wertegehalts von Grundrechten, z.B. des Art. 14 GG. Durch Verweis auf die Zuständigkeit anderer Staaten und deren Gesetze wird zudem indirekt das Beneš-Dekret Nr.12 anerkannt, das mit unseren rechtsstaatlichen Grundsätzen nicht vereinbar ist. Dadurch werden die Enteignungen hingenommen, die aufgrund ihres diskriminierenden Inhalts und der fehlenden Entschädigung völkerrechtswidrig sind. Es ist sogar die Hinnahme von Enteignungsakten denkbar, die gegen ius cogens verstoßen.

Abzulehnen ist die Anwendung des Art. 3 des 6.Teils des Überleitungsvertrages auch, da die Anwendung für Drittstaaten einen Vertrag zu Lasten Dritter darstellt. Gemäß Art. 34 WVRK haben völkerrechtliche Verträge nur eine Wirkung als res inter alios acta. Die Anwendung des Überleitungsvertrages beschränkt sich aber nicht nur auf die Bundesrepublik. Maßgeblich ist nämlich nur, ob der enteignende Staat das konfiszierte Vermögen als deutsches Vermögen konfiszieren wollte. Somit sind Drittstaaten ebenso betroffen wie die Bundesrepublik. Auch ihnen sind Einwendungen aufgrund der Norm verwehrt.

Es sind zudem Fälle denkbar, in denen gegen Art. 6 EMRK verstoßen wird, da jedermann Anspruch auf ein unabhängiges und unparteiisches Verfahren hat. In einigen Staaten, z.B. der Tschechischen Republik, ist ein faires Verfahren in dieser Sache nicht zu erwarten.
Da ein Ausländer vor einem deutschen Gericht keinen Schutz genießt, auch wenn sein Vermögen einen Inlandsbezug aufweist, ist zudem ein „denial of justice" an-

zunehmen. Die extensive Auslegung des Art. 3 kommt einer Gewährung der Immunität für alle Siegerstaaten gleich. Wenn die Bundesrepublik anderen Siegerstaaten aber Immunität gewährt, dann muß sie trotzdem das Rechtsschutzbedürfnis eines dritten Staates beachten. Eine willkürliche Verweigerung der gerichtlichen Hilfe für den dritten Staat ist dann ein „denial of justice", d.h. eine Rechtslosstellung. Insbesondere führt diese Regelung das Kriegsvölkerrecht ad absurdum, da dieses das Verhältnis zwischen Sieger und Verlierer regeln soll und eben keine generelle Immunitätsgewährung vorsieht.
Darüber hinaus ist zu bedenken, daß die widerspruchslose Hinnahme der Konfiskationsmaßnahmen das Institut des diplomatischen Schutzes überflüssig werden läßt. Die Bundesrepublik hat aber die verfassungsrechtliche Verpflichtung, deutsche Staatsangehörige gegen völkerrechtswidrige Eingriffe fremder Staaten zu schützen. Dieses Prinzip wird durch Art. 3 des 6.Teils des Überleitungsvertrages wirkungslos.

Der Streit um ein längst vergessenes Gemälde verdeutlicht die Problematik, zu der die fortbestehenden Normen geführt haben: In seiner Entscheidung im Fall Liechtenstein, der in der Einleitung ausführlich dargestellt wurde, hat das BVerfG auch die Anwendung des Art. 3 des 6.Teils des Überleitungsvertrages als Kollisionsnorm nicht beanstandet. Kritiklos legte das BVerfG hierfür die Rechtsprechung zugrunde, die noch aus der Zeit vor der Wiedervereinigung und somit aus der Zeit der eingeschränkten Souveränität stammte.
Kritik verdient die neuere Rechtsprechung zu Art. 3 des 6.Teils des Überleitungsvertrages vor allem, weil sie selbst bei neutralem Vermögen auf die Feindvermögensgesetzgebung des beschlagnahmenden Staates verweist. Es ist nicht verständlich, warum willkürliche Maßnahmen gegen nichtdeutsches, neutrales Auslandsvermögen sowohl von den Alliierten als auch von der Bundesrepublik hingenommen werden. Die Bundesrepublik hätte spätestens hier bereits die moralische Verpflichtung, alles daran zu setzen, eine innerstaatliche Hinnahme zu vermeiden.
Unverständlich ist in diesem Zusammenhang insbesondere, daß sich dem Vernehmen nach im Fall Liechtenstein nicht der tschechische Nebenintervenient auf eine Reparationskonfiskation berief, sondern die beklagte Stadt Köln, also eine deutsche Körperschaft, mit diesem Einwand zur Hilfe kam. Ohne diese Hilfe hätte die Tschechische Republik sich vielleicht nicht auf Art. 3 I des 6.Teils des Überleitungsvertrages berufen.

Das von der Bundesrepublik auch im Fall Liechtenstein gezeigte Desinteresse ist jedenfalls unverständlich. Zwar wird die Feindvermögensgesetzgebung des beschlagnahmenden Staates kritisiert, gleichzeitig wird aber darauf verwiesen, daß mit der Wiedervereinigung ein Schlußstrich gezogen und keine alten Wunden aufgerissen werden sollen. Die Bundesrepublik sollte jedoch für ihre eigene

Kriegsschuld einstehen und es nicht zulassen, daß ausländisches Vermögen zur Tilgung dieser Kriegsschuld herangezogen wird. Deutschland kann zwar nicht als „Hilfspolizist" in diesen Angelegenheiten auftreten, aber andererseits kann es auch nicht die Augen vor offensichtlichen Verstößen gegen das Verfassungs- und Völkerrecht verschließen. Vielmehr verpflichtet die Völkerrechtsfreundlichkeit des Grundgesetzes die Gerichte dazu, hier einzugreifen. Jeder enteignete Gegenstand, der sich in der Bundesrepublik befindet, ist nämlich auch eine Angelegenheit der Bundesrepublik, denn sowohl die Reparationsgläubiger als auch die Reparationsschuldner haben die Verpflichtung, dafür zu sorgen, daß Neutrale nicht geschädigt werden. Deshalb hätte von den Gerichten bei einem Verweis auf die Kollisionsregelung in Art. 3 des 6.Teils für die Geschädigten irgendein Ausgleich gefunden werden müssen. Schließlich hatte das BVerfG[922] an anderer Stelle entschieden, daß Kriegsschäden nicht von einzelnen getragen werden dürfen.

Ausgehend von dieser Rechtsprechung kann die Bundesrepublik die Vermögensfrage jetzt nicht mehr als offen bezeichnen, da sich die Gerichte in der Bundesrepublik einer Entscheidung verschließen. Deshalb hat die Bundesregierung nunmehr den Auftrag, eine endgültige Regelung für diese Problematik zu finden, die bisherige Vorgehensweise gegenüber den Betroffenen ist jedenfalls nicht hinnehmbar.

Aufgrund der Nachbefolgung des westalliierten Besatzungsrechts ist die staatliche Souveränität auch heute noch eingeschränkt. Die Nachbefolgung ist für die Bundesrepublik Deutschland völkerrechtlich verbindlich und es sind in Zukunft auch keine Änderungen zu erwarten.[923] Die fortbestehenden Normen müssen von den Gerichten jedoch restriktiv ausgelegt werden, zum einen, um die Rechte der Betroffenen nicht mehr zu beschneiden, als die Urheber der Gesetze dies vorgesehen haben und zum anderen, um mögliche Kompensationsansprüche zu vermeiden. Das Kapitel der kriegsfolgenbedingten Enteignungen ist somit noch lange nicht abgeschlossen.

[922] BVerfGE 27, 236 (340)

[923] Auch die jetzige Bundesregierung hält sich an den Notenwechsel gebunden; vgl. Antwort des Staatssekretärs Dr. Pleuger vom 12. Juli 2000 auf eine parlamentarische Anfrage des Abgeordneten Martin Hohmann. (Drucksache 14/3911)

Literaturverzeichnis

Albrecht, Ulrich: [Abwicklung] Die Abwicklung der DDR, die „2+4-Verhandlungen“, Ein Insiderbericht, Opladen, 1992

Ambrosch-Keppeler, Karin: [Anerkennung] Die Anerkennung fremdstaatlicher Enteignungen, Eine rechtsvergleichende Untersuchung, Konstanz, 1991

Antoni, Michael: [Potsdamer Abkommen] Das Potsdamer Abkommen – Trauma oder Chance? Geltung, Inhalt und staatsrechtliche Bedeutung, Berlin, 1985

Baker, James A.III: [Politics] The Politics of Diplomacy: Revolution, War and Peace, 1989–1992, New York, 1995

Bark, Dennis; Gress, Daniel: [History of Germany] A History of West Germany: From Shadow to Substance, 1945-1963, Cambridge, 1989

Bauer, Stefan: [Vier-Mächte-Rechte] Die Vier-Mächte-Rechte in Deutschland, Ihr Umfang, ihre Entwicklung und ihre Bedeutung für die Vereinigung der beiden deutschen Staaten im Jahre 1990, Frankfurt am Main, 1993

Beck, Stefan v. d.: [SBZ] Die Konfiskationen in der Sowjetischen Besatzungszone von 1945 bis 1949, Ein Beitrag zu Geschichte und Rechtsproblemen der Enteignungen auf besatzungsrechtlicher und besatzungshoheitlicher Grundlage, Bern, Frankfurt am Main u.a., 1996

Bentzien, Joachim: [Ablösung] Die Ablösung der alliierten Vorbehaltsrechte in: ROW 1991, S.386-393

Bentzien, Joachim: [Alliierte Vorbehaltsrechte] Die alliierten Vorbehaltsrechte als Teil des völkerrechtlichen Status Deutschland in: ROW 1988, S.8-17

Berber, Friedrich: [Band I] Lehrbuch des Völkerrechts, I. Band – Allgemeines Friedensrecht, 2.Auflage, München, 1975

Berber, Friedrich: [Band II] Lehrbuch des Völkerrechts, II. Band – Kriegsrecht, 2.Auflage, München, 1969

Bernhardt, Rudolf: [Deutsche Teilung] Die deutsche Teilung und der Status Gesamtdeutschlands
in: Handbuch des Staatsrechts, Band I, Grundlagen von Staat und Verfassung, Heidelberg, 1987, S.321-350

Bernhardt, Rudolf (Hrsg.): [EPIL] Encyclopedia of Public International Law, Volume I, A – D, Amsterdam, 1992

Bernhardt, Rudolf (Hrsg.): [EPIL 10] Encyclopedia of Public International Law, Band 10, Amsterdam, 1987

Bishop, Joseph W.: [Contractual Agreements] The „Contractual Agreements" with the Federal Republik of Germany. A study in the adaptability of international Law to political reality
in: AJIL 1955, S.125-147

Blumenwitz, Dieter: [Offenhalten Polen] Das Offenhalten der Vermögensfrage in den deutsch-polnischen Beziehungen, Bonn, 1992

Blumenwitz, Dieter: [Vertrag] Der Vertrag vom 12.9.1990 über die abschließende Regelung in bezug auf Deutschland,
in: NJW 1990, S.3041-3048

Blumenwitz, Dieter: [Denk] Denk ich an Deutschland, Antworten auf die Deutsche Frage, 1.Auflage, München, 1989

Blumenwitz, Dieter: [Besiegte] Der Besiegte in einem „gerechten Krieg"
in: Die deutsche Neurose, Über die beschädigte Identität der Deutschen, Frankfurt am Main u.a., 1980, S.103 – 130

Blumenwitz, Dieter: [Prager Vertrag] Der Prager Vertrag, Eine Einführung und Dokumentation zum Vertrag vom 11. Dezember 1973 unter besonderer Berücksichtigung des Münchner Abkommens und seiner Auswirkung auf Deutschland als Ganzes, Bonn, 1985

Blumenwitz, Dieter: [Deutschland-Vertrag] Deutschland-Vertrag 1955 – 1985, Zur Souveränität der Bundesrepublik Deutschland und ihrer Beschränkung im Wandel der Jahrzehnte, in: ROW 1985, S.317-323

Blumenwitz, Dieter: [Erklärung] Die deutsch-tschechische Erklärung und ihre eigentumsrechtliche Relevanz in: Der Beitritt der Staaten Ostmitteleuropas zur Europäischen Union und die Rechte der deutschen Volksgruppen und Minderheiten sowie der Vertriebenen, Köln 1997, S.39 – 55

Blumenwitz, Dieter: [Die deutsch-tschechische Erklärung] Die deutsch-tschechische Erklärung vom 21. Januar 1997, in: BayVBl. 1997, S.161-165

Blumenwitz, Dieter: [Offenheit der Vermögensfrage] Die Offenheit der Vermögensfrage in den Beziehungen zwischen Deutschland und seinen östlichen Nachbarn im Lichte der höchstrichterlichen Rechtsprechung zur Reparationsenteignung, in: Rechtsanspruch und Rechtswirklichkeit des europäischen Minderheitenschutzes, Köln 1998, S.153 – 165

Blumenwitz, Dieter: [Die Ostverträge] Die Ostverträge im Lichte des internationalen Vertragsrechts, Bonn, 1982

Blumenwitz, Dieter: [Souveränität] Die Souveränität der Bundesrepublik Deutschland in: Wege und Verfahren des Verfassungslebens, Festschrift für Peter Lerche, München, 1993, S.385 – 400

Blumenwitz, Dieter: [Überwindung] Die Überwindung der deutschen Teilung und die Vier Mächte, Berlin, 1990

Blumenwitz, Dieter: [Folgen] Die vermögensrechtlichen Folgen der Ostverträge in: JOR 13, 1972, 2.Halbband, S.179-251

Blumenwitz, Dieter: [Deutsche Souveränität und alliierte Vorbehaltsrechte] Die Wiedererlangung der deutschen Souveränität durch die Bundesrepublik Deutschland und ihre Begrenzung durch die alliierten Vorbehaltsrechte, Berlin, 1990, S.133-146

Blumenwitz, Dieter: [Flucht und Vertreibung] Flucht und Vertreibung und ihre vermögensrechtlichen Folgen
in: Flucht und Vertreibung und ihre Ächtung im modernen Völkerrecht; Köln, München u.a., 1987, S.185 – 206

Blumenwitz, Dieter: [Rechte und Verantwortlichkeiten] Inhalt und völkerrechtliche Grenzen der »Rechte und Verantwortlichkeiten« der Vier Mächte
in: Staatliche Kontinuität unter besonderer Berücksichtigung der Rechtslage Deutschlands, Köln, 1983, S. 47-59

Blumenwitz, Dieter: [Interessenausgleich] Interessenausgleich zwischen Deutschland und den östlichen Nachbarstaaten, Die deutsch-tschechische Erklärung vom 21. Januar 1997 und die Ansprüche der deutschen Heimatvertriebenen, Köln, 1998

Blumenwitz, Dieter: [Verfassungskollisionsrecht] Intertemporales und interlokales Verfassungskollisionsrecht
in: Handbuch des Staatsrechts, Band IX: Die Einheit Deutschlands – Festigung und Übergang -, Heidelberg, 1997, S.455 – 519

Blumenwitz, Dieter: [Kasernenliegenschaften] Kasernenliegenschaften als Gegenstand der Auseinandersetzung zwischen dem Bund und den Garnisonsstädten – Zugleich ein Beitrag zur zivilrechtlichen Ersitzung von besatzungshoheitlich beschlagnahmten Kasernengelände -
in: Der Verwaltungsstaat im Wandel, Festschrift für Franz Knöpfle, München, 1996, S.33-56

Blumenwitz, Dieter: [Staatennachfolge] Staatennachfolge und die Einigung Deutschlands, Teil I Völkerrechtliche Verträge, Berlin, 1992

Böckstiegel, Karl-Heinz: [Eigentumsentziehungen] Die allgemeinen Grundsätze des Völkerrechts über Eigentumsentziehungen,
in: Neue Kölner Rechtswissenschaftliche Abhandlungen, Heft 27, Berlin, 1963

Boehmer, Gerhard; Walter, Hannfried: [Völkerrechtliche Praxis] Völkerrechtliche Praxis der Bundesrepublik Deutschland in den Jahren 1949 bis 1955 in: ZaöRV 1963, S.175 – 328

Böhmer, Otto (Ba.): [Vermögen] Deutsches Vermögen im Ausland; internationale Vereinbarungen und ausländische Gesetzgebung, Köln, 1954

Bortfeldt, Heinrich: [Washington] Washington – Bonn – Berlin: Die USA und die deutsche Einheit, Bonn, 1993

Brand, Christoph-Matthias: [Souveränität] Souveränität für Deutschland: Grundlagen, Entstehungsgeschichte und Bedeutung des „2+4"-Vertrages vom 12. September 1990, Köln, 1993

Brunner, Norbert: [Diplomatischer Schutz] Die Frage nach dem Anspruch des Bürgers auf diplomatischen Schutz, Bern, 1983

Celada, Raymond: [German Reunifaction] German Reunification: United States reserved or retained rights, prepared for the Committee on Foreign Relations United States Senate, June 1990, Committee Print, 101st Congress, 2nd Session, S.Prt.101-105

Crawford, James [Execution of Judgements] Execution of Judgements and Foreign Sovereign Immunity in: AJIL 1981, S.820 – 869

Czaja, Herbert: [Unterwegs] Unterwegs zum kleinsten Deutschland?, Mangel an Solidarität mit den Vertriebenen, Marginalien zu 50 Jahren Ostpolitik, Frankfurt am Main, 1996

Czaplinski, Wladyslaw: [Regelung] Die friedliche Regelung mit Deutschland in: ROW 1991, S.129-134

Dahm, Georg [Völkerrecht] Völkerrecht, Band I, Stuttgart, 1958

Dahm, Georg: [Anerkennung] Zum Problem der Anerkennung im Inland durchgeführter völkerrechtswidriger Enteignungen im Ausland
in: Recht im Dienste der Menschenwürde, Festschrift für Herbert Kraus, Würzburg, 1964, S.67-94

Damian, Helmut: [Staatenimmunität] Staatenimmunität und Gerichtszwang, Heidelberg, 1985

Doehring, Karl
Ress, Georg: [Immunität] Diplomatische Immunität und Drittstaaten, Überlegungen zur erga-omnes-Wirkung der diplomatischen Immunität und deren Beachtung im Falle der Staatensukezession
in: AöR 1999, S.68 – 99

Doehring, Karl: [Staatsrecht] Staatsrecht der Bundesrepublik Deutschland unter besonderer Berücksichtigung der Rechtsvergleichung und des Völkerrechts, Frankfurt am Main, 1976

Doehring, Karl: [Völkerrechtswidrige Konfiskation] Völkerrechtswidrige Konfiskation eines Gemäldes des Fürsten von Liechtenstein als „deutsches Eigentum“: Ein unrühmlicher Schlußpunkt
in: IPRax, 1998, S.465 – 467

Dolzer, Rudolf [Verhältnis zur DDR] Das Verhältnis zur Deutschen Demokratischen Republik
in: Handbuch des Staatsrechts, Band I, Grundlagen von Staat und Verfassung, Heidelberg, 1987, S.547 – 590

Dünisch, Heidi: [Mundatwald] Der Mundatwald – Zur Bereinigung letzter Kriegsfolgenprobleme zwischen Deutschland und Frankreich, Bern, Frankfurt am Main, New York u.a., 1989

Ehlers, Kurt: [Rechtslage] Die Rechtslage des deutschen Auslandseigentums nach dem AHKG 63
in: JZ 1952, S.465-467

Elbe, Frank: [„two-plus-four“] Resolving the External Aspects of German Unification, The „two-plus-four“ Process in: German yearbook of international Law, vol.36, Kiel, 1993, S.371-384

Ermacora, Felix: [Rechtsgutachten] Die sudetendeutsche Fragen, Rechtsgutachten, München, 1992

Fassbender, Bardo: [Klageausschluß] Klageausschluß bei Enteignungen zu Reparationszwecken – Das Gemälde des Fürsten von Liechtenstein
in: NJW 1999, S.1445 – 1448

Fassbender, Bardo: [Liechtenstein] Prince of Liechtenstein v. Federal Supreme Court
in: AJIL 1998, S.215 – 219

Fiedler, Wilfried: [Friedensvertrag] Viermächte-Verantwortung ohne Friedensvertrag? Zur rechtlichen Funktion eines Friedensvertrages mit Deutschland
in: NJW 1985, S.1049-1055

Fiedler, Wilfried: [Wiedererlangung] Die Wiedererlangung der Souveränität Deutschlands und die Einigung Europas.
in: JZ 1991, S.685 – 692

Frowein, Jochen Abr.: [Entwicklung der Rechtslage] Die Entwicklung der Rechtslage Deutschlands von 1945 bis 1990
in: Handbuch des Verfassungsrechts, 2.Auflage, Berlin u.a., 1994, S.19-34

Frowein, Jochen Abr.: [Einigung] Rechtliche Probleme der Einigung Deutschland
in: EA 1990, S.233-238

Fuchs, Reinhard: [Enteignung] Enteignung durch völkerrechtliche Verträge nach deutschem Verfassungsrecht, Ein Beitrag zur vermögensrechtlichen Lage nach dem Überleitungsvertrag und dem Warschauer Vertrag,. München, 1972

Gallis, Paul: [Unification] The Unification of Germany: Background and analysis of the Two-plus-Four Talks, prepared for the

Committee on Foreign Relations United States Senate, June 1990, Committee Print, 101st Congress,2nd Session, S.Prt. 101-105

Geiger, Rudolf: [Grundgesetz und Völkerrecht] Grundgesetz und Völkerrecht, 2. Auflage, München, 1994

Germroth, David: [Beyond the Cold War] Beyond the Cold War, American Foreign Policy and the German Question, Owings Mills, MY, 1993

Goetze, Clemens v.: [Rechte der Alliierten] Die Rechte der Alliierten auf Mitwirkung bei der deutschen Einigung
in: NJW 1990, S.2161-2168

Gornig, Gilbert: [Völkerrechtswidrigkeit von Vertreibungen] Völkerrechtswidrigkeit von Vertreibungen und entschädigungsloser Enteignung der Sudetendeutschen,
in: Forum für Kultur und Politik, Heft 16, 1996, S. 3 – 44

Gornig, Gilbert: [Zwei-plus-Vier-Vertrag] Der Zwei-plus-vier-Vertrag unter besonderer Berücksichtigung grenzbezogener Regelungen
in: ROW 1991, S.97 – 106

Graml, Hermann: [Besatzungspolitik] Die Besatzungspolitik der Alliierten in Deutschland 1945-1949,
in: Politik und Zeitgeschichte Nr.28, 7. Juli 1995, S.25-33

Grewe, Wilhelm: [Auswärtige Gewalt] Auswärtige Gewalt
in: Handbuch des Staatsrechts, Band III, Das Handeln des Staates, Heidelberg, 1988, S.921 – 975

Grewe, Wilhelm: [Übergang vom Besatzungsregime] Der Übergang vom Besatzungsregime zu den Verträgen von Bonn und Paris
in: Deutschlandvertrag, westliches Bündnis und Wiedervereinigung, Studien zur Deutschlandfrage, Band 9, Berlin, 1985, S.7-22

Grewe, Wilhelm: [Aussenpolitik] Deutsche Aussenpolitik der Nachkriegszeit, Stuttgart, 1960

Grewe, Wilhelm: [Besatzungsstatut] Ein Besatzungsstatut für Deutschland, Die Rechtsformen der Besetzung, Stuttgart, 1948

Grewe, Wilhelm: [Rückblenden] Rückblenden 1976-1951, Frankfurt am Main, Berlin u.a., 1979

Guggenheim, Paul: [Völkerrecht II] Lehrbuch des Völkerrechts, II, Basel, 1951

Häberle, Peter: [Menschenwürde] Die Menschenwürde als Grundlage der staatlichen Gemeinschaft
in: Handbuch des Staatsrechts, Band I, Grundlagen von Staat und Verfassung, Heidelberg, 1987, S.815 – 861

Hahn, Hugo: [Staatsvertraglicher Verzicht] Staatsvertraglicher Verzicht auf Vermögensrechte und verfassungsrechtlicher Eigentumsschutz
in: Studien zum Staats- und Völkerrecht, Festschrift für Hermann Raschhofer, S.59 – 76

Härle, Elfried: [Völkerrechtliches Verwaltungsabkommen] Die völkerrechtlichen Verwaltungsabkommen der Bundesrepublik
in: JIR, Band 12, Göttingen, 1965, S.93 – 139

Hatzel, Michael: [Amerikanische Einstellung] Amerikanische Einstellung zur deutschen Wiedervereinigung
in: EA 1990, S.127-132

Heberlein, Horst: [Feindstaatenklauseln] Geltungsbeendigung der Feindstaatenklauseln
in: ArchVR 1991, S.85-103

Ipsen, Knut: [Völkerrecht] Völkerrecht, 3.Auflage, München, 1990

Jarass, Hans;
Pieroth, Bodo: [GG] Grundgesetz für die Bundesrepublik Deutschland, 4.Auflage, München, 1997

Kaufmann, Erich: [Reparationsschäden] Die Reparationsschäden
in: AöR, 1963, S.1 – 37

Kegel, Gerhard: [Internationales Privatrecht] Internationales Privatrecht, 6.Auflage, München, 1987

Kelsen, Hans: [International Legal Status] The International Legal Status of Germany to be established immediately upon termination of the war
in: AJIL 1944, S.689 – 694

Kempen, Bernhard: [deutsch-polnische Grenze] Die deutsch-polnische Grenze nach der Friedensregelung des Zwei – plus- Vier – Vertrages, Frankfurt am Main, 1997

Kimminich, Otto: [Warschauer Vertrag] Der Warschauer Vertrag – Grundlage oder Vernichtung privater Entschädigungsforderungen?

in: JZ 1971, S.485 – 490

Kimminich, Otto: [Souveränität] Die Souveränität der Bundesrepublik Deutschland, Hamburg, 1970

Kirchhof, Paul: [Gleichheitssatz] Der allgemeine Gleichheitssatz
in: Handbuch des Staatsrechts, Band V, Allgemeine Grundrechtslehren, Heidelberg, 1992, S.837 – 1016

Klein, Eckart : [Diplomatischer Schutz] Diplomatischer Schutz im Hinblick auf Konfiskationen deutschen Vermögens durch Polen, Berlin, 1992

Klein, Eckart: [BVerfG und Ostverträge] Bundesverfassungsgericht und Ostverträge, 2.Auflage, Bonn, 1985

Klein, Friedrich: [Aktuelle Probleme] Aktuelle Probleme der Viermächte-Verantwortung für Gesamtdeutschland,
in: Festschrift für Hermann Jahrreiß, Köln, Berlin u.a., 1974, S.97 – 115

Kleinfeld, Gerald: [Verwirklichung] Die Verwirklichung des Unwahrscheinlichen: Amerikanische Außenpolitik und deutsche Außenpolitik,
in: Die USA und die Deutsche Frage 1945 – 1990, New York, Frankfurt am Main, 1990

Kohl, Helmut: [Deutschlands Einheit] Ich wollte Deutschlands Einheit, dargestellt von Kai Diekmann und Ralf Georg Reuth, Berlin, 1996

Kolb, Karl-Maximilian: [Ende] Das Ende der Viermächteverantwortung der Siegermächte des Zweiten Weltkrieges und die Wiedervereinigung Deutschlands in: NZWR 1990, S.241-247

Kopp, Ferdinand; Schenke Wolf-Rüdiger: [VwGO] Verwaltungsgerichtsordnung, 11.Auflage, München, 1998

Kriele, Martin: [Rechtslage] Der Streit um die Rechtslage Deutschlands und die völkerrechtliche Anerkennung der DDR in: ZRP 1971, S.261 – 267

Krülle, Sigrid: [Oder-Neiße] Die völkerrechtlichen Aspekte des Oder-Neiße-Problems, Berlin, 1970

Küsters, Hanns Jürgen Hofmann, Daniel (Ba): [Dokumente] Dokumente zur Deutschlandpolitik, Deutsche Einheit, Sonderedition aus den Akten des Bundeskanzleramtes 1989/90, München, 1998

Kuhn, Georg: [Rechtsprechung] Die Rechtsprechung des BGH zum Überleitungsvertrag in: WM 1958, S.1210-1211

Kutscher, Hans: [Bonner Vertrag] Bonner Vertrag und Zusatzvereinbarungen, München, Berlin, 1952

Kutscher, Hans: [Vertragswerk zur Ablösung] Das Vertragswerk zur Ablösung des Besatzungsstatutes, Grundsätzliche und formelle Fragen – Bericht über einige Einzelbestimmungen in: BB 1952, S.437-440

Kutscher, Hans: [Besatzungsregime] Die Beendigung des Besatzungsregimes nach dem Pariser Protokoll vom 23.10.1954 in: BB 1954, S.941-945

Lambach, Frank: [Vier-Mächte-Verantwortung] Die Vier-Mächte-Verantwortung für Deutschland,
in: 40 Jahre Bundesrepublik Deutschland, Verantwortung für Deutschland, Bonn, 1989, S.37-41

Lewald, Walter: [Privatrecht] Das Privatrecht der deutschen Reparationsleistung,
in: NJW 1962, S.561-565

Lewald, Walter: [Deutschlands Rechtslage] Deutschlands Rechtslage im Licht der Zeitgeschichte
in: NJW 1981, S.855 – 857

Lieberknecht, Otfried: [Enteignung] Die Enteignung deutscher Mitgliedschaftsrechte an ausländischen Gesellschaften
in: NJW 1956, S.571-575

Maier, Hedwig; Tobler, Achim: [Ablösung des Besatzungsstatuts] Die Ablösung des Besatzungsstatuts in der Bundesrepublik Deutschlandin:
in: EA 1955, S.8081-8097

Mangoldt, Hermann v.; Klein, Friedrich: [Bonner Grundgesetz] Das Bonner Grundgesetz, Band I, 2.Auflage, Berlin, Frankfurt am Main, 1957

Mann, F.A.: [Völkerrechtswidrige Enteignungen] Völkerrechtswidrige Enteignungen vor nationalen Gerichten
in: NJW 1961, S.705 – 710

Marschick, Axel: [Subsysteme] Subsysteme im Völkerrecht, Ist die Europäische Union ein „Self-Contained Regime“?, Berlin, 1997

Maunz, Theodor; Dürig, Günter; Herzog, Roman: [GG Kommentar] Grundgesetz, Kommentar, Band III, Stand: Juni 1998

Menges, Constantine: [Future of Germany] The Future of Germany and the Atlantic Alliance, Washington, D.C., 1991

Mosheim, B.: [Reparationen] Reparationen im Bonner Vertragswerk in: BB 1952, S.697 – 698

Müller, Reinhard: [„2+4"-Vertrag] Der „2+4"-Vertrag und das Selbstbestimmungsrecht der Völker, Frankfurt am Main u.a., 1997

Münch, Fritz [OLG Bremen] Das Sumatra-Tabak-Urteil des Hanseatischen OLG Bremen in: JIR, Band 9, 1959/1960, S.84 – 91

Münch, Fritz: [Deutsche Ostfragen] Deutsche Ostfragen und zwingendes Völkerrecht in: Deutschland als Ganzes, Festschrift für Herbert Czaja, Köln, 1985, S.221 – 231

Münch, Ingo v.; Kunig, Philip (Hrsg.): [GG] Grundgesetz-Kommentar, Band 2 (Art.21-Art.69), 3.Auflage, München, 1995

Oppermann, Thomas: [Deutschland als Ganzes] „Deutschland als Ganzes". Sinnwandel eines völkervertragsrechtlichen Begriffes in: Festschrift für Friedrich Berber, München, 1973, S.377 – 388

Palandt, Otto: [BGB] Bürgerliches Gesetzbuch, 57.Auflage, München, 1998

Pfeiffer, Karl: [Vorbehaltsrechte] Zur Rechtsnatur der alliierten Vorbehaltsrechte in: DVBl. 1973, S.57 – 63

Picht-Hemken; Wohlfahrt: [Besatzungsrecht] Das Besatzungsrecht nach dem Inkrafttreten der Verträge, Bundesanzeiger, Beilage, 1956

Pieroth, Bodo; Schlink, Bernhard: [Grundrechte] Grundrechte, 12.Auflage, Heidelberg, 1996

Piotowicz, Ryszard: [Unification of Germany] The Unification of Germany in International and Domestic Law, Amsterdam, Atlanta, 1997

Pond, Elizabeth: [Zwei plus Vier] Die Entstehung von „Zwei-plus-Vier“ in: EA, 1992, S.619-630

Puttkamer, Ellinor v.: [Pariser Verträge] Vorgeschichte und Zustandekommen der Pariser Verträge vom 23. Oktober 1954, in: ZaöRV 1957, S.448 – 475

Raap, Christian: [Ende der Vier-Mächte] Das Ende der Vier-Mächte-Rechte in: BayVBl 1991, S.196 – 200

Raap, Christian: [Verbündete Streitkräfte] Die in der Bundesrepublik Deutschland stationierten verbündeten Streitkräfte in: NZWR 1992, S.16-21

Raap, Christian: [Souveränität] Die Souveräntität der Bundesrepublik Deutschland unter besonderer Berücksichtigung des militärischen Bereichs und der deutschen Einheit, Bern, Frankfurt am Main u.a., 1992

Randelzhofer, Albrecht: [Staatsgewalt und Souveränität] Staatsgewalt und Souveränität in: Handbuch des Staatsrechts, Band I, Grundlagen von Staat und Verfassung, Heidelberg, 1987, S.691 – 708

Raschhofer, Hermann: [Deutsche Reparationsregelung] Die deutsche Reparationsregelung und die Reparationsposition der Tschechowslowakei, in: Um Recht und Freiheit, Festschrift für von der Heydte, 1. Halbband, Berlin, 1977, S.495-513

Rauschning, Dietrich: [Beendigung] Beendigung der Nachkriegszeit mit dem Vertrag über die abschließende Regelung in bezug auf Deutschland in: DVBl 1990, S.1275-1285

Ress, Georg: [Abschließende Regelung] Die abschließende Regelung in bezug auf Deutschland: Garantiefunktion der Vier Mächte?

in: Recht zwischen Umbruch und Bewahrung, Festschrift für Rudolf Bernhardt, Berlin, 1995

Ress, Georg: [Grundlagen und Entwicklungen] Grundlagen und Entwicklungen der innerdeutschen Beziehungen
in: Handbuch des Staatsrechts, Band I, Grundlagen von Staat und Verfassung, Heidelberg, 1987, S.449-546

Roos, Gerd Joachim: [Konfiskation] Zur Konfiskation privater deutscher Auslandsvermögen, Stuttgart, 1956

Rosengarten, Ulrich: [Völkerrechtliche Verträge] Der Begriff der völkerrechtlichen Verträge im Sinne des Art. 59 II S.1, 1.Alt. GG im Lichte moderner Entwicklungen des Völkerrechts, Köln, 1994

Rumpf, Helmut: [Rechtsfragen] Aktuelle Rechtsfragen der Wiedervereinigung Deutschlands,
in: EA 1957, S.9723-9732

Rumpf, Helmut: [Reparationen] Die Regelung der deutschen Reparationen nach dem Zweiten Weltkrieg,
in: AVR, Band 23, S.74-101

Rumpf, Helmut: [Kontinuität] Kontinuität und Wandel in der Deutschlandpolitik der Bundesregierungen von 1949 bis 1984,
in: Deutschland als Ganzes, Festschrift für Herbert Czaja, Köln, 1985, S.261 – 277

Rumpf, Helmut: [Land ohne Souveränität] Land ohne Souveräntität, Kritische Betrachtungen zur Deutschlandpolitik von Adenauer bis Brandt, 2. Auflage, Karlsruhe, 1973

Schaumann, Wilfried;
Habscheid, Walter: [Immunität ausländischer Staaten] Die Immunität ausländischer Staaten nach Völkerrecht und nach deutschem Zivilprozeßrecht, Karlsruhe, 1968

Schenk, Rainer: [Viermächteverantwortung] Die Viermächteverantwortung für Deutschland als Ganzes, insbesondere deren Entwicklung seit 1969, Frankfurt am Main, München, 1976

Schmidt-Bleibtreu, Bruno;
Klein, Franz: [GG] Kommentar zum Grundgesetz, 9.Auflage, Kriftel, 1999

Schmoller, Gustav;
Maier, Hedwig;
Tobler, Achim: [Handbuch] Handbuch des Besatzungsrechts, Tübingen, 1957

Schneider, Hans: [Liquidation dt. Auslandvermögens] Die Liquidation deutschen Auslandvermögens und ihre vertragliche Hinnahme durch die Bundesrepublik, Ein Rechtsgutachten zur verfassungsrechtlichen Problematik der deutsch-niederländischen Abkommen von 1960 und 1962, Heidelberg, 1964

Schöbener, Burkhard: [Amerikanische Besatzungspolitik] Die amerikanische Besatzungspolitik und das Völkerrecht, Frankfurt am Main, 1991

Schraut,
Hans-Jürgen: [Besatzer] Vom Besatzer zum Beschützer, Der Wandel der Militärstrategie der USA und die Präsenz amerikanischer Streitkräfte in Deutschland, 1945 – 1953, Neuried, 1994

Schröder, Dieter: [Reste des Besatzungsrechts] Die Reste des Besatzungsrechts in der Bundesrepublik Deutschland
in: ROW 1989, S.73-82

Schütte, Ehrenfried: [Das Reparationsrecht] Das Reparationsrecht im Bonner Vertragswerk zur Ablösung des Besatzungsstatutes,
in: BB 1952, S.448-452

Schütz, Dieter: [Ordre public] Der internationale ordre public: Der Ausschluß völkerrechtswidrigem fremden Rechts im Internationalen Privatrecht der Bundesrepublik Deutschland, Bern, Frankfurt am Main u.a., 1984

Schweitzer, Michael: [Verträge] Die Verträge Deutschlands mit den Siegermächten
in: Handbuch des Staatsrechts, Band VIII, Die Einheit

Deutschlands – Entwicklungen und Grundlagen – Heidelberg, 1995, S.199-224

Seidl-Hohenveldern, Ignaz: [Intern. Organisationen] Das Recht der Internationalen Organisationen einschließlich der Supranationalen Gemeinschaften, 2.Auflage, Köln, Berlin u.a., 1971

Seidl-Hohenveldern, Ignaz (Hrsg.): [LdR/VR] Lexikon des Rechts, Völkerrecht, 2.Auflage, Neuwied, Kriftel u.a., 1992

Seidl-Hohenveldern, Ignaz: [Internationales] Internationales Konfiskations- und Enteignungsrecht, Berlin, Tübingen, 1952

Seidl-Hohenveldern, Ignaz: [Nachwirkung der Kontrollratsgesetzgebung] Nachwirkung der Kontrollratsgesetzgebung und die deutsche Souveränität – Zu den Urteilen über die „Bodenreform“ und zur Fortgeltung des Klagestops nach dem Überleitungsvertrag
in: Liber amicorum Günther Jaenicke – Zum 85. Geburtstag, Heidelberg, 1998

Seidl-Hohenveldern, Ignaz: [Territoriale Begrenzung] Territoriale Begrenzung ausländischer Eingriffe in deutsches Vermögen nach dem Überleitungsvertrag; Das AKU-Urteil im Lichte neuerer Erkenntnisse des deutschen Bundesgerichtshofes
in: RIW, 1957, S.179 – 182

Seidl-Hohenveldern, Ignaz: [Völkerrecht] Völkerrecht, 9.Auflage, Köln, Berlin, Bonn u.a., 1997

Seidl-Hohenveldern, Ignaz: [Konfiskation] Völkerrechtswidrigkeit der Konfiskation eines Gemäldes aus der Sammlung des Fürsten von Liechtenstein als angeblich „deutsches“ Eigentum
in: IPRax 1996, S.410-412

Simma,
Bruno (Hrsg.): [Charta der UN] Charta der Vereinten Nationen, Kommentar, München, 1991

Staudinger,
Julius v. (Hrsg.): [Kommentar] EGBGB/ IPR Einleitung zum IPR, Art.3-6 EGBGB Kommentar, Berlin, 1996

Steinberger, Helmut: [Allgemeine Regeln des Völkerrechts] Allgemeine Regeln des Völkerrechts
in: Handbuch des Staatsrechts, Band VII, Normativität und Schutz der Verfassung – Internationale Beziehungen, Heidelberg, 1992, S.525 – 570

Steinberger, Helmut: [Völkerrechtliche Aspekte] Völkerrechtliche Aspekte des deutsch-sowjetischen Vertragswerks vom 12. August 1970,
in ZaöRV 1971, S.63 – 146

Stern, Klaus: [Staatsrecht I] Das Staatsrecht der Bundesrepublik Deutschland, Grundbegriffe und Grundlagen des Staatsrechts, Strukturprinzipien der Verfassung, Band I, 2.Auflage, München, 1984

Stern, Klaus: [Staatsrecht II] Das Staatsrecht der Bundesrepublik Deutschland, Staatsorgane, Staatsfunktionen, Finanz- und Haushaltsverfassung, Notstandsverfassung, München, 1980

Stern, Klaus: [Staatsrecht III, Band 1] Das Staatsrecht der Bundesrepublik Deutschland, Allgemeine Lehren der Grundrechte, Band III/1, München, 1988

Stern, Klaus: [Staatsrecht III, Band 2] Das Staatsrecht der Bundesrepublik Deutschland, Allgemeine Lehren der Grundrechte, Band III/2, München, 1994

Stern, Klaus: [Zwei-plus-Vier] Der Zwei-Plus-Vier-Vertrag, Das völkerrechtliche Grundsatzdokument zur Wiederherstellung der Deutschen Einheit
in: BayVBl 1991, S.523-529

Strupp, Karl; Schlochauer,
Hans-Jürgen (Hrsg.): [Strupp/Schlochauer] Wörterbuch des Völkerrechts, Band I A-H, Berlin, 1960

Strupp, Karl; Schlochauer,
Hans-Jürgen (Hrsg.): [Strupp/Schlochauer] Wörterbuch des Völkerrechts, Band II I-Q, Berlin, 1961

Strupp, Karl; Schlochauer,
Hans-Jürgen (Hrsg.): [Strupp/Schlochauer] Wörterbuch des Völkerrechts, Band III R-Z, Berlin, 1962

Teltschik, Horst: [329 Tage] 329 Tage, Innenansichten der Einigung, Berlin, 1991

Teyssen, Georg: [Deutschlandtheorien] Deutschlandtheorien auf der Grundlage der Ostvertragspolitik, Frankfurt am Main, Bern u.a., 1987

Tomuschat,
Christian: [Vertreibung] Die Vertreibung der Sudetendeutschen. Zur Frage des Bestehens von Rechtsansprüchen nach Völkerrecht und deutschem Recht
in: ZaöRV 1996, S.1-65

Verdross, Alfred;
Simma, Bruno: [Völkerrecht] Universelles Völkerrecht, Berlin, 1976

Verdross, Alfred: [Völkerrechtliche und politische Souveränität] Die völkerrechtliche und politische Souveränität der Staaten, in: Um Recht und Freiheit, Festschrift für von der Heydte, 1. Halbband, Berlin, 1977, S.703-710

Verdross, Alfred: [Völkerrecht] Völkerrecht, 5.Auflage, Wien, 1964

Waitz, Friedrich,
Frhr. v. Eschen: [Völkerrechtliche Kompetenz] Die völkerrechtliche Kompetenz der Vier Mächte zur Gestaltung der Rechtslage Deutschlands nach dem Abschluß der Ostvertragspolitik, Bern, Frankfurt am Main u.a., 1988

Walters, Vernon: [Vereinigung] Die Vereinigung war voraussehbar, Berlin, 1994

Wassermann, Rudolf: [GG – Alternativkommentar] Kommentar zum Grundgesetz für die Bundesrepublik Deutschland, Band 1, Art. 1 – 20, Luchterhand, 1984

Weber, Hermann: [Anmerkung] Anmerkung zur „Liechtenstein-Entscheidung“ des Bundesverfassungsgerichts vom 28. Januar 1998
in: AöR 1998, S.188 – 197

Weber, Jürgen: [Bundesrepublik wird souverän] Die Bundesrepublik wird souverän 1950-1955
in: Geschichte der Bundesrepublik Deutschland (IV), Ära Adenauer, Band I, Bayerische Landeszentrale für politische Bildungsarbeit, München, 1986

Weidenfeld, Werner; Korte, Karl-Rudolf (Hrsg.): [Handbuch] Handbuch zur deutschen Einheit, Bundeszentrale für politische Bildung, Bonn, 1996

Wengler, Wilhelm: [Völkerrecht I] Völkerrecht, Band I, Berlin, Göttingen u.a., 1964

Wengler, Wilhelm: [Völkerrecht II] Völkerrecht, Band II, Berlin, Göttingen u.a., 1964

Wenk, Silke: [Konfiszierte Privatvermögen] Das konfiszierte deutsche Privatvermögen in Polen und der Tschechoslowakei, Bern, Frankfurt am Main u.a., 1993

Wilke, Kay-Michael: [Bundesrepublik und DDR] Bundesrepublik Deutschland und Deutsche Demokratische Republik, Grundlagen und ausgewählte Probleme des gegenseitigen Verhältnisses der beiden deutschen Staaten, Berlin, 1976

Wittkowski, Ralf: [Staatensukzession] Die Staatensukzession in völkerrechtliche Verträge unter besonderer Berücksichtigung der Herstellung der staatlichen Einheit Deutschlands, Bern, Frankfurt am Main u.a., 1992

Wolff, Bernhard: [Abgeltung] Zur Frage der Abgeltung von Reparationsschäden unter besonderer Berücksichtigung der Entstehungsgeschichte des Sechsten Teils des Überleitungsvertrages, Bonn, 1964

Wolffsohn, Michael: [Außenpolitische Weg] Der außenpolitische Weg zur deutschen Einheit, Das Ausland und die vollendeten Tatsachen
in: Die Gestaltung der deutschen Einheit: Geschichte – Politik – Gesellschaft, Bonn, Berlin, 1992, S.142-162

Zelikow, Philip; Rice, Condoleezza: [Germany Unified] Germany unified and Europe transformed, A study in statecraft, Cambridge, 2nd edition, 1997

Zündorf, Benno: [Ostverträge] Die Ostverträge, Die Verträge von Moskau, Warschau, Prag, das Berlin-Abkommen und die Verträge mit der DDR, München, 1979

Abkürzungsverzeichnis

a.A. .... anderer Ansicht
a.F. .... alte Fassung
ABl .... Amtsblätter
Abs. .... Absatz
AG .... Aktiengesellschaft
AHK .... Alliierte Hohe Kommission
AHKG .... Gesetz der Alliierten Hohen Kommission
AJIL .... American Journal of International Law
AKU .... Algemene Kunstzijde Unie N.V.
AöR .... Archiv des öffentlichen Rechts
ArchVR .... Archiv des Völkerrechts
Art. .... Artikel
b.z.w. .... beziehungsweise
Ba .... Bearbeiter
BayObLG .... Bayerisches Oberstes Landesgericht
BayVBl .... Bayerische Verwaltungsblätter
BB .... Der Betriebs-Berater
Bd .... Band
BGBl .... Bundesgesetzblatt
BGH .... Bundesgerichtshof
BGHZ .... Entscheidungen des Bundesgerichtshofes
BK .... Bundeskanzler
BR-Drucks. .... Bundesrats-Drucksache
BT-Drucks. .... Bundestags-Drucksache
BT-Steno .... Bundestag-Stenographischer Bericht
Bulletin .... Bulletin der Bundesregierung
BVerfG .... Bundesverfassungsgericht
BVerfGE .... Entscheidungen des Bundesverfassungsgerichtes
BVerfGG .... Bundesverfassungsgerichtsgesetz
BVerwG .... Bundesverwaltungsgericht
CSU .... Christlich Soziale Union
d. .... der
d.h. .... das heißt
DDR .... Deutsche Demokratische Republik
Dep .... Department
dt. .... deutsch
DVBl .... Deutsches Verwaltungsblatt
EA .... Europa-Archiv
EGBGB .... Einführungsgesetz zum Bürgerlichen Gesetzbuch
EMRK .... Europäische Menschenrechtskonvention

EPIL .... Encyclopedia of Public International Law
EU .... Europäische Union
Exec. .... Executive
f. .... folgende
FAZ .... Frankfurter Allgemeine Zeitung
ff. .... fortfolgende
Fn .... Fußnote
Frhr. .... Freiherr
GG .... Grundgesetz
GGO II .... Gemeinsame Geschäftsordnung der Bundesministerien, Besonderer Teil
HLKO .... Haager Landkriegsordnung
Hrg. .... Hearing
Hrsg. .... Herausgeber
HS .... Halbsatz
i.V.m. .... in Verbindung mit
ICJ .... International Court of Justice
IGH .... Internationaler Gerichtshof
IPR .... Internationales Privatrecht
IPrax .... Praxis des Internationalen Privat- und Verfahrensrechts
JIR .... Jahrbuch für Internationales Recht
JOR .... Jahrbuch für Ostrecht
JZ .... Juristen-Zeitung
KPdSU .... Kommunistische Partei der Sowjetunion
KSZE .... Konferenz für Sicherheit und Zusammenarbeit in Europa
LdR/VR .... Lexikon des Rechts, Völkerrecht
LG .... Landgericht
lit. .... Buchstabe
n.F. .... neue Fassung
NATO .... North Atlantic Treaty Organization
NJW .... Neue Juristische Wochenschrift
Nr. .... Nummer
NSDAP .... Nationalsozialistische Deutsche Arbeiterpartei
NZWR .... Neue Zeitschrift für Wehrrecht
OLG .... Oberlandesgericht
Prt. .... Print
Rd. .... Randnummer
Rept. .... Reports
RGBl. .... Reichsgesetzblatt
RIW .... Recht der Internationalen Wirtschaft

ROW .... Recht in Ost und West
S. .... Seite, Satz/ Senate
SBZ .... Sowjetische Besatzungszone
SOFA .... Status of Forces Agreement
SVN .... Charta der Vereinten Nationen
u.a. .... und andere/ unter anderem
u.U. .... unter Umständen
UdSSR .... Union der Sozialistischen Sowjetrepubliken
UN .... United Nations
UNO .... United Nations Organization
UNTS .... United Nations Treaty Series
USA .... United States of America
USBER .... United States Information Service Berlin
USIS .... United States Information Service
v. .... von/vom/versus
v.a. .... vor allem
vgl. .... vergleiche
VIZ .... Zeitschrift für Vermögens- und Investitionsrecht
WM .... Wertpapiermitteilungen
WÜD .... Wiener Übereinkommen über diplomatische Beziehungen
WVRK .... Wiener Vertragsrechtskonvention
Z. .... Zeile
z.B. .... zum Beispiel
ZaöRV .... Zeitschrift für ausländisches öffentliches Recht und Völkerrecht
ZPO .... Zivilprozeßordnung
ZRP .... Zeitschrift für Rechtspolitik